西南地区文旅融合中
文化资源陷阱及对策研究

Research on the Traps of Cultural Resources and Their Countermeasures
in the Integration of Culture and Tourism in Southwest China

黄大勇　等著

中国社会科学出版社

图书在版编目（CIP）数据

西南地区文旅融合中文化资源陷阱及对策研究／黄大勇等著.
—北京：中国社会科学出版社，2024.6
ISBN 978-7-5227-3679-2

Ⅰ.①西… Ⅱ.①黄… Ⅲ.①地方旅游业—旅游业发展—研究—西南地区 Ⅳ.①F592.77

中国国家版本馆 CIP 数据核字（2024）第 110741 号

出 版 人	赵剑英	
责任编辑	孔继萍	
责任校对	夏慧萍	
责任印制	郝美娜	
出　版	中国社会科学出版社	
社　址	北京鼓楼西大街甲 158 号	
邮　编	100720	
网　址	http://www.csspw.cn	
发 行 部	010-84083685	
门 市 部	010-84029450	
经　销	新华书店及其他书店	
印　刷	北京君升印刷有限公司	
装　订	廊坊市广阳区广增装订厂	
版　次	2024 年 6 月第 1 版	
印　次	2024 年 6 月第 1 次印刷	
开　本	710×1000　1/16	
印　张	17.25	
字　数	274 千字	
定　价	98.00 元	

凡购买中国社会科学出版社图书，如有质量问题请与本社营销中心联系调换
电话：010-84083683
版权所有　侵权必究

前　言

少数民族文化资源化，就是将少数民族传统和原生文化融入市场，以完成其价值和功能的演变，使其满足人们生产生活和精神所需。在产业融合理论指导下的文化融合发展实践中，少数民族文化更多地被当作旅游资源加以保护和利用，在经济利益导向、消费者偏好导向下的产业化、商品化进程中可能陷入"资源陷阱"。西南地区具有丰富的文化资源，具备发展文化旅游的天然比较优势。尤其在文旅融合背景下，从产业融合研究视角，用"资源陷阱"的实践分析框架来剖析、解读少数民族文化与旅游产业融合发展潜藏的矛盾和问题，以活态文化自我选择性发展的眼光观照原生态文化资源的真实性和延续性，为少数民族文化在现代产业发展中寻找到合适的实现路径，具有重要的理论和实践意义。

近年来，在产业融合模式下的文旅产业取得了令人瞩目的成就，但在光鲜夺目的光环之下对优秀文化资源的滥用和歪曲，以及粗浅化开发导致文化劣化，使优秀文化偏离文化传统本身和社会主义核心价值观，在文化资源化过程中陷入"资源陷阱"。本书着力回答"什么是少数民族文化资源陷阱？""资源陷阱是如何形成的？""如何跨越少数民族文化资源陷阱？"等理论和实践问题，为少数民族文化在与旅游产业融合发展过程中保持其独立性、文化内涵的真实性，以及为传承创新少数民族优秀文化提供理论、实践和政策上的指导和支持，以促进少数民族文化可持续利用以及民族旅游产业的健康发展。

课题组以比较优势理论、产业融合发展理论、可持续发展理论为指导，综合运用文献资料、田野调查、问卷调查、统计分析等方法，在获取大量西南地区文旅融合发展资料及文献的基础上，从民族文化资源的类型和分布等方面，开展了系统的资源普查及调查研究工作。课题组在2017

年7月22—28日进行了预调研。2018年2月2—8日、2018年7月14—24日，前往云南、贵州、重庆、四川等省市20多个区县进行调研，行程5000多公里，发放和成功回收问卷1187余份，深度访谈100多个案例，与各典型少数民族旅游景区的项目管理者、经营者、游客、原住民进行了深入访谈和交流。本书沿着规范—实证—对策的研究思路展开，主要通过实地调查、数据采集分析充分掌握少数民族文化与旅游融合发展中存在的主要矛盾和主要问题，并用对比分析方法对不同类型的样本进行比较研究，分析原因，提出解决问题的方案。书稿由六部分内容构成，具体如下：

第一部分为绪论，主要论述研究背景及问题的提出。对文化资源陷阱等相关概念进行界定，提出少数民族文旅融合发展可能陷入资源陷阱的基本观点。同时，对国内外研究进行综述，介绍了研究思路和研究方法及主要内容。

第二部分为第一章，重点阐述西南地区的文化资源类型及其分布、文化资源向文旅融合转化的条件、文化资源向文旅融合发展的典型模式、文化资源向文旅融合发展的阶段剖析等内容。

第三部分为第二章和第三章，主要从理论维度对西南地区文化资源及其在文旅融合中的需求拉动、品牌效应、创意支撑、政府推动等动力，以及本真丢失、主体退场、个性隐退等阻力进行分析。探讨文旅融合中文化资源陷阱的形态异化、生态异化、能态异化等表现形式以及形成因素，探索文化资源陷阱的市场扰动、文化挤压和内部失调等形成机理。

第四部分为第四章，主要从实践维度梳理并总结云南丽江大研古城、贵州道真傩城产业园等个案文化资源陷阱表现形式并分析成因，总结实践与经验教训，并提出政策建议。

第五部分为第五章，是书稿的核心部分，构建了民族文化资源陷阱的预警体系，提出了预警指标选取的原则、设计思路、构成，对民族文化资源陷阱进行预警，通过对典型案例的分析，测度其文化资源陷阱预警区间。

第六部分为第六章，是书稿的对策建议部分。主要分析西南地区文旅融合中文化资源陷阱监测性调控的可行性，提出其主体功能、组织实施及保障措施。

它们之间的基本逻辑关系是：按照"研究基础—资源梳理—理论分析—实践案例—预警体系—对策建议"的研究思路展开，在梳理已有研究的基础上，对西南地区文化资源分布及其在文旅融合中的开发现状进行描述，从理论和实证两个维度分析文化资源陷阱的动力机制和形成机理，并选取西南地区具有典型性的案例进行剖析研究，最后系统概括总结西南地区民族文化资源陷阱的表现形式及成因，力图比较全面地构建民族文化资源陷阱的预警体系，为西南地区文化资源可持续发展提供可资借鉴的监测性调控对策。

创新点主要是：

1. 在理论上厘清少数民族文化和旅游产业融合发展的表现形式、过程和作用机理，对民族地区文化和旅游产业的实践、经验进行理论概括，验证"文化+旅游"产业发展模式和产业融合理论，提出少数民族文化资源陷阱命题，以区域性经验和案例拓展相关理论体系。

2. 提出民族文化是基于独特的地理环境、族源和人文生态而独自成长的文化系统，有着独立的发展规律。在"消费—供给"逐利模式下，少数民族文化市场的建立和逐步壮大，市场行为的不断冲击，突破文化伦理底线，出现文化同质化、文化产业回落以及文化失真现象，最终导致少数民族文化传承偏离社会主义先进文化发展方向。

3. 研究方法上已不是原本意义上的田野工作和民族志研究，而是基于"田野语境"在村落里做研究，通过实地观察、与当事人互动、记录口述史等方式，收集地方政府和旅游开发企业的资料，从而为研究工作奠定基础。本书主要采用质性研究与计量研究相结合的研究方法，以西南少数民族文化产业发展中的旅游个案进行实地调研，在收集量化指标数据的同时，验证分析少数民族地区文旅发展的"资源诅咒"现象。

本书的完成殊为不易，研究团队的主要成员均为单位科研骨干，且部分成员还担负行政职务。但是，研究团队在紧张的本职工作之余，按照本书预设目标开展调研、撰写论文和报告，卓有成效地完成了预期任务，对民族地区文旅融合中的文化资源陷阱进行了深入的理论探索，也为地方政府防范和治理文化资源陷阱提供了有价值的思路。

本书分工如下：黄大勇（长江师范学院党委书记、教授、博士生导师）负责全书的总体策划和内容设计；绪论，由黄大勇、刘安全（长江师范学院管理学院副院长、教授、硕士生导师）完成；第一章，由谢正发（长江师范学院科研处副处长、副教授、硕士生导师）完成；第二章，由谢正发、刘安全完成；第三章，由王志标（长江师范学院期刊社党支部书记、副社长、教授、硕士生导师）、刘安全、黄大勇完成；第四章，由黄大勇、王志标、杨京圆（国家税务总局禹州市税务局一级行政执法员）、王琴（重庆工商大学长江上游经济研究中心博士研究生）完成；第五章，由王志标、黄大勇、杨盼盼（郑州经贸学院经济学院讲师）、刘真真（国家税务总局周口市城乡一体化示范区税务局一级行政执法员）完成；第六章，由陶少华（长江师范学院武陵山片区绿色发展协同创新中心教授）完成。

  在本书撰写过程中，吸收了国内外许多同行专家的观点，并在书中相应之处做了标注，在此向这些专家表示真诚谢意！

  资源陷阱是一个庞大的系统，研究可能挂一漏万，如构建的西南地区文化资源陷阱的指标体系可能还不够完善；因近年来受疫情影响，对于后期的补充调查还不够深入，这些将在后续研究中进一步探索和完善。对于书中存在的不足和错误，热忱欢迎学界前辈、同仁和读者批评指正。

  本书在成书过程中得到了长江师范学院科研处、武陵山片区绿色发展协同创新中心、期刊社领导和工作人员的关心和支持。在出版过程中，得到了中国社会科学出版社的大力支持。在此，谨向关心、支持和帮助过我们的朋友们致以衷心的感谢！

黄大勇

2023 年 6 月于重庆涪陵

目　录

绪　论 ………………………………………………………（1）
 第一节　研究背景及问题的提出 ………………………………（1）
  一　研究背景 …………………………………………………（2）
  二　问题的提出 ………………………………………………（5）
 第二节　研究思路及主要观点 …………………………………（9）
  一　研究思路及技术路线 ……………………………………（9）
  二　主要观点 …………………………………………………（10）
 第三节　主要内容与研究方法 …………………………………（12）
  一　主要研究内容 ……………………………………………（13）
  二　研究过程与方法 …………………………………………（14）

第一章　西南地区文化资源及其在文旅融合中的开发状况 …（17）
 第一节　西南地区的文化资源类型及其分布 …………………（17）
  一　节庆类资源及其分布 ……………………………………（18）
  二　歌舞类资源及其分布 ……………………………………（19）
  三　工艺类资源及其分布 ……………………………………（20）
  四　饮食类资源及其分布 ……………………………………（22）
  五　其他类型资源及其分布 …………………………………（23）
 第二节　西南地区文化资源与旅游融合转化的条件 …………（24）
  一　民族文化资源各具特色 …………………………………（24）
  二　人文景观丰富多彩 ………………………………………（25）
  三　自然景观神奇多姿 ………………………………………（27）
  四　生态环境增色添彩 ………………………………………（32）

五　政策机遇应时而生 …………………………………………（35）
　第三节　西南地区文化资源与旅游融合发展的典型模式 …………（38）
　　一　特色村寨（镇）模式 ……………………………………（38）
　　二　演艺模式 …………………………………………………（40）
　　三　文化旅游节庆模式 ………………………………………（41）
　　四　手工艺模式 ………………………………………………（42）
　第四节　西南地区文化资源与旅游融合发展的进程 ………………（43）
　　一　初步探索阶段（1978—1991 年） ………………………（43）
　　二　快速发展阶段（1992—2008 年） ………………………（44）
　　三　规模扩张阶段（2009—2017 年） ………………………（45）
　　四　深度融合阶段（2018 年至今） …………………………（45）
　本章小结 ………………………………………………………………（46）

第二章　西南地区文化资源与旅游融合发展的动力和阻力 ………（48）
　第一节　西南地区文化资源与旅游融合发展的动力分析 …………（48）
　　一　需求拉动 …………………………………………………（48）
　　二　品牌效应 …………………………………………………（49）
　　三　创意支撑 …………………………………………………（50）
　　四　政府推动 …………………………………………………（51）
　第二节　西南地区文化资源与旅游融合发展的阻力分析 …………（51）
　　一　真伪之辨：文化本真在旅游商品化过程中的丢失 ……（52）
　　二　边缘困境：旅游场域中文化主体的挤出 ………………（56）
　　三　同质之殇：旅游产业"去差异化"经营消磨文化个性 ……（59）
　本章小结 ………………………………………………………………（61）

第三章　西南地区文旅融合中文化资源陷阱的形成 ………………（62）
　第一节　文旅融合发展中文化资源陷阱表现形态 …………………（62）
　　一　形态异化 …………………………………………………（63）
　　二　生态异化 …………………………………………………（66）
　　三　能态异化 …………………………………………………（69）
　第二节　西南地区文旅融合中文化资源陷阱的形成因素 …………（72）

一　文化资源开发利用缺乏文化内涵的支撑 …………… (72)
　　二　碎片化开发利用不同程度存在 ……………………… (73)
　　三　过度娱乐化致使文化生态变迁 ……………………… (74)
　　四　现代化浪潮下文化资源消解 ………………………… (74)
第三节　西南地区文化资源陷阱的形成机理 ……………… (75)
　　一　市场扰动：工具理性与价值理性的割裂 …………… (76)
　　二　文化挤压：现代化西方样本诱导 …………………… (79)
　　三　内部失调："狼来了"谎言效应 ……………………… (81)
本章小结 ………………………………………………………… (84)

第四章　西南地区文旅融合中文化资源陷阱案例分析 …… (86)
第一节　丽江大研古城案例分析 …………………………… (86)
　　一　文化资源基本情况 …………………………………… (86)
　　二　文化资源化水平评价 ………………………………… (89)
　　三　文化资源陷阱表现形式 ……………………………… (92)
　　四　文化资源陷阱成因分析 ……………………………… (95)
　　五　对策建议 ……………………………………………… (97)
第二节　大理喜洲古镇案例分析 …………………………… (98)
　　一　文化资源基本情况 …………………………………… (98)
　　二　文化资源化水平评价 ………………………………… (100)
　　三　文化资源陷阱表现形式 ……………………………… (104)
　　四　文化资源陷阱成因分析 ……………………………… (106)
　　五　对策建议 ……………………………………………… (108)
第三节　道真傩城案例分析 ………………………………… (110)
　　一　文化资源基本情况 …………………………………… (111)
　　二　文化资源化水平评价 ………………………………… (112)
　　三　文化资源陷阱表现形式 ……………………………… (114)
　　四　文化资源陷阱成因分析 ……………………………… (116)
　　五　对策建议 ……………………………………………… (117)
第四节　安顺旧州古镇案例分析 …………………………… (120)
　　一　文化资源基本情况 …………………………………… (121)

二　文化资源化水平评价 …………………………………………（122）
　　三　文化资源陷阱表现形式 ………………………………………（124）
　　四　文化资源陷阱成因分析 ………………………………………（126）
　　五　对策建议 ………………………………………………………（127）
第五节　黄平县旧州古镇案例分析 ……………………………………（129）
　　一　文化资源基本情况 ……………………………………………（129）
　　二　文化资源化水平评价 …………………………………………（132）
　　三　文化资源陷阱表现形式 ………………………………………（135）
　　四　文化资源陷阱成因分析 ………………………………………（137）
　　五　对策建议 ………………………………………………………（139）
本章小结 …………………………………………………………………（140）

第五章　西南地区文化资源陷阱的预警体系 ………………………（143）

第一节　文化资源陷阱预警体系构建 …………………………………（143）
　　一　预警体系目标 …………………………………………………（143）
　　二　预警体系内容 …………………………………………………（145）
第二节　民族文化资源陷阱预警指标选取 ……………………………（147）
　　一　指标体系的选取原则 …………………………………………（147）
　　二　指标体系的设计思路 …………………………………………（148）
　　三　指标体系的构成 ………………………………………………（148）
第三节　民族文化资源陷阱预警 ………………………………………（150）
　　一　预警系统的基本框架 …………………………………………（150）
　　二　预警方法的选取 ………………………………………………（152）
　　三　预警评价模型 …………………………………………………（153）
　　四　西南地区文化资源陷阱总体预警 ……………………………（155）
第四节　典型案例文化资源陷阱预警区间 ……………………………（161）
　　一　案例分析——丽江古城 ………………………………………（162）
　　二　案例分析——大理古城 ………………………………………（169）
　　三　案例分析——泸沽湖洛水村 …………………………………（176）
　　四　案例分析——道真中国傩城 …………………………………（184）
　　五　案例分析——云南光禄古镇 …………………………………（187）

本章小结 ··· (194)

第六章　西南地区文旅融合中文化资源陷阱监测性调控对策 ······ (196)
第一节　西南地区文旅融合中文化资源陷阱监测性调控的
　　　　可行性 ··· (196)
　　一　西南地区文旅融合中文化资源陷阱监测性调控的意义 ··· (196)
　　二　西南地区文旅融合中文化资源陷阱监测性调控的
　　　　可操作性 ··· (200)
第二节　西南地区文旅融合中文化资源陷阱监测性调控的
　　　　主体功能 ··· (201)
　　一　发挥政府在监测性调控中的主导功能 ······················ (201)
　　二　发挥市场在监测性调控中的主体功能 ······················ (206)
　　三　发挥基层单位在监测性调控中的参与和实施功能 ········ (210)
　　四　推动 NGO 积极参与和监督 ··································· (215)
第三节　西南地区文旅融合中文化资源陷阱监测性调控的
　　　　组织实施 ··· (219)
　　一　西南地区文旅融合中文化资源陷阱的监测点设置 ········ (219)
　　二　西南地区文旅融合中文化资源陷阱的监测内容设计 ····· (222)
　　三　西南地区文旅融合中文化资源陷阱的监测数据处理 ····· (225)
第四节　西南地区文旅融合中文化资源陷阱监测性调控的
　　　　保障措施 ··· (228)
　　一　健全防止文化资源陷阱的法律与法规 ······················ (228)
　　二　建立和健全预防文化资源陷阱的系列制度 ················ (231)
　　三　完善文旅融合中文化资源陷阱的预警机制 ················ (235)
　　四　建立完备的文化生态环境、理论体系和实践模式 ········ (238)
本章小结 ··· (242)

参考文献 ·· (244)

绪　　论

文化演艺、风俗旅游节和民宿旅游等文化和旅游产业有机融合所形成的产业形态，正逐渐成为民族地区旅游创新发展的新动力。然而，在产业融合理论指导下的文化融合发展实践中，文化更多地被当作旅游资源加以保护和利用，在经济利益导向、消费者偏好导向下的产业化、商品化进程中可能陷入"资源陷阱"。本书尝试用"资源陷阱"的实践分析框架来剖析、解读文化与旅游产业融合发展的潜藏矛盾和问题，希望以活态文化自我选择性发展的眼光观照原生态文化资源的真实性和延续性，为文化在现代产业发展中寻找到合适的实现路径。

第一节　研究背景及问题的提出

本书所要探究的是少数民族传统文化在资源化过程中可能出现的风险。少数民族文化资源化，就是将少数民族传统和原生文化融入市场，以完成其价值和功能的演变，使其满足人们生产生活和精神所需，转变为文化产品、文化产业或附加于其他物质产品之上。[1] 这是一种文化商品化的过程，外显为以程式化生产、储存和分配文化产品与服务的系列活动，本该具有个性和批判精神的文化可能在这一种过程中逐渐丧失。[2]

---

[1]　王志标：《文化的经济学释义》，《兰州学刊》2014年第9期，第183—188页。
[2]　张斌、马斌、张剑渝：《创意产业理论研究综述》，《经济学动态》2012年第10期，第87—90页。

一　研究背景

少数民族文化与旅游市场的交互交融，本身就是合作和对峙的矛盾运动过程。文化与旅游融合发展始终存在两种相抗的力量。一方面，在少数民族文化市场超速发展的背后，我们可以看到另一个背离的走向和格局，即少数民族文化传承面临的困境。文化传承要固守精神家园，维持文化的历史性和民族性，所以会在市场化浪潮中遭遇洪流和危机；另一方面，市场无所不用其极地榨取文化资源带来的丰厚利润，突破了经济伦理底线之后的旅游市场对少数民族文化的神圣性和本真性进行了粗暴改写。

旅游企业和个体旅游经营者从旅游产业获取最大化利润，一切能够吸引游客创造财富的东西，包括民族习俗、文化符号等都可以作为商品和服务被出售。随着旅游产业发展和经济实力的积累，以满足物质欲望为中心的观念逐步形成，让个体能够理直气壮地抛开所有的社会责任与对他人的尊重，在无序竞争中"老实"成为"无用"的代名词，"诈骗""强制消费""以次充好""黑导游""抢客拉客"等违法和不道德行为掩于旅游产业之中，经济社会变相地承认了"极端自我中心主义以及为了自我而伤害他人利益行为"[①]的存在性。游客是通过旅游"寻梦"的人，行走于美丽风景里，徜徉在品质生活中，实现他们的"狂欢梦""猎奇梦"。游客进入旅游地，诱导了本地特色文化的复兴与再造，也加速了本地文化的世俗化——即时互动参与的低门槛、文艺展演的随意性以及生活化特征的夸大等——从而限制了旅游地文化的精品化创造。大众游客所追寻的世俗化生活、游览互动中的话题与暗示，源于西方一些景观"3S"的设计理念，关于旅行与恋爱、生活的服务指向，都迎合了"都市职业白领脱单之旅""夫妻二人世界"等"狂欢与寻找激情"的市场需求，而少数民族婚俗体验则是最适当的商品载体和商业营销噱头。游客"寻梦"的示范效应通过市场的供需得到极度放大，这可能导致旅游地信仰价值体系的瓦解，加重社会矛盾和冲突。

就特色村寨旅游而言，在现代民族乡村旅游语境中，旅游市场为乡

---

① ［美］阎云翔：《私人生活的变革——一个中国村庄里的爱情、家庭与亲密关系（1949—1999）》，龚小夏译，上海书店出版社 2009 年版。

村创造了新的生活场景，推动着旅游生计策略不断演进和升级；民族传统乡村从产业方式、居住格局、文化生产到社会经济关系的剧烈变迁，满足了村民对财富积累、现代产业、文化传承和生活模式的认同与渴求。然而，在依据市场经济规则的文化旅游市场逐利模式下，少数民族村寨群体分层变化、传统文化公共空间压缩、传统文化异化以及产业无序竞争等，逐渐影响并摧毁了村寨的传统文化道德体系。在那些脱胎于少数民族传统节日的旅游节会里，如景颇族"目瑙纵歌"、佤族"摸你黑"、傣族"泼水节"等"东方式的狂欢节"，在"万人聚会"的宏大场景中披上少数民族传统仪式的外衣，讲述着纵情狂欢、现代歌舞、文化共享和交际等信念，而少数民族的传统记忆、祖先崇拜和神圣祭祀则被抹去。2014年湘西凤凰推出"中国首届凤凰偶遇节"，其策划初衷是挖掘和整理苗族"赶边边场"的文化习俗，但选用了"偶遇"这个带有明显暗示性的字眼。批评者认为，这不是无意识的错误，而是为了寻求市场爆点，罔顾少数民族传统，以民俗名义所行的"道德滑坡"，是非常严重的文化安全隐患。[①]

文化传承与市场逐利的悖反之力所导致的最坏结果，不是少数民族传统村寨格局变化、传统文化表演化呈现、传统文化快餐化等物态变迁，而是对于传统文化道德伦理的突破与抛弃。为实现文化旅游产业发展的各种指标和最大化利润，不少少数民族文化产业的推动者和实践者还没认识到他们所从事的行业已经远远背离了传统文化精神。2018年5月26日，中央电视台焦点访谈《顾了"面子"伤了"里子"》报道了湖北恩施来凤县百福司镇挪用农村危房改造资金用于旅游包装事件[②]，就是一个借旅游开发套骗公共资金的典型案例。百福司镇地处鄂、湘、渝三省（市）交界"一脚踏三省"之地，历史上因其木材、桐油等资源丰富，水路交通通畅，商贸发达，有"小南京"的美誉。当今的百福司镇以保存完好的原生态土家族"小摆手舞""油茶汤"等特色民俗文化，"油行永定章程"、徐珊《卯峒集四卷》等古镇商贸文化，《卯峒司志》等土司文化和"红军标语墙"等红色文化为民族文化代表，被评为全国民间艺术之乡，

[①] 韩福东：《凤凰"偶遇节"是种恶俗营销》，《新京报》2014年7月11日第A03版。
[②] http://tv.cctv.com/2018/05/26/VIDEW7oOOxxbB3NONjMDNR5W180526.shtml.

被规划为湖北省生态文化保护区。2011年8月,湖北省人民政府将百福司镇列为全省第二批旅游名镇创建镇;2014年创建为国家3A景区、省级地质公园;2015年被省人民政府命名为"湖北旅游名镇"和"全省旅游产业发展突出贡献乡镇"。为挖掘土家民族文化、红色文化、土司文化及"土家食道",展现土家饭、吊脚楼、土司文化、土特产品、民俗风情旅游特色,百福司镇人民政府努力争取项目,以各种方式筹集资金开发包装具有土家族特色的风情古镇。从2012年到2014年不惜从1061.25万元危房改造专项资金中挪用了801万元,用于特色民居改造。① 这种特色民居是将成片临街或临河的楼房外立面进行木质结构包装,使之具有"木格砖,上面盖青瓦"的本地吊脚楼特征。本用于解决镇内贫困户危房改造的专项资金被冒名截留,用于"贴在房子外面上的装饰工程"建设。旅游能为乡村带来经济、社会和文化的全面发展,但在一些错误的文化包装、政绩观、面子工程等社会效益的诱导下,反而成为掩盖违法乱纪的"遮羞布"。

无独有偶,一些少数民族旅游营销策略工具的利用已与旅游地文化无关,低俗、情色隐喻、世俗话语越来越多地出现在少数民族旅游广告宣传中,经由微信、QQ、抖音等自媒体高速传播。虽然这样能够获得旅游营销的极大成功,但也极大地伤害了少数民族文化本真。2012年6月湖北利川的一则旅游广告"我靠重庆"亮相于重庆618、362等多条公交线路车身,原本一句朴实无华的广告词,却因其中的"靠"字引申出更多的意义。与"我靠重庆"同时推出的广告词还包括"重庆42℃,利川24℃""热!到利川凉快去!",广告原本意思很好地突出了利川与重庆在地缘和旅游市场的亲近性。在地理位置上,利川距重庆主城仅200余公里,与重庆有着"山同脉、水同源、人同根"的亲近性,素有"重庆后花园"之称;在旅游市场方面,"凉都"利川较好地满足了"火炉"重庆避暑休闲旅游需求,同时随着渝利高铁通车带来的极大便利,重庆主城为利川旅游贡献了大部分旅游客源。广告词"我靠重庆"中的"靠"字本意为"依靠",也比较贴切地反映了利川与重庆的良好关系。时任利川市

---

① 陈俊:《湖北朱凤一地挪用801万危房改造资金党委书记被免》,2018年5月29日。toutiao.com/article/6560900706348302851/? channel =&source = search_tab。

旅游局局长孙福民解释,采用"我靠"两字打广告,是因为两地"紧靠","利川经济面向重庆",两地有"共享客源""联合发展"等合作意向,其中并无"骂意"和"炒作"。而一些网友刻意将广告词拆分为"我靠!重庆",使得汉字的意思出现了反转,其中折射出太多惊讶、低俗、调侃反响,一时间成为网络热词。尽管官方否认有意为之,但广告词的投放已然达到了策划者的预期。虽然事件经由利川道歉和修改广告词而结束,但是从该事件可以观察到,旅游生计策略已由自然、人力、金融、物质资本的重心转移到社会资本上来,在持续的发展过程中,少数民族传统文化特色已与旅游渐行渐远。

二 问题的提出

20世纪70年代以来,以产业融合理论为指导的文旅融合发展出现热潮。依托数字技术的信息产业率先打破了通信、文化产业的边界,推动了相关产业间的融合、渗透和交叉,催生了产业融合。产业融合理论要求突破行业限制进行资源整合,这种新产业策略能产生更显著的绩效[1],不同于古典分工理论,古典分工理论强调分化和产业部门细化。由此,产业融合理论成为新时代的重要课题。国外产业融合研究从概念和规律[2]、驱动力[3]和商业模式创新[4]、融合技术[5]、融合分类和融合途径[6]、识别方法[7]以及产业融合绩效研究[8]构成了完整的研究体系。国内研究者则在具体产

---

[1] Alfonso, G. and Salvatore, T., "Does Technological Convergence Imply Convergence in Markets? Evidence from the Electronics Industry", *Research Policy*, 1998. 27, 445–463.

[2] Greenstein, S., and Khanna, T., "What Does Industry Mean?" in Yofee ed., *Competing in the Age of Digital Convergence*. President and Fellows of Harvard Press, 1997.

[3] Lei, D. T., Industry Evolution and Competence Development: The Imperatives of Technological Convergence. *Technology Management*, 2000, 19 (7/8): 699–738.

[4] Verspagen, B., Fagerberg J. Technology-gaps, Innovation-diffusion and Transformation: An Evolutionary Interpretation. *Research Policy*, 2002, 31 (8/9): 1291–1304.

[5] Hacklin, F., How Incremental Innovation Becomes Disruptive: The Case of Technology Convergence [EB/OL]. [2013-03-05]. http://ieeexplore.ieee.org/stamp/stamp.jsp?arnumber=01407070.

[6] Curran, C., Leker J. Patent Indicators for Monitoring Convergence-examples from NFF and ICT [J]. Technological Forecasting & Social Change, 2011, 78 (2): 256–273.

[7] Fai, F., Tunzelmann, V. N., Industry-Specific Competencies and Converging Technological System: Evidence from Patents. *Structural Change and Economic Dynamics*, 2001, 12 (2): 141–170.

[8] [美]迈克尔·波特:《竞争优势》,陈小悦译,华夏出版社2005年版。

业，如制造业、金融资讯产业、信息产业等领域研究产业融合的边界问题、系统化过程和产业融合类型等问题。[①] 在旅游领域中的民族特色文化旅游产业成为旅游发展新业态，受到追捧，广西[②]、云南[③]、贵州[④]、内蒙古[⑤]、藏区[⑥]、武陵山区[⑦]、乌蒙山区[⑧]等地区纷纷进行了文旅融合发展实践。

然而，囿于经济产业范畴，文化与旅游的产业融合机理研究忽视了文化的活态系统以及旅游发展的事业性质。相关文献重点探讨了概念、机制、发展模式、路径和策略等几个方面。研究者对于旅游产业与文化产业融合研究主要关注两者的产业关系、融合类型[⑨]、动力机制[⑩]、融合模式[⑪]、融合路径[⑫]、融合发展的障碍及对策[⑬]、单一类型文化产业与旅游产

[①] 朱瑞博：《价值模块整合与产业融合》，《中国工业经济》2003年第8期，第24—31页。

[②] 陈红玲、陈文捷：《基于新增长理论的广西民族文化产业与旅游产业融合发展研究》，《广西社会科学》2013年第4期，第173—176页。

[③] 康青林：《民族文化和旅游开发的互动分析》，《安徽文学》（下半月）2008年第2期，第369—370页。

[④] 张曼婕：《黔南州民族文化创意旅游产业的发展模式研究》，《湖北经济学院学报》（人文社会科学版）2014年第11卷第2期，第52—53、57页。

[⑤] 徐娟：《推进内蒙古民族文化与旅游产业融合发展》，《实践》（思想理论版）2016年第3期，第52—53页。

[⑥] 张世雯、钟一博：《钻石模型视角下的西藏文化旅游产业发展分析研究》，《阿坝师范学院学报》2020年第37卷第2期，第61—67页。

[⑦] 杨胜华：《繁荣民族文化事业 助推旅游产业发展——加快推进渝东南民族文化与旅游产业深度融合发展的调研与思考》，《科学咨询》（科技·管理）2015年第6期，第4—6页。

[⑧] 郭玉坤：《文化产业与旅游产业融合发展研究——以乌蒙山片区为例》，《四川行政学院学报》2016年第1期，第51—56页。

[⑨] 何建民：《我国旅游产业融合发展的形式、动因、路径、障碍及机制》，《旅游学刊》2011年第26卷第4期，第8—9页。

[⑩] 杨娇：《旅游产业与文化创意产业融合发展的研究》，硕士学位论文，浙江工商大学，2008年。

[⑪] 黄秋霞：《文旅融合模式及实现途径》，《当代旅游》2020年第18卷第17期，第15—16页。

[⑫] 梁峰、郭炳南：《文、旅、商融合发展的内在机制与路径研究》，《技术经济与管理研究》2016年第8期，第114—118页。

[⑬] 蒋渝：《重庆农旅融合发展的问题及对策》，《重庆行政》（公共论坛）2017年第18卷第5期，第7—8页。

业的融合发展[1]等方面。张海燕等[2]从产业融合的角度构建文化旅游品牌建设模型。在民族地区，如湘鄂渝黔交界的武陵地区、贵州中西部、云南、广西、江西等的文旅融合能带来可观的经济效益，所以，多数研究文献都将民族文化作为旅游资源看待，而作为产业资源的文化必将突出其产业属性。

"让文化成为资本"的现实诉求，需要让少数民族学会"营销"自己的文化[3]，在民族旅游区重构起有当地特色的新型"旅游文化"体系。[4]民族节庆经济化、民族艺术商业化、民族文化品牌化被认为是民族文化资本运作的成功经验。[5] 少数民族文化资源化使地方性传统（或特色）进入了经济领域，变成一种可获得经济效益或其他效益的文化资本。然而，在少数民族文化成为旅游资源的表象之下暗藏陷阱，例如，出现了旅游景点被植入民族文化基因[6]、信仰祭祀活动渗入旅游表演[7][8]、少数民族交友习俗被改装成充满情欲色彩的"偶遇节"[9] 等现象，少数民族文化在旅游资源化过程中被去掉了传统记忆、祖先崇拜和神圣祭祀的独特功能和价值，只留下狂欢、歌舞、共享、交际等更适合无障碍流通的普遍价值。[10]

从文化保护研究视角出发，研究者注意到了旅游对于少数民族文化的

---

[1] 董桂玲：《动漫业和旅游业产业融合的动力机制研究》，《经济研究导刊》2009年第32期，第40—41、68页。

[2] 张海燕、李岚林：《基于和谐社会建设的西南民族地区旅游产业利益相关者利益冲突与协调研究》，《贵州民族研究》2011年第32卷第6期，第55—60页。

[3] 张晓萍、李鑫：《旅游产业开发与旅游化生存——以大理白族绕三灵节日开发为例》，《经济问题探索》2009年第12期，第115—119页。

[4] 桂榕：《重建"旅游—生活空间"：文化旅游背景下民族文化遗产可持续保护利用研究》，《思想战线》2015年第41卷第1期，第106—111页。

[5] 毛越华：《论少数民族文化资本的运作》，《贵州民族研究》2009年第29卷第4期，第108—111页。

[6] 杨明聪：《重庆酉阳 七张名片打造世界著名生态文化旅游城市》，《全球商业经典》2014年第7期，第123页。

[7] 吕萍：《满族萨满祭祀与酒文化》，《长春日报》2017年8月1日第007版。

[8] 吕萍：《简析吉林乌拉陈汉军萨满"烧官香"仪式》，《满族研究》2014年第1期，第77—83页。

[9] 苑广阔：《"偶遇"变"艳遇"民俗岂能一味商业化》，《中国商报》2014年7月15日第P01版。

[10] 郑茜：《向世界输出中国价值》，《中国民族报》2014年8月8日第5版。

消极影响，对保护区①、博物馆②模式提出质疑，谴责了旅游开发带来的民族文化冲击、商品化和庸俗化③④⑤，并提出文化保护预警⑥⑦⑧、可持续发展⑨⑩、合理产权安排⑪、法律保护⑫和文化软实力建设⑬⑭等对策建议。这类研究更多的是"就问题谈问题"，在一定程度上忽略了文化发展的根源性问题，即民族文化在文旅交融发展中的能动性作用和平等性地位。

综上所述，在少数民族文化市场繁荣的表象之下，仍有许多少数民族文化在当下社会经济场景中找不到位置，也存在大量少数民族优秀文化被旅游市场粗暴滥用、伪造和掠夺开发现象。文旅融合发展中的文化传承与

---

① 刘晖：《"摩梭人文化保护区"质疑——论少数民族文化旅游资源的保护与开发》，《旅游学刊》2001年第5期，第27—30页。

② 陈燕：《论民族文化旅游开发的生态博物馆模式》，《云南民族大学学报》（哲学社会科学版）2009年第26卷第2期，第52—55页。

③ 李应军：《民俗旅游开发中的文化商品化与文化真实性问题探讨》，《文史博览》2006年第20期，第57—58页。

④ 张晓萍、李芳、王尧、林晶瑾：《从经济资本到文化资本和社会资本——对民族旅游文化商品化的再认识》，《旅游研究》2009年第1卷第1期，第13—19页。

⑤ 葛绪锋、邓永进：《伦理学视野下民族旅游开发中的文化商品化研究》，《资源开发与市场》2015年第31卷第12期，第1515—1519页。

⑥ 肖坤冰：《民族旅游预开发区的文化保护预警研究——以四川汶川县阿尔村的羌族传统文化保护为例》，《北方民族大学学报》（哲学社会科学版）2012年第3期，第74—80页。

⑦ 张中奎：《民族旅游预开发地区文化保护预警研究的价值》，《贵州大学学报》（社会科学版）2014年第32卷第1期，第84—87页。

⑧ 何梅青：《民族旅游村寨传统文化利用—保护预警的比较研究——以青海小庄村和拉斯通村为例》，《湖北民族学院学报》（哲学社会科学版）2017年第35卷第6期，第106—110页。

⑨ 李忠斌、李军、文晓国：《基于产权视角下的民族文化旅游可持续发展研究》，《中南民族大学学报》（人文社会科学版）2016年第36卷第5期，第69—73页。

⑩ 陈嫒：《论文化自觉与民族旅游的可持续发展》，《知与行》2016年第12期，第87—90页。

⑪ 单纬东、李慧、刘伟强：《产权权益安排与民族文化旅游资源所有者满意程度研究——以连南瑶族自治县三排瑶寨景区为例》，《信阳师范学院学报》（自然科学版）2012年第25卷第4期，第478—481页。

⑫ 袁泽清：《论少数民族文化旅游资源集体产权的法律保护》，《贵州民族研究》2014年第35卷第1期，第18—22页。

⑬ 荣浩、王纯阳：《国家文化软实力视阈下民族文化旅游业协同发展探析》，《贵州民族研究》2015年第36卷第9期，第144—147页。

⑭ 梁文达：《论非物质文化遗产传承与少数民族地区文化软实力提升》，《贵州民族研究》2016年第37卷第1期，第62—65页。

市场经济的矛盾，推动少数民族文化向着两个背道而驰的方向发展。其中，一个方向是少数民族文化向外展示更加绚丽的差异化特征；另一个方向是少数民族内部生计和文化加速趋同于主流。在这种情形下，少数民族传统文化在经济利益和消费者偏好导向以及后现代性策划与创造中，表面上虽然呈现高调张扬的差异性，但实际上少数民族传统文化内涵越来越同质化。放眼全球化下的少数民族文化叙事，在"打造非常民族化，更加国际化的文化品牌"[①] 口号之下，仍然掩盖不了"阐释东方文化的主动权依然隐秘地掌握在西方人手中"[②] 的现实。

第二节 研究思路及主要观点

以产业融合理论指导的文旅产业融合发展持续升温，成为少数民族文化市场发展的增长点，然而对于文化和旅游融合发展实践、文化和旅游各自所兼有的经济和事业双重性以及两者融合给各自行业带来的深刻影响等本质性问题的研究和关注不够。近年来，在产业融合模式下的文旅产业发展取得了令人瞩目的成就，但在光鲜夺目的光环之下对优秀文化资源滥用和歪曲，以及粗浅化开发导致文化劣化等现象，使优秀文化偏离了文化传统本身和社会主义核心价值观，在文化资源化过程中陷入"资源陷阱"困境。

一 研究思路及技术路线

本书着力回答"什么是少数民族文化资源陷阱？""资源陷阱是如何形成的？""如何跨越少数民族文化资源陷阱？"等理论和实践性问题，为少数民族文化在与旅游产业融合发展中保持其独立性、文化内涵的真实性，以及传承创新少数民族优秀文化提供理论、实践和政策上的指导和支持，以促进少数民族文化可持续发展以及民族旅游产业的健康发展。

---

① 郑茜：《单数的文化？复数的文化？2014年中国少数民族文化现象年度回顾》，《中国民族报》2014年12月26日。

② 郑茜：《单数的文化？复数的文化？2014年中国少数民族文化现象年度回顾》，《中国民族报》2014年12月26日。

研究沿着规范—实证—对策研究思路展开，主要通过实地调查、数据采集分析，充分掌握少数民族文化与旅游融合发展中存在的主要矛盾和主要问题，并用对比分析方法对不同类型的样本进行比较研究，分析原因，提出解决问题的方案。从理论上厘清少数民族文化和旅游产业融合发展的表现形式、过程及作用机理，对民族地区文化和经济产业的实践、经验进行理论概括，验证"文化+旅游"产业发展模式和产业融合理论，提出少数民族文化"资源陷阱"命题，以区域性经验和案例拓展相关理论体系，推动中国少数民族文化与旅游产业融合发展研究在学术层面上的升华。在实践上以问题为导向，对少数民族文化发展和旅游产业创新等重大问题进行专题研究，向中央和地方有关部门提供案例分析、经验总结、建议及政策咨询，为中央和地方制定、完善区域性文化发展和产业政策提供支持。

文旅融合发展中的"少数民族文化资源陷阱"研究，包括少数民族文化资源化逻辑、少数民族文化资源陷阱形成及表现、少数民族文化资源陷阱测度以及少数民族文化"资源陷阱"预警体系等四个基本命题。这是突破产业融合研究范式的"文化+产业"分析框架，探讨了少数民族文化在旅游市场环境中发展走向的问题，其中包含了对文化与旅游经济和事业双重性的分析。单一采用民族学、文化学、旅游学和经济学学科方法，很难全面地呈现研究对象的全貌。因此，本书采用质性研究与计量研究相结合的方法，以西南少数民族文化产业发展中的旅游个案进行实地调研，在收集量化指标数据的同时，印证分析少数民族地区文旅发展的"资源诅咒"现象，从中提出"资源陷阱"命题。本书研究的技术路线见图1-1。

二 主要观点

第一，民族地区文旅融合发展可能陷入资源转化陷阱。文旅融合发展是指，文化与旅游相互作用，利用和重新配置相关资源，生产新的文化和旅游新产品以及相关服务。文旅融合剥离了文化建设和旅游发展的经济与事业的双重性质，过分强调经济效益或迎合西方意识形态，忽视文化发展规律，势必导致文旅融合发展的负值博弈结果。

第二，西南地区文化资源类型丰富，具有向文旅融合发展的潜力。众多的少数民族在适应自然、改造自然的进程中，逐渐形成了节庆、歌舞、

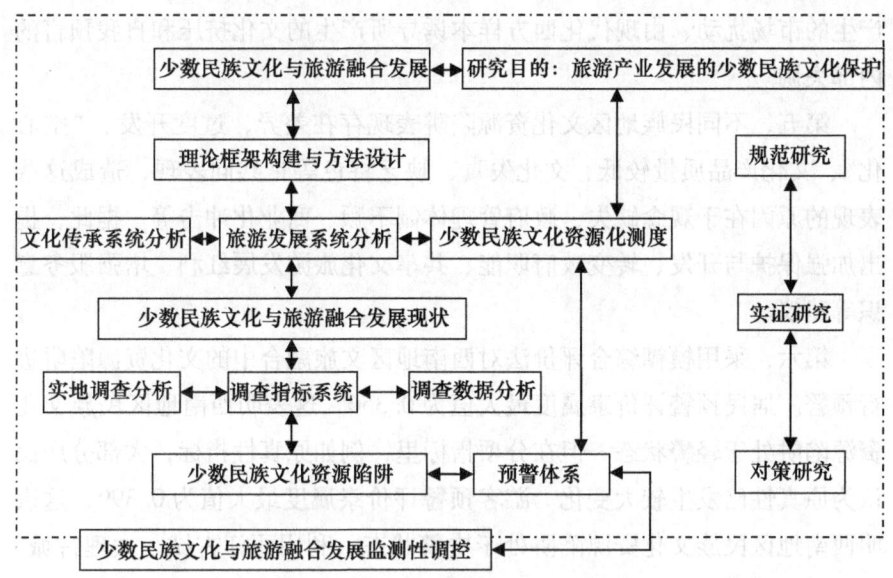

图1-1 本书研究技术路线

工艺、饮食等文化资源。在开发中涌现出特色村寨（镇）模式、演艺模式、文化旅游节庆模式、手工艺模式。依据旅游生命周期理论和标志性事件，将西南地区文化资源开发进程划分为探索起步、快速发展、规模扩张、深度融合四个阶段。

第三，西南地区文化资源在文旅融合中既有动力又有阻力。从民族文化资源开发利用的动因来看，主要有市场需求的拉动、品牌效应的催化、创意驱动的支撑、政府+企业的推动等因素，它们之间有机联系、共同作用，形成一个有机整体，对西南地区民族文化资源的开发产生重要的系统性影响。经济、文化、社会以及其他诉求在以资源化和商品化为特征的文化旅游产业发展中相互碰撞，形成了文化失真、主体挤出、磨灭民族个性等阻力。

第四，西南地区文旅融合中的文化资源陷阱有其表现形态、形成因素和形成机理。民族文化资源陷阱主要表现在形态异化（文化失真与破坏）、生态异化（文化资源过度转化利用）和能态异化（文化资源依赖）三个方面。缺乏文化内涵支撑、碎片化开发利用、过于娱乐化、现代化冲击造成了文化资源陷阱。究其原因，在于由工具理性与价值理性的割裂所产生的市场扰动、由现代化西方样本诱导所产生的文化挤压和自我预言的内部失调。

第五，不同民族地区文化资源陷阱表现存在差异，过度开发、"空心化"、文化产品质量较低、文化失真、缺乏特色等是共同表现，造成这些表现的原因在于观念缺失、政府管理体制不顺、商业化冲击等。据此，提出加强保护与开发、转变政府职能、共享文化旅游发展红利、增强服务意识等建议。

第六，采用模糊综合评价法对西南地区文旅融合中的文化资源陷阱进行预警。居民预警评价隶属度最大值为0.356，这表明西南地区民族文化资源陷阱处于轻警状态。但在分项指标里，例如原真性指标，大部分居民认为原真性已发生较大变化。游客预警评价隶属度最大值为0.399，这表明西南地区民族文化资源陷阱处于中警状态。利用丽江古城、大理古城、泸沽湖洛水村、道真中国傩城、云南光禄古镇进行了文化资源陷阱的具体案例分析。对于丽江古城，其居民民族文化资源陷阱预警处于中警状态，游客民族文化资源陷阱预警也处于中警状态；对于大理古城，其居民民族文化资源陷阱预警处于中警状态，游客民族文化资源陷阱预警也处于中警状态；对于泸沽湖洛水村，其居民民族文化资源陷阱预警处于中警状态，游客民族文化资源陷阱预警也处于中警状态；对于道真中国傩城，其居民民族文化资源陷阱预警处于中警状态，游客民族文化资源陷阱预警也处于中警状态；对于云南光禄古镇，其居民民族文化资源陷阱预警处于轻警状态，游客民族文化资源陷阱预警处于中警状态。

第七，提出西南地区文旅融合中的文化资源陷阱监测性调控对策。要积极发挥政府、市场、社区、NGO组织在西南地区文旅融合中的文化资源陷阱监测性调控中的主体功能。从监测点设置、监测内容设计和监测数据处理进行文化资源陷阱监测性调控的组织实施。保障措施包括健全防止文化资源陷阱的民族文化保护、民族旅游开发、防止民族旅游开发中的民族文化资源陷阱等方面的法律法规。

第三节　主要内容与研究方法

本书以西南地区各少数民族旅游的样本为实证研究对象，重点分析文化与旅游交融发展中少数民族文化资源陷阱的表现形式、形成机理以及潜在危害，总结不同样本陷入或跨越资源陷阱的做法、教训、经验、模式等，为设计出有效跨越少数民族文化资源陷阱的路径提供实践依据和理论基础。

一　主要研究内容

本书尝试建立"文化＋旅游"视域下的文化系统和产业系统融合发展的新理论分析框架，剖析少数民族文化在旅游产业融合发展中的贡献度、表现形式、过程和作用机理，以实证分析的方法寻找少数民族文化"资源陷阱"的表现形式、特征、危害等现实性问题，并提出合理的政策建议体系。本书共六个部分：

第一部分为绪论，主要论述研究背景及问题的提出。对文化资源陷阱等相关概念进行界定，提出少数民族文旅融合发展可能陷入资源陷阱的基本观点。同时，对国内外研究进行综述，介绍了研究思路和研究方法及主要内容。

第二部分为第一章，重点阐述西南地区的文化资源类型及其分布、文化资源向文旅融合转化的条件、文化资源向文旅融合发展的典型模式、文化资源向文旅融合发展的阶段剖析等内容。

第三部分为第二章和第三章，主要从理论维度对西南地区文化资源及其在文旅融合中的需求拉动、品牌效应、创意支撑、政府推力等动力，以及本真丢失、主体退场、个性隐退等阻力进行分析。探讨文旅融合中文化资源陷阱的形态异化、生态异化、能态异化等表现形式以及形成因素，探索文化资源陷阱的市场扰动、文化挤压和内部失调等形成机理。

第四部分为第四章，主要从实践维度梳理并总结云南丽江大研古城、贵州道真傩城产业园等个案文化资源陷阱表现形式并分析成因，总结实践与经验教训，并提出政策建议。

第五部分为第五章，是文章的核心部分，构建了民族文化资源陷阱的预警体系，提出了预警指标选取的原则、设计思路、构成，对民族文化资源陷阱进行预警，通过对典型案例的分析，测度其文化资源陷阱预警区间。

第六部分为第六章，是文章的对策建议部分。主要分析西南地区文旅融合中文化资源陷阱监测性调控的可行性，提出其主体功能、组织实施及保障措施。

二　研究过程与方法

（一）质性研究与计量实证研究相结合

通过把定性与定量方法相结合的综合分析，建立量化指标体系和测度工具，用以监督、调查和修正少数民族文化与旅游融合发展状况，提高措施的科学性、针对性和可操作性。把两种方法进行结合，以使研究工作在宏观与微观层面、普遍性和特殊性方面进行有效融通。质性研究与定量研究存在关联和不同。质性研究是"以研究者本人作为研究工具，在自然情景下采用多种收集资料的方法对社会现象进行整体性的研究，使用归纳法分析资料和形成理论，通过与研究对象互动对其行为和意义建构获得解释性理解的一种活动"[①]。实证主义研究者质疑质性研究过程中研究者与研究对象互动的价值与科学意义。质性研究与定量研究可以在个案分析中实现有机结合，质性研究所擅长的是对具体个案进行层层深入的研究，可以准确把握研究对象本质，但个案的代表性总是受到怀疑；而建立在以精密计算为基础的定量研究，从样本到总体进行推论，也不能完全解释现代社会的复杂性和异质性程度。

但在课题组看来，没有研究者在田野实地的亲身体验与互动，很难准确把握研究对象的本质。只有通过全面观察研究对象并尽可能融入其中，才能得到精准理解，进而进行表述。实证研究在本书中同样重要。少数民族文化资源化程度需要以计量数据为基础，支撑对于事件发展过程与轨迹的把握，同时推测出事件发展的可能趋势。因此，本书以实地调查为根本，对西南地区少数民族文化旅游地进行实地调查，通过参与观察、与报告人深度访谈和发放问卷等方式获取第一手资料，使研究更加精确；以实证研究为具体分析手段，构建指标体系，综合评估少数民族文化资源，从居民和游客两个角度构建民族文化资源陷阱预警指标体系，为现状分析、模型开发和政策构建提供依据。

[①] 陈向明：《质的研究方法与社会科学研究》，教育科学出版社2000年版，第12页。

（二）实地调研方法与过程

文旅融合发展中的少数民族文化资源陷阱研究，是用马克思主义、辩证唯物主义基本观点去观察、理解和解读少数民族文化与旅游发展的正负向效应。提出"资源陷阱"概念，讨论文化与旅游发展中"产业—事业"关系，并最终反思文化资源陷阱的本质和生产过程。本书以大量西南少数民族地区文化旅游发展个案资料来证明"少数民族文化资源陷阱"的存在，在研究方法上已不是原本意义上的田野工作和民族志研究，而是基于"田野语境"在村落里做研究，通过实地观察、与当事人互动、记录口述史等方式，收集地方政府和旅游开发企业的资料，从而为研究工作奠定基础。

调研团队根据本书研究内容设计了调研问卷，于2018年寒暑假分两次完成了调研工作。

第一次调研在2018年寒假进行，调研时间为2018年2月2—8日。调研团队冒着零下酷寒，沿乌江而上，聚焦民族地区文化资源开发，探访渝黔两地土家族、苗族和仡佬族村寨，了解其民族文化资源转化利用状况，分析其民族文化资源转化利用中存在的问题。探访了彭水、沿河、务川和道真等少数民族自治县，深入郁山古镇、鞍子苗寨、罗家坨苗寨、阿蓬江土司遗址"草圭堂"、龙潭古村（仡佬之源景区）、道真傩文化博物馆、中国傩城和洛龙大塘仡佬民族文化村。这些地区是土家族、苗族和仡佬族聚居之地，少数民族文化丰富。7天行程700多公里，探访民族村寨9个，走访县乡政府3处，对接企业2家，回收调查问卷200余份，收集了宝贵的样本数据。

第二次调研在2018年暑假进行，调研时间为2018年7月14—24日。对云贵川10个西南典型少数民族景区开展了文旅融合大型调查活动。这10个少数民族景区分别是贵州省遵义市播州区平正仡佬族乡、黄平县旧州古镇、安顺市旧州古镇、兴义市鲁屯古镇，云南省姚安县光禄古镇、大理古城、大理喜洲古镇、丽江大研古城、泸沽湖洛水村，四川省盐源县泸沽湖镇。调研团队行程5000多公里，发放和成功回收问卷1000余份，深度访谈100多个案例，与各典型少数民族旅游景区的管理者、经营者、游客、东道主居民进行了深入交流，涉及仡佬族、彝族、苗族、布依族、回族、白族、纳西族、摩梭人等多个少数民族群体。调研组一行受到少数民族旅游景区各界的热烈欢迎和积极配合。其中，遵义市平正仡佬族乡何开松书记、田燚副乡长、文化站站长陈银飞等热情接待了调研组一行，双方就民族文化研究与保护、避暑旅游深度开发、民族旅游景区建设、民族地区精准扶贫等问题进行了深入交流，并达成初步合作意向。调研组围绕民族文化资源转化、开发、利用及其评价和游客满意度等问题，对民族旅游景区各类利益相关者的典型代表进行了深度访谈，对各民族旅游景区的游客和居民做了问卷调查。

　　在每次调研之后，课题组都会对调研数据资料进行及时的整理，建立数据库。课题组在两次调研之间根据分工对研究内容阅读了大量的文献，进行了理论上的分析，构建了模型或框架。在暑期调研结束后，根据两次调研汇总资料开展了量化分析工作，最终经过相关人员的共同努力完成了书稿。

第 一 章

西南地区文化资源及其在文旅融合中的开发状况

第一节 西南地区的文化资源类型及其分布

西南地区生活有30多个世居少数民族，各民族在适应自然、改造自然的进程中逐渐形成了自己独有的生产方式、生活方式，孕育了丰富而又独特的民族文化资源，是发展文化旅游的重要支撑。西南地区各民族民风淳朴、能歌善舞，有各自的语言、习俗，形成了诸如节庆、歌舞、技艺、饮食、建筑、服饰等独特的民族文化资源，由此构成了一幅浓郁而又色彩斑斓的中国民俗风情图画，从而使西南地区成为中华大地上民族多样性和文化多样性极为丰富的民族文化富集区、民族文化沉积带。对于民族文化资源的分类，按照不同的划分标准，可以划分为不同的类型，比较具有代表性的有：程恩富将文化资源分为物质文化资源和精神文化资源两大类。[1] 段超从文化遗产保护角度，把民族文化资源归为重要遗址、村落和器物等物态类文化，传统生产技艺、土医土药等技术文化，节日、宗教仪式和民俗活动等民俗类文化。[2] 王志标认为，可分为传统民族文化资源和现代民族文化资源，物质文化资源和非物质文化资源等。[3] 本书主要从文旅融合中文化资源开发利用的角度梳理节庆、歌舞、工艺、饮食等方面的资源。

---

[1] 程恩富主编：《文化经济学通论》，上海财经大学出版社1999年版，第39页。

[2] 段超：《对西部大开发中民族文化资源和文化生态保护问题的再思考》，《中南民族学院学报》2001年第6期，第59—63页。

[3] 王志标：《传统文化资源产业化的路径分析》，《河南大学学报》（社会科学版）2012年第52卷第2期，第26—34页。

一 节庆类资源及其分布

节庆是少数民族的人民出于某种需要,例如为庆祝农业丰产、祭祀祖先而举行的纪念性的庆典活动,也是中华民族传统文化的重要组成部分。[①] 西南地区地形复杂多样,众多的少数民族在居住、生产、生活的过程中因对自然的崇拜、对神灵的敬畏而形成了独特的适应当地生态环境及生活习性的庆祝、祭祀等地域性文化,这些文化共同构成了西南地区的民族节庆资源。

西南地区少数民族众多,节庆类资源相当丰富,传统节庆名目繁多、类型多样,几乎周周有活动,月月有狂欢。代表性的有傣族的"泼水节"、彝族的"火把节"、白族的"大理三月街"、藏族的"赛马会"、苗族的"赶秋节"、畲族的"丰收节"等传统节庆活动,丰富多彩、别具特色(见表1-1)。有的已经被列为国家级非物质文化遗产,有的已经成为各民族交流交往交融的平台,成为向世界人民讲好中国故事的有效载体。节庆对民族地区旅游业有着巨大的促进作用,对区域经济发展也有着巨大影响。西南地区多地利用民族传统节庆积极营造多元的旅游文化体验,打造节事旅游吸引物,吸引游客进行旅游消费。

表1-1 西南地区少数民族代表性传统节日

民族	节日	时间(农历)	主要内容
傣族	泼水节	公历4月13—15日	赛龙舟,泼水仪式
彝族	火把节	6月24—25日	点火把,摔跤,赛歌
景颇族	景颇族目瑙纵歌	1月15日	跳文崩木宽舞
羌族	羌族瓦尔俄足节	5月3日	祭祀歌舞女神,传送歌舞
苗族	四月八	4月8日	怀念祖先,纪念英雄
苗族	采花节	1月1—15日	唱歌,跳舞
水族	端节	8月下旬至10月上旬	铜鼓舞,对歌,寻偶
布依族	查白歌节	6月21日	赛歌,喝酒

---

① 赵群:《中国特色民族节庆旅游资源开发的意义——以贵州西江苗寨"牯藏节"为例》,《旅游纵览》(下半月)2020年第2期,第132—133页。

续表

民族	节日	时间（农历）	主要内容
苗族	姊妹节	3月15—17日	对歌，跳芦笙木鼓舞，订立婚约
怒族	仙女节	3月15日	祭祀仙女洞，歌舞求福，体育竞技
仡佬族	毛龙节	大年三十夜至正月十六	龙崇拜
傈僳族	刀杆节	2月8日	上刀山，下火海
藏族	雪顿节	藏历6月29日至7月1日	郊游野宴，藏戏会演
苗族	独木龙舟节	5月25—27日	赛龙舟
白族	大理三月街	3月14—16日	赛马，赛龙舟
藏族	赛马会	5月5日	赛马，搭帐篷，野炊，宴客
土家族	舍巴节	每年正月	毛古斯，摆手舞，梯玛歌，打溜子
纳西族	三朵节	3月8日	赛马，野餐
纳西族	七月会	7月中旬	对歌，牲畜交易
布依族	六月六	6月6日	杀雄鸡，祈求丰收，对歌
哈尼族	姑娘节	2月2日	野餐，唱歌，跳舞，祭天
摩梭人	朝山节	7月25日	祭拜女神，结交阿夏，射箭
瑶族	盘王节	5月29日	祭祖，歌舞
怒族	鲜花节	3月15日	采集鲜花，祭祀仙女，歌舞
拉祜族	葫芦节	10月	跳芦笙舞，物资交流

资料来源：笔者整理。

二　歌舞类资源及其分布

歌舞生动地反映着人类的生息、繁衍、图腾崇拜、祭祀典礼、狩猎、农耕、战争、社交、娱乐、爱情、婚姻及社会生活的各个方面。[①] 生活在西南地区的少数民族先民们，在迁徙、生产、劳动、繁衍的过程中创造出了绚烂多姿的民族民间歌舞文化。经过世代传承和发展，这些文化生动地反映了西南地区各少数民族从人类起源到当代社会发展过程中的生产生活、宗教信仰、民族性格、审美情趣、风俗习惯等，更从侧面反映出了一个民族的文化精髓与生活习俗。

西南地区多情的民族音乐、多姿的民族舞蹈、珍贵的民族戏曲等共同

---

① 张瑛：《对云南民族歌舞旅游资源开发的研究》，《西北民族学院学报》（哲学社会科学版）2002年第3期，第51—55页。

交织并形成了种类繁多、内涵丰富、多姿多彩的歌舞。西南地区少数民族歌舞主要是各少数民族在从事生产、生活过程中唱歌、跳舞、祭祖敬祖、起房盖屋、婚丧嫁娶时形成的，包含民族传统音乐、民族传统舞蹈、民族传统戏曲等类型（见表1-2）。民族传统音乐感情炽热、浪漫奔放，如苗族、哈尼族、彝族、拉祜族的歌谣。民族舞蹈刚健有力、雄浑磅礴，是各少数民族性格的展现，如藏族、羌族、土家族的舞蹈。民族传统戏曲在传承民族文化、涵养道德等方面具有独特的作用，如藏戏、土家族花灯、彝剧、白戏等。西南地区是藏族、彝族、苗族、土家族、傣族、布依族、纳西族等少数民族的聚居区，雄奇险峻的自然风光、浓郁的民族风情以及神秘的民俗文化，使得歌舞不仅具有多样性，而且独具特色和魅力，符合现代旅游对"新、奇、异"的多元化审美需求，具有强大的市场感染力和竞争力。

表1-2　　　　　　　　西南少数民族传统歌舞类资源

类型	项目名称
民族传统音乐	石柱土家族啰儿调、傈僳族民歌、川江号子、侗族大歌、侗族琵琶歌、哈尼族多声部民歌、彝族海菜腔、羌笛演奏、铜鼓十二调、秀山民歌、酉阳民歌、南坪曲子、姚安坝子腔、苗族民歌（苗族飞歌）、布依族民歌、彝族民歌（彝族酒歌）、布朗族民歌（布朗族弹唱）、藏族民歌、洞经音乐（文昌洞经古乐、妙善学女子洞经音乐）、芦笙音乐（苗族芒筒芦笙）、布依族勒尤口弦音乐
民族传统舞蹈	弦子舞（芒康弦子舞、巴塘弦子舞）、锅庄舞（迪庆锅庄舞、昌都锅庄舞）、热巴舞（丁青热巴、那曲比如丁嘎热巴）、苗族芦笙舞（锦鸡舞、鼓龙鼓虎-长衫龙、滚山珠）、木鼓舞（反排苗族木鼓舞、沧源佤族木鼓舞）、铜鼓舞（文山壮族、彝族铜鼓舞）、傣族孔雀舞、彝族葫芦笙舞、彝族烟盒舞、傣族象脚鼓舞、羌族羊皮鼓舞、毛南族打猴鼓舞、瑶族猴鼓舞、彝族铃铛舞、彝族打歌、彝族跳菜、彝族老虎笙、彝族左脚舞、乐作舞、彝族三弦舞（阿细跳月、撒尼大三弦）、纳西族热美蹉、布朗族蜂桶鼓舞、普米族搓蹉、拉祜族芦笙舞
民族传统戏曲	川剧花灯戏（思南花灯戏、玉溪花灯戏）、藏戏、山南门巴戏、侗戏、布依戏、彝族撮泰吉、傣剧、合阳跳戏、佤族清戏、彝剧、白剧

资料来源：笔者整理。

三　工艺类资源及其分布

工艺凝聚了一个民族的制作技术、认知图式、价值观念、审美趣味，因而成了民族文化的一个重要组成部分。① 工艺是一种民俗文化符号，不仅具有生产生活的实用功能，以及审美功能，还反映出民族个性、风俗习惯、民族信仰等丰富的文化内涵。

西南地区有 30 多个世居少数民族，在改造和征服大自然的过程中，就地取材，充分利用西南地区丰富的本土资源，创造了用途迥异、丰富多彩、种类繁多的手工艺品，这些手工艺品犹如各少数民族共同谱写的艺术篇章。民族文化的多样性和差异性，带动了工艺类别的差异性。具体来看，西南地区工艺可以分为传统手工艺和民间美术两大类（见表1-3）。传统手工艺主要包括刺绣、雕刻、扎染、蜡染、纺织、编织、烧制等，如苗族蜡染技艺、苗族银饰锻制技艺、阿昌族户撒刀锻制技艺、拉萨甲米水磨坊制作技艺、皮纸制作技艺、傣族手工造纸技艺等。民间美术包罗万象、形态更加多元，如藏族唐卡、纳西族东巴画、白族民居彩绘、苗绣等。西南地区多民族融合的多元化工艺优势，已经汇聚成工艺生产、加工、传承的洼地，通过民族文化传承、创新设计、可持续研发，形成了具有区域特色的民族传统工艺产业，产生了巨大的文化和经济价值。

表1-3　　　　　　　　　西南地区少数民族传统技艺

技艺	基本类型举例
传统手工艺	傣族慢轮制陶技艺、藏族邦典、卡垫织造技艺、苗族蜡染技艺、白族扎染技艺、苗寨吊脚楼营造技艺、苗族芦笙制作技艺、玉屏箫笛制作技艺、苗族银饰锻制技艺、阿昌族户撒刀锻制技艺、拉萨甲米水磨坊制作技艺、皮纸制作技艺、傣族、纳西族手工造纸技艺、藏族造纸技艺、德格印经院藏族雕版印刷技艺、风筝制作技艺（拉萨风筝）、陶器烧制技艺（藏族黑陶烧制技艺、牙舟陶器烧制技艺、建水紫陶烧制技艺）、毛纺织及擀制技艺（彝族毛纺织及擀制技艺）、藏族牛羊毛编织技艺、苗族织锦技艺、傣族织锦技艺、枫香印染技艺、藏族金属锻造技艺（藏族锻铜技艺、藏刀锻制技艺）、藏香制作技艺、贝叶经制作技艺、普洱制作技艺（贡茶制作技艺、大益茶制作技艺）、晒盐技艺、井盐晒制技艺、藏族碉楼营造技艺

---

① 赵欢：《云南原生态民族文化产业发展研究》，硕士学位论文，中央民族大学，2017年。

续表

技艺	基本类型举例
民间美术	纳西族东巴画、藏族唐卡（勉唐画派、钦泽画派、噶玛嘎孜画派）、傣族剪纸、苗绣、水族马尾绣、藏族格萨尔彩绘石刻、藏文书法、彝族（撒尼）刺绣、白族民居彩绘

资料来源：笔者整理。

四 饮食类资源及其分布

饮食是指居住在民族地区的各少数民族群众在特殊的自然条件、生活方式和传统饮食习惯的基础上，形成的各类食物、饮食过程、饮食方式、饮食规矩以及与饮食文化的统称。由于历史、文化、自然等因素，西南地区各少数民族所处自然环境差异性较大且经济发展不平衡，因此形成了类别多样、名目繁多的饮食资源。

由于所处的复杂的自然地理条件、立体的气候环境、生活方式和传统饮食习惯，西南地区少数民族普遍喜欢喝酒、饮茶，故此形成各类酒、茶饮品，如怒族羊油酒、哈尼族街心酒、佤族竹吸管酒、傣族竹管酒、苗族交杯酒、拉祜族烧酒、景颇族竹筒米酒等，景颇族腌茶、纳西族酥油茶、傣族竹筒烤茶、拉祜族烧茶、彝族罐罐茶、佤族苦茶、白族三道茶、怒族漆油茶、哈尼族土锅茶、阿昌族青竹茶等。很多少数民族喜欢吃昆虫和野菜做成的菜品，如油炸蜂蛹、生炸竹虫、凉拌白蚂蚁卵、油炸水蜻蜓、油炸花蜘蛛、油炸蝎子等。部分少数民族喜欢食用腌制食品，如土家族腊肉、苗族苗鱼等，这些都已经成为其饮食资源的重要组成部分。少数民族饮食资源属于人文旅游资源范畴，既有有形的饮食文化资源，又有无形的饮食文化资源（见表1-4）。酒、茶、菜品等，例如藏族的牦牛肉、酥油茶等，属于有形的饮食文化资源；而餐饮习俗等就属于无形的饮食文化资源。众多的少数民族饮食文化资源相互交融，使得西南地区饮食文化资源别具一格，成为外界了解西南地区少数民族习俗、民俗风情的重要载体和窗口。

表1-4　　　　　　西南地区少数民族代表性饮食文化资源

类型	具体项目
酒	彝族祝酒、纳西族合庆酒、怒族羊油酒、哈尼族街心酒、佤族竹吸管酒、傣族竹管酒、苗族交杯酒、藏族三口一杯、拉祜族烧酒、景颇族竹筒米酒
茶	景颇族腌茶、纳西族酥油茶、傣族竹筒烤茶、拉祜族烧茶、彝族罐罐茶、佤族苦茶、白族三道茶、怒族漆油茶、哈尼族土锅茶、阿昌族青竹茶
昆虫	油炸蜂蛹、生炸竹虫、凉拌白蚂蚁卵、油炸水蜻蜓、油炸花蜘蛛、油炸蝎子、油炸蚂蚱、油煎椰子虫
野菜	南瓜花、山茶花、曼陀罗、黄花菜、车前草、刺五加
餐饮习俗	哈尼族长街宴、佤族崩南尼、景颇族新米节、纳西族三朵花、白族二月八、独龙族剽牛祭天

资料来源：笔者整理。

五　其他类型资源及其分布

西南地区的文化资源，除节庆、歌舞、技艺、饮食等外，还有很多其他文化资源，如村寨、服饰等，也有着较为广泛的影响。

西南地区的民居建筑，是各民族人民在长期社会生活实践过程中创造出的形式多样、风格独特的居住及活动场所，至今仍保留着许多生态环境良好、民族文化浓郁、民族特色鲜明、较为集中的民居建筑，形成了有较大影响的特色村寨，如贵州西江千户苗寨，云南丽江泸沽湖畔的普米新村、红河壮美梯田边的诗意龙甲、普洱景迈茶山中的翁基古寨，等等。这些民族村寨在民居样式、风俗习惯等方面，都体现了各民族的民族文化基因。

西南地区的民族服饰，主要承担着维护基本生存或生理需要、适应自然环境、区分性别、规范礼俗、满足审美需求等功能。因生存的自然环境和气候条件不同，各少数民族服饰千姿百态。从分类来看，可以分为高寒山区厚重宽大型、炎热谷坝区轻薄型、内地平坝区轻便型；按照服饰主流色调不同可以分为明快素雅型、鲜艳热烈型、稳重朴实型。另外，还有各式装饰，如头饰、耳饰、腰饰、鞋饰等。[①]

[①] 赵欢：《云南原生态民族文化产业发展研究》，硕士学位论文，中央民族大学，2017年。

此外，祭祀活动在西南各族人民的日常生活中承担着重要的宗教和仪式功能，从而形成了丰富多彩、形式多样的祭祀元素。祭祀文化与各类民族文化资源一起，共同形塑了西南地区的民族文化资源，成为西南地区少数民族文化传承发展的有效载体，又是该地区大力发展文化旅游的重要特色资源。

第二节　西南地区文化资源与旅游融合转化的条件

西南地区是我国主要的少数民族聚居区。西南地区以其各具特色的民族文化资源、丰富多彩的人文景观、神奇多彩的自然景观、增色多彩的生态环境孕育了推进文旅融合发展的比较优势。

一　民族文化资源各具特色

（一）资源品位极高，有世界级影响

西南地区具有垄断性的旅游资源和品牌，具有较高的知名度。世界文化遗产，如布达拉宫、丽江古城、哈尼梯田等，世界自然遗产，如黄龙国家级名胜区、九寨沟国家级名胜区、中国南方喀斯特等，以及众多的国家级风景名胜区，如大理风景名胜区、西双版纳风景名胜区、贡嘎山风景名胜区、乌江山峡风景名胜区等，集中展现了西南地区的民族文化资源质量品级和品牌地位，具有世界级的影响力。

（二）资源类型多样，组合优势明显

西南地区民族文化资源类型多样，拥有雅鲁藏布江、金沙江、怒江、乌江等大小河川，有泸沽湖、洱海、纳木错等湖泊，四川海螺沟冰川、西藏的米堆冰川、日结措嘉冰川等冰川，千姿百态、美不胜收，黄果树瀑布、羊八井温泉、大理洱源温泉、香格里拉温泉、西双版纳温泉闻名中外，旅游资源多样化、全面化、立体化。各类资源组合优势明显，规模体量庞大，开发潜力巨大，这种独特的区域旅游资源组合具有很强的比较和竞争优势。

（三）资源特色鲜明，市场吸引力强

可以把西南地区民族文化资源最突出的特色概括为美不胜收，这不仅对于开拓国内市场具有巨大的吸引力，而且有利于分享周边热点旅游目的地游客市场。其中，香格里拉、西双版纳、九寨沟、丽江古城、大理古城等具有世界级影响力的旅游资源，吸引着国内和国际的旅游者。

（四）历史文化深厚，民族风情浓郁

西南地区具有悠久的历史和丰厚的文化底蕴，古迹、遗迹遍布。众多的特色村寨、摩崖造像、古代建筑，彰显出厚重悠久的历史文化。民族众多，风情各异，独特的自然风貌和鲜明的建筑风格成为西南地区一道亮丽的旅游风景线。资源丰富的民间音乐、独具特色的民间舞蹈、丰富多彩的民间戏剧、异彩纷呈的民间美术、类目繁多的民间工艺品，为西南地区文化与旅游的融合发展提供了巨大的发展空间。

二 人文景观丰富多彩

西南地区为我国少数民族聚居区，历史悠久，文化灿烂，有着品位较高的文化旅游资源。如果说民族地区自然旅游资源以奇绝取胜，那么人文旅游资源则以古稀而闻名，形成了西南地区的文化优势。

（一）世界文化遗产

表1-5　　　　　　　　　西南地区世界文化遗产一览

名称	省（自治区）	具体位置
布达拉宫	西藏	拉萨
丽江古城	云南	丽江纳西族自治县
红河州哈尼梯田	云南	红河州元阳、红河、金平、绿春四县
土司遗址	贵州	贵州播州海龙屯

资料来源：笔者整理。

（二）历史文化名城名镇名村

西南地区受地形地貌、气候特征、地方性文化和生产条件等诸多自然人文因素的影响，形成了具有西南地区各自独有的地方特色民居建筑、特色街巷、社区环境。区域内历史文化名城、名镇名村（见表1-6）和特色村寨数量众多。其中较为知名的历史文化名城有拉萨、镇远、大理等，名镇名村有酉阳龚滩古镇、雷山县西江镇等，特色村寨有四川桃坪羌寨、丹巴甲居藏寨、贵州西江苗寨、肇兴侗寨等。

表1-6　　　　　　　西南地区历史文化名城、名镇名村一览

省（直辖市、自治区）	历史文化名城	历史文化名镇名村
四川	会理	名村2个：丹巴县梭坡乡莫洛村、汶川县雁门乡萝卜寨村
贵州	镇远	名镇3个：黄平县旧州镇、雷山县西江镇、松桃苗族自治县寨英镇 名村9个：雷山县郎德镇上郎德村、黎平县肇兴乡肇兴寨村、从江县丙妹镇岜沙村、三都县都江镇怎雷村、从江县往洞乡增冲村、务川县大坪镇龙潭村、锦屏县隆里乡隆里村、黎平县茅贡乡地扪村、榕江县栽麻乡大利村
云南	大理、建水、巍山	名镇8个：洱源县凤羽镇、孟连县娜允镇、蒙自市新安所镇、文山市平坝镇、剑川县沙溪镇、宾川县州城镇、禄丰县黑井镇、姚安县光禄镇 名村8个：云龙县诺邓镇诺邓村、弥渡县密祉乡文盛街村、沧源县勐角乡翁丁村、祥云县云南驿镇云南驿村、巍山县永建镇东莲花村、泸西县永宁乡城子村、石屏县宝秀镇郑营村、永平县博南镇曲硐村
重庆		名镇2个：石柱县西沱镇、酉阳龚滩古镇
西藏	拉萨、日喀则、江孜	名镇5个：札达县托林镇、日喀则市萨迦镇、贡嘎县杰德秀镇、山南市乃东区昌珠镇、定结县陈塘镇 名村4个：吉隆县吉隆镇帮兴村、工布江达县错高乡错高村、普兰县普兰镇科迦村、尼木县吞巴乡吞达村

资料来源：笔者整理。

（三）红色文化资源

西南地区遗存了许多的红色革命遗址遗迹，著名的有红军飞夺泸定桥纪念馆、猴场会议旧址、红军强渡乌江遗址、罗甸中共蛮瓦支部旧址、黎平会议会址纪念馆、两河口会议会址、马尔康红军长征纪念馆、毛尔盖会议遗址、金沙江红军渡等。

三 自然景观神奇多姿

由于西南地区拥有得天独厚的地理位置，喀斯特地貌景观、水文景观、生态景观、天象气候奇观等自然奇景在此处交相辉映。

（一）地文景观

西南地区覆盖从四川盆地到云贵高原和藏北高原的广大区域，从西到东海拔落差大，地形、气候条件复杂多样，由此形成了丰富多彩的地文景观旅游资源，雄伟的名山大川、陡峻的高山峡谷、奇特的石林溶洞等构成了壮丽的山水画卷。

一是山岳景观。西南地区山岳型景观数量众多，资源禀赋较高。其中有梵净山、四姑娘山、苍山、贡嘎山、稻城三神山、玉龙雪山、梅里雪山、冈仁波齐峰、南迦巴瓦峰、珠穆朗玛峰等著名山岳景观。总体海拔较高，景观巍峨雄奇，多数山岳具有地方性或者宗教信仰，被当地民众或教众奉为神山，如梵净山是"武陵蛮"崇拜的神山，仙乃日、央迈勇、夏诺多吉是守护亚丁藏民的守护神山，冈仁波齐与梅里雪山属于藏传佛教的四大神山。除了雄奇秀美的自然景观，民族传说、宗教故事也为这些山川赋予了神秘奇幻的色彩。

表1-7 西南地区代表性山岳景观一览

省（直辖市、自治区）	名称	数量
四川	贡嘎山、四姑娘山、夹金山、莲宝叶则、跑马山、二郎山、墨尔多山、雅拉雪山、仙乃日、央迈勇、夏诺多吉、格聂山、海子山、雀儿山、泸山、螺髻山	16
贵州	梵净山、雷公山、云雾山、云台山、圣德山、金海雪山、朱家山、龙架山、斗篷山、紫林山	10
云南	玉龙雪山、苍山、无量山、梅里雪山、哀牢山、屏边大围山、元阳观音山、黄连山、高黎贡山、老君山	10
重庆	凤凰山、万寿山、茂云山	3

续表

省（直辖市、自治区）	名　称	数量
西藏	唐古拉山（格拉丹东峰）、念青唐古拉峰、珠穆朗玛峰、南迦巴瓦峰、冈仁波齐峰、桑丹康桑雪山、多雄拉山、色季拉山、启孜峰、鲁孜峰、马卡鲁山、章子峰、摩拉门青峰、纳木那尼峰、库拉岗日、洛子峰、希夏邦马峰、拉布吉康峰、乔吾雅峰、卓奥友峰、格重康峰、姜桑拉姆、康波钦峰	23

资料来源：笔者整理。

二是喀斯特地貌景观。喀斯特地貌景观即岩溶景观，是指由地下水和地表水对可溶性岩石的破坏和改造作用所形成的水文现象和地貌现象。[①]岩溶景观的主要类型可分为地表景观和地下景观，其中地表形态类型主要有峰林、峰丛、孤峰、石林、天生桥、漏斗、溶蚀洼地等；地下形态类型主要有溶洞、地下洞、落水洞等，溶洞内有石笋、钟乳石等。[②]世界上发育最为完善的岩溶地貌分布在中国，中国最为集中的岩溶地貌分布在西南地区。在西南地区仅世界遗产就有三处，即云南路南石林、贵州荔波喀斯特、四川阿坝州黄龙景区钙化景观。山峦起伏的地形特征也让西南地区峡谷景观众多，呈山地垂直自然景观带分布，其中较为知名的有雅鲁藏布大峡谷、怒江大峡谷、澜沧江梅里大峡谷、大渡河金口大峡谷、金沙江虎跳峡、马岭河大峡谷、峨边黑竹沟等，多数峡谷江面湍急，两岸山峰雄伟壮阔。

（二）水域景观

水是生命之源，是重要的构景要素，也是自然景观审美中不可或缺的一部分。西南地区的水域旅游资源类型丰富，景观特色鲜明，有碧波浩渺的高原海子、清澈透明的湖水、飞流直下的瀑布，也有波涛汹涌的河流。其中，不乏具有世界影响力的水域景观。

---

① 杨阿莉主编：《旅游资源学》，北京大学出版社2016年版，第57页。
② 肖星主编：《中国旅游资源概论》，清华大学出版社2006年版，第45页。

一是河流。西南地区是整个中国大型河流分布较多的区域，流经该区域的有雅鲁藏布江、澜沧江、金沙江、怒江、雅砻江、长江、黄河等，这些大江大河流经了不同的地理环境，因地形地貌差异常形成风格各异的流域景观走廊。雅鲁藏布江上游海拔较高，河面开阔，高原雪山、冰川、河流与沙丘共存，景观层次分明，人迹罕至，因而景色荒凉又神秘；中游集中了雅鲁藏布江的几条支流，孕育出广阔的平原，也是人烟稠密的地方，其支流拉萨河和年楚河分别流经拉萨和日喀则市区，雅鲁藏布江中游流域是西藏自治区的经济和政治中心，自然景观和人文景观在此融合得更加紧密；下游骤转向南进入连续的高山峡谷地段，河流呼啸奔腾，两岸景观类型从雪山冰川演变为低谷热带，由此形成垂直景观带，河流两岸森林密布、风景优美，河水与河岸动静相宜、相得益彰。澜沧江、金沙江、怒江三江并流，形成了奇特的地理景观，流域范围内的生物景观旅游资源十分丰富，三江流经数十个自然保护区和风景名胜区，珍稀动植物数量众多，与高山草甸、花卉、高山喀斯特、高山丹霞等景观完美地融于一体。

二是湖泊。西南地区多为高原天然湖泊，整体生态环境较好，景观美誉度较高。具有代表性的有四川九寨沟—黄龙景区的系列海子（如五花海、长海等）、西昌邛海、泸沽湖，云南洱海、碧塔海、拉市海，贵州威宁草海、仰阿莎湖、小七孔鸳鸯湖、长顺杜鹃湖，西藏三大圣湖（玛旁雍错、纳木错和羊卓雍措）等。西藏自治区是我国湖泊最多的省份，大大小小的湖泊超过1500多个。各省市的民族地区湖泊景观各有不同，或秀丽，或灵动，或壮美，与周边的自然景观、人文景观相得益彰。

三是冰川。由于地处我国高海拔地区，该地的冰川景观旅游资源数量众多，主要分布在川西北和西藏地区。四川民族地区具有代表性的有达古冰川、海螺沟冰川等，其中海螺沟冰川是距离大都市最近、海拔最低的现代冰川，冰川奇景、温泉度假、森林康养、藏药文化等自然和人文旅游资源和谐共生，其中举世无双的冰瀑布让人叹为观止。西藏的冰川景观资源丰富、冰川类型多样，具有代表性的有米堆冰山、绒布冰川、普若岗日冰川、曲登尼玛冰川、日结措嘉冰川等。西藏冰川多有壮丽之美，但景色各异。例如，日结措嘉冰川是当前的网红冰山，常年显露出幽蓝色的光芒，似乎让人置身于蓝色水晶的殿堂;绒布冰川堪称中国最美的冰川之一,属于复式山谷冰川,冰舌较宽,冰川较厚,冰川形状千姿百态、美不胜收。

四是瀑布、温泉。瀑布因河流中的地势落差将山水之美较好地糅合在一起,具有重要的观景价值。特别知名的有贵州安顺市镇宁布依族苗族自治县的黄果树瀑布群,它是世界最大的瀑布群之一,其中的黄果树大瀑布尤为壮观,其瀑布宽达101米,高达77.8米,飞流直下,气势磅礴,也是5A级景区的核心部分。四川九寨沟有五滩十二瀑之说,最为知名的有树正瀑布、诺日朗瀑布、珍珠滩瀑布、熊猫海瀑布。此外,四川还有阿坝牟尼沟扎嘎瀑布、凉山州西昌螺髻山九十九里温泉瀑布等景观,其中螺髻山九十九里温泉瀑布是目前世界上规模最大的温泉瀑布旅游景观,这里还有独一无二的温泉群岛,其观赏价值、疗养价值极高。

西南地区的温泉资源主要分布在四川、西藏和云南民族地区。具有代表性的有四川海螺沟温泉、古尔沟温泉、黑竹沟温泉、稻城茹布查卡温泉村、然乌乡温泉、毕棚沟娜姆湖温泉、康定木格措药池沸泉、二道桥温泉,云南的大理洱源温泉、建水温泉、瑞丽温泉、红河温泉、香格里拉温泉、西双版纳温泉等,西藏的康布温泉、羊八井温泉、日多温泉、德仲温泉等四大圣泉。

(三)生物景观

西南地区覆盖西藏自治区和滇、黔、渝、川四省(直辖市)中14个民族自治州,48个自治县。在广阔的流域空间内,复杂的地质条件和气候条件孕育出千姿百态的动植物景观,因此生物旅游资源类型丰富,数量众多,很多地方被称为天然的生物基因库,国家级自然保护区多达47处(见表1-8),森林公园多达44处(见表1-9),生物多样性丰富,生态景观资源较好,科普考察、森林康养、避暑休闲等旅游功能较强。

表1-8　　　　　　　　西南地区国家级自然保护区一览

省（直辖市、自治区）	名称	数量
四川	九寨沟国家级自然保护区、察青松多白唇鹿国家级自然保护区、马边大风顶国家级自然保护区、海子山国家级自然保护区、四姑娘山国家级自然保护区、若尔盖湿地国家级自然保护区、贡嘎山国家级自然保护区、亚丁国家级自然保护区、黑竹沟国家级自然保护区、格西沟国家级自然保护区、卧龙国家自然保护区、美姑大风顶国家级自然保护区、长江上游珍稀特有鱼类国家级自然保护区、南莫且湿地国家级自然保护区	14
贵州	梵净山国家级自然保护区、麻阳河国家级自然保护区、草海国家级自然保护区、雷公山国家级自然保护区、茂兰国家级自然保护区	5
云南	西双版纳国家级自然保护区、西双版纳纳板河流域国家级自然保护区、西双版纳热带雨林自然保护区、苍山洱海国家级自然保护区、南滚河国家级自然保护区、大围山国家级自然保护区、长江上游珍稀特有鱼类国家级自然保护区、云南轿子山国家级自然保护区、元江国家级自然保护区、文山国家级自然保护区、哀牢山国家级自然保护区、金平分水岭国家级自然保护区、白马雪山国家级自然保护区、黄连山国家级自然保护区、无量山国家级自然保护区、高黎贡山国家级自然保护区、云龙天池国家级自然保护区	17
西藏	羌塘国家级自然保护区、玛旁雍错湿地国家级自然保护区、拉鲁湿地国家级自然保护区、西藏类乌齐马鹿国家级自然保护区、珠穆朗玛峰国家级自然保护区、雅鲁藏布大峡谷国家级自然保护区、察隅慈巴沟国家级自然保护区、麦地卡湿地国家级自然保护区、雅鲁藏布江中游河谷黑颈鹤国家级自然保护区、芒康滇金丝猴国家级自然保护区、色林错国家级自然保护区	11

资料来源：笔者整理。

表1-9　　　　　　　　西南地区国家森林公园一览

省（直辖市、自治区）	名称	数量
四川	海螺沟国家森林公园、九寨国家森林公园、黑竹沟国家森林公园、北川国家森林公园、夹金山国家森林公园、措普国家森林公园、雅克夏国家森林公园、荷花海国家森林公园	8
贵州	尧人山国家森林公园、雷公山国家森林公园、黎平国家森林公园、朱家山国家森林公园、紫林山国家森林公园、㵲阳湖国家森林公园、龙架山国家森林公园、台江国家森林公园、甘溪国家森林公园、仙鹤坪国家级森林公园	10
云南	双江古茶山国家森林公园、花鱼洞国家森林公园、磨盘山国家森林公园、圭山国家森林公园、灵宝山国家森林公园、新生桥国家森林公园、章凤国家森林公园、西双版纳国家森林公园、普洱太阳河国家森林公园、魏宝山国家森林公园、清华洞国家森林公园、宝台山国家森林公园、飞来寺国家森林公园、钟灵山国家森林公园	14
重庆	黄水国家森林公园、酉阳桃花源国家森林公园、巴尔盖国家森林公园	3
西藏	巴松湖国家森林公园、然乌湖国家森林公园、姐德秀国家森林公园、尼木国家森林公园、冈仁波齐国家森林公园、班公湖国家森林公园、色季拉国家森林公园、热振国家森林公园、比日神山国家森林公园	9

资料来源：笔者整理。

（四）天象气候

西南地区有较多的山岳型景观，而云海是这些景观中重要的组成部分。当流云穿梭在山间，遇到悬崖或峰口，就会形成流云飞瀑，轻盈空灵，形态万千。此外，在区内大部分地方都可以看到日出日落、星光霞景，在部分地方，如梵净山，还可以一睹佛光。

西南地区多属高海拔地区，大部分地区一年四季的气候特征变化明显，因此大自然也有明显的物候现象，如在九寨沟春夏秋冬的颜色不同，特色鲜明，特别是冬季，大部分地方出现的冰雪凇景成为奇特美景。而在夏季这些高海拔地区又成了绝佳的避暑旅游地。

四　生态环境增色添彩

西南地区不是一个完整的空间地形单元，以总体相对集中/局部分散的空间形态而存在，地域范围分布广，地形、植被、气候差异均比较大，降雨充沛，动植物资源丰富，是我国具有重要战略地位的生态屏障。

西南地区从西到东形成巨大的落差，可以分为青藏高原高山山地、云贵高原中高山山地丘陵区、巴蜀盆地及其周边山地等三个地貌单元，巨大的地形差异造就了西南地区各地自然条件及地貌情况的千差万别。从气候条件来看，西南地区总体上气候宜人，但部分地区条件艰苦。根据地貌情况，主要存在三类气候。一是青藏高原的高山寒带气候与立体气候分布区，是主要的牧业区。二是云贵高原的低纬度高原、中南亚热带季风气候。低纬度高原是生产四季如春气候的绝佳温床，四季如春气候的代表城市有昆明、大理等，山地适合发展林牧业，坝区适宜发展农业、花卉、烟草等产业。三是四川盆地湿润的北亚热带季风气候。此类气候比较柔和，湿度较大，多云雾，加上地势较为平缓，是集中发展农业的区域，人口也较为集中。此外，西南地区还分布有少部分热带季雨林气候区，干湿季分明，主要在南部地区，代表性的有西双版纳等地。

从降水来看，西南地区雨量充沛，是大江大河的发源地。长江、黄河均发源于此；红河流域、澜沧江流域、怒江流域、雅鲁藏布江流域均在其间。此外，这里的湖泊众多，主要以高原湖泊为主，代表性的有西藏的纳木错，云南的滇池、洱海、泸沽湖等，均是典型的高山湖泊，驰名中外。

从动植物资源来看，除青藏高原山地之外，西南地区的云贵高原和巴蜀盆地气候宜人，降雨充沛，河流纵横交错，是我国森林、湖泊和湿地等资源的主要集中地，拥有大面积高山区和草场，以及常年生的林木和牧草，江河、林木、牧草资源十分丰富，上万种动植物在此繁衍生息。生态环境是西南地区最大的优势，因特殊的地理区位，是我国重要的生态安全屏障，具有重要的战略地位。

目前，西南地区有世界自然遗产6处（见表1-10），其中有3处分布在川西北阿坝藏族羌族自治州和甘孜藏族自治州，如阿坝九寨沟、黄龙和四川大熊猫栖息地。有1处位于云南、西藏交界处的澜沧江、金沙江、怒江"三江并流"地。喀斯特生态系统有分布于云南昆明石林彝族自治县的石林风景区和贵州黔南布依族苗族自治州的荔波喀斯特景区，以及贵州铜仁的梵净山。

表1-10　　　　　　　　　西南地区世界自然遗产一览

名称	省（自治区）	具体位置
黄龙国家级名胜区	四川	阿坝藏族羌族自治州松潘县
九寨沟国家级名胜区	四川	阿坝藏族羌族自治州九寨沟县
"三江并流"自然景观	西藏、云南	迪庆藏族自治州、怒江傈僳族自治州
四川大熊猫栖息地	四川	成都、阿坝、雅安、甘孜4个市州12个县
中国南方喀斯特	云南、贵州	昆明石林彝族自治县、黔南布依族苗族自治州荔波县
梵净山	贵州	印江土家族苗族自治县、松桃苗族自治县

资料来源：笔者整理。

西南地区国家级风景名胜区有29个，主要分布在贵州、云南、四川和西藏自治区（见表1-11）。其中，云南和贵州由于少数民族自治地方较多，且景观资源条件良好，因此国家级风景名胜区的分布数量更多。此外，在西南地区，A级旅游景区数量众多，仅5A级景区就有20个（见表1-12）。

表1-11　　　　　　　　西南地区国家级风景名胜区一览

省（自治区）	名称	数量
四川	九寨沟—黄龙寺风景名胜区、贡嘎山风景名胜区、四姑娘山风景名胜区、邛海—螺髻山风景名胜区	4
贵州	潕阳河风景名胜区、瓮安县江界河风景名胜区、荔波樟江风景名胜区、榕江苗山侗水风景名胜区、都匀斗篷山剑江风景名胜区、黎平侗乡风景名胜区、平塘风景名胜区、沿河乌江山峡风景名胜区、紫云格凸河穿洞风景名胜区、马岭河峡谷风景名胜区、万峰林风景名胜区	11
云南	路南石林风景名胜区、大理风景名胜区、西双版纳风景名胜区、三江并流风景名胜区、玉龙雪山风景名胜区、九乡风景名胜区、瑞丽江—大盈江风景名胜区、建水风景名胜区、普者黑风景名胜区、阿庐风景名胜区	10
西藏	纳木错—念青唐古拉山风景名胜区、土林—古格风景名胜区、唐古拉山—怒江源风景名胜区、雅砻河风景名胜区	4

资料来源：笔者整理。

表1-12　　　　　　　　　西南地区5A级景区一览

省（直辖市、自治区）	名称	数量
四川	九寨沟景区、黄龙景区、汶川特别旅游区、北川羌城旅游区、甘孜州海螺沟景区	5
贵州	铜仁市梵净山、黔东南州镇远古城、安顺市黄果树大瀑布、荔波樟江风景名胜区	4
云南	丽江市玉龙雪山、昆明石林彝族自治县石林、大理市崇圣寺三塔文化旅游区、中国科学院西双版纳热带植物园、迪庆州香格里拉普达措国家公园	5
重庆	酉阳桃花源景区、彭水阿依河景区	2
西藏	布达拉宫景区、林芝市工布江达县巴松措景区、大昭寺、日喀则市桑珠孜区扎什伦布寺景区	4

资料来源：笔者整理。

五　政策机遇应时而生

（一）良好的文旅融合政策机遇

党中央、国务院高度重视西南地区的经济建设、社会建设、文化建设，西南地区已经成为新时代西部大开发、乡村振兴的重点区域。尤其是近年来，国家层面密集出台了一系列促进文旅融合发展的相关政策措施，使文旅融合发展迎来了难得的政策机遇。2014年，国务院《关于促进旅游业改革发展的若干意见》提出，要发挥具有地方特色和民族特色的传统节庆品牌效应，科学利用传统村落、文物遗迹及世界文化遗产、非物质文化遗产展示馆等文化场所开展文化与文物旅游。[1] 2015年，国务院办公厅《关于进一步促进旅游投资和消费的若干意见》提出，要注重保护民族村落、古村古镇，建设一批具有民族特点的特色景观旅游村镇，深入挖掘民族民俗文化等。[2]

---

[1] 国务院关于促进旅游业改革发展的若干意见_政府信息公开专栏. http://www.gov.cn/zhengce/content/2014-08/21/content_8999.htm。

[2] 国务院办公厅关于进一步促进旅游投资和消费的若干意见_政府信息公开专栏. http://www.gov.cn/zhengce/content/2015-08/11/content_10075.htm。

2009年，文化部、国家旅游局《关于促进文化与旅游结合发展的指导意见》提出，要推动旅游实景演出发展，打造传统节庆旅游品牌。文化部《"十三五"时期文化扶贫工作实施方案》提出，通过对传统技艺类非物质文化遗产进行生产性保护为旅游业注入新鲜元素。对于传统表演艺术类非物质文化遗产，既要注重原真形态的展示，又要通过编排使其转化为具有地方民族特色和市场效益的文化旅游节目；同时，提出应加快推进藏羌彝文化产业走廊建设，培育民族文化产品和品牌，促进文化产业与旅游等的融合发展。① 2018年4月8日，文化和旅游部正式挂牌，文化和旅游融合发展进入快车道，西南地区文旅融合迎来黄金机遇期。

从地方政府层面来看，2016年，云南省发布《云南省旅游文化产业发展规划（2016—2020年）》，将地方性文化融入景区，融入节庆、工艺和技艺，促进文化产品、旅游工艺品的消费，为云南文旅融合描绘出新的宏伟蓝图。2018年，四川省委十一届三次全会明确提出，要促进文旅深度融合发展，加快建设旅游强省和世界重要旅游目的地。② 此外，贵州、西藏、重庆等地纷纷出台文旅融合的有关政策，极大地促进了西南地区的文旅融合发展。西南地区文旅融合发展政策环境更加优化、区域旅游市场加速形成、要素驱动更加多元，文旅融合迎来了良好的政策机遇。

（二）交通网络得到极大改善

近年来，西南地区交通条件持续改善，铁路、公路、航空立体化交通网络日趋完善，人流物流投送能力大幅提升，为民族文化资源的开发利用提供了便捷的交通条件。

铁路方面，2006年7月青藏铁路正式开通运行；2014年8月15日，拉日铁路（拉萨至日喀则铁路）正式开通运营；2016年12月28日，沪昆高铁贵昆段正式通车，从此沪昆高铁全线开通；2019年12月16日，成都至贵阳高铁全线开通；2021年6月25日，川藏铁路拉林段开通。西南地区依托区域中心城市，已基本形成"枢纽+干线"的四通八达的铁

---

① 《文化部 国家旅游局关于促进文化与旅游结合发展的指导意见》，http：//www.gov.cn/zwgk/2009-09/15/content_1418269.htm。

② 李晓东、周洪双：《四川：文旅融合优势独特大有可为》，《光明日报》2019年6月16日。

路网络，交通可达性大幅度提升。通过成都已经联通西安、兰州，形成北上高铁通道；通过重庆已经联通武汉、上海，形成了东向高铁通道；通过贵阳已经联通桂林、广州等地，形成南下高铁通道。

表1-13　　　　　　　　西南地区高速铁路开通情况一览

铁路线路名称	铁路线路正式运营时间	铁路线路所经过的城市
青藏铁路	2006年7月1日	西宁、拉萨
拉日铁路	2014年8月15日	拉萨、日喀则
沪昆高铁贵昆段	2016年12月28日	上海、昆明
沪汉蓉高铁（遂渝段）	2012年12月31日	遂宁、重庆
成绵乐城际	2014年12月20日	成都、绵阳、德阳、乐山、眉山
成渝高铁	2015年12月26日	成都、资阳、内江、重庆
西成高铁	2017年12月6日	成都、绵阳、广元、德阳、西安
川藏铁路成雅段	2018年12月28日	成都、崇州、邛崃、雅安
成贵高铁	2019年12月16日	成都、宜宾、毕节、贵阳
川藏铁路拉林段	2021年6月25日	拉萨、林芝

资料来源：笔者整理。

公路方面，各种环线、射线、支线等高速公路网络南来北往、联通东西、四通八达，可实现与周边相邻区域有条件的互联互通，能够增强对周边地区的辐射带动，高速公路实现了跨省联通，综合运输能力显著增强。未来还将进一步完善优化高速公路网，提高西南地区高速公路路网密度，提升互联互通水平，更好支撑旅游业的发展。

民航方面，西南地区及周边已经建立健全完善的航空网络体系，建成大小各类机场42个（具体见表1-14），是国内机场密度最大的区域之一，具备快速运输游客的能力，有效提升了我国西南地区的交通运输条件，促进了当地经济快速发展和社会稳定。其中，重庆江北机场拥有366条航线、可通达全球215个城市，是国内十大枢纽机场之一，是实行144小时过境免签政策的航空口岸，旅客吞吐量已跃升至4479万人次，跻身全球机场50强。

表 1-14　　　　　　　　西南地区机场统计一览

省（直辖市、自治区）	机场
西藏	拉萨贡嘎机场、昌都邦达机场、林芝米林机场、阿里昆莎机场、日喀则和平机场
云南	昆明长沙国际机场、丽江三义国际机场、大理荒草坝机场、西双版纳嘎洒国际机场、德宏芒市机场、昭通机场、文山砚山机场、保山云瑞机场、临沧博尚机场、普洱思茅机场、迪庆香格里拉机场、腾冲驼峰机场、澜沧景迈机场、沧源佤山机场、宁蒗泸沽湖机场
四川	成都双流国际机场、成都天府国际机场、绵阳南郊机场、泸州蓝田机场、广元盘龙机场、攀枝花保安营机场、南充高坪机场、达州河市机场、宜宾莱坝机场、宜宾五粮液机场、九寨黄龙机场、阿坝红原机场、凉山州西昌青山机场、甘孜州康定机场、稻城亚丁机场、甘孜格萨尔机场
贵州	贵阳龙洞堡机场、铜仁机场、兴义机场、黎平机场、荔波机场
重庆	重庆江北机场、黔江武陵山机场、万州五桥机场、巫山机场、仙女山机场

资料来源：笔者整理。

第三节　西南地区文化资源与旅游融合发展的典型模式

国内学术界诸多学者对民族文化资源的开发与利用进行了探讨，普遍认为主要是与旅游联动发展。旅游为民族文化资源商品化带来多种可能性，以商品化为特征的文旅融合发展，是一个特殊的汇集了多元主体行为的场域。各种不同种类的民族文化资源，搭乘旅游的东风快速进入商品化过程。按资源类型划分，有以下几种典型模式。

一　特色村寨（镇）模式

浙江杭州 2014 年率先提出建设特色小镇以来，全国掀起了特色小镇建设的热潮。西南地区不仅有多彩的民族文化、丰富的风土人情、秀美的自然风光、各种奇特的民居特色建筑，还有多姿多彩的特色小镇。特色小镇挖掘并汇聚区域内的地域和特色，并将其转化为特色经济优势，从而吸引外地游客和消费者。

西南地区是著名的少数民族聚居地，众多的少数民族在这里繁衍生息，同时保留了本民族的文化特色和多样的建筑风格，这都为打造特色小镇或是民俗文化村提供了条件。西南地区的房屋建筑呈现出多元性、原生性等特点，傣族竹楼、白族的三坊一照壁、纳西族的木楞房、土家族的吊脚楼等都具有较高的知名度，建筑风格也独具特色。这些类型多样的特色村寨建筑在有的地方整体保存良好，形成了相当大的规模，具备文化、社区、旅游等功能，成为打造特色小镇的先天优势。总体来看，西南地区的特色村镇发展水平参差不齐，有一些特色村镇比较典型。如大理喜洲古镇是大理白族文化的发祥地之一，悠久的历史积淀和浓郁的民族风情孕育了丰富的民族文化资源，建筑以"三坊一照壁""四合五天井"白族民居古建筑群为主，被誉为白族民居博物馆。此外，刺绣、编织、扎染等民间工艺制作方面水平较高，尤其白族扎染，更是白族文化的象征。贵州务川龙潭古寨是仡佬族保存完好的一个代表性村寨，拥有物质文化遗存和非物质文化元素，从外部景观规划到内部布局设计都别具一格，仡佬族民居、古寨军事建筑、仡佬族祭祀设施、丹砂驿站、炼丹遗址、江边汉墓群遗址等建筑，仡佬族典型的饮食和手工艺品，百匠园和丹砂文化体验区等有机融入景区，提升了其旅游附加值。但有些特色村寨则存在与民争利的情况，导致其发展受限。课题组曾到西南地区某特色村寨调研，在该村寨，由旅游公司统一管理收取门票，不准居民销售与公司销售产品类似的产品，导游带游客到公司经营的固定店铺消费，不为游客提供在小摊上购买的机会，所以原住民不能共享旅游发展成果，没有享受到旅游带来的红利。

民俗文化村更多的是重视对地方民俗文化的挖掘，集民间艺术、手工技艺和饮食特色等于一体。民俗文化村的打造是源于生活却又高于生活的，可以集中展现各地异彩纷呈的民俗文化，以一个民俗村的形式为游客体验西南地区丰富的资源特色提供机会[1]，使游客在感受不同的生活环境之外还可以体验地方的特色美食、民族服饰、歌舞、风土人情等魅力，进而实现"歌舞""技艺""建筑""饮食""祭祀节庆""服饰"等多种原生态民族文化元素的协同发展。例如，在黔东南州的郎德苗寨保存了民族

---

[1] 胡冀珍：《云南典型少数民族村落生态旅游可持续发展研究》，博士学位论文，中国林业科学研究院，2013年。

文化的原汁，但缺乏必要的商业运作，民族文化没有得到提炼和加工，旅游产品设计开发缺乏展现力。①

二 演艺模式

民族演出演艺产业是指将各少数民族较独特的风俗民情、生产生活方式、宗教信仰以及历史文化等旅游资源转化为节目，并借助剧院、广场等各种室内外场所进行演出的一种表演行业。② 西南地区因其独具特色的民族民间歌舞资源在民族文化演艺产业领域起步较早，演艺品牌较为成熟，民族文化演艺产业明显走在了全国前列。

西南地区演艺产业起步较早。早在1987年，云南丽江就排练了《纳西古乐》，该演艺节目融合了纳西族音乐、诗歌和舞蹈而进行表演。2002年，云南丽江推出的《印象丽江》成为世界上海拔最高的大型白天山水实景演出，推出的《丽水金沙》成为第一部全面反映丽江民族文化的大型文艺演出。经过了长时间的发展，西南地区演艺产业日臻成熟，产生了不少精品。例如，印象系列的《印象丽江》，千古情系列的《丽江千古情》《九寨千古情》等演艺品牌在国内外都享有极高的美誉，已经成为国内外游客不得不看的演艺精品。西南地区演艺产业经济效益明显。目前，西南地区的演艺产业在国内的演艺市场中占据了较大的份额，呈现出良好的品牌效应，对于地区的经济具有十分明显的拉动作用。③ 自2003年《云南映象》首次公演以来，17年间辗转了国内60多个城市、15个国家和地区开展巡演，其演出场次已经超过6000场。此外，西藏的《藏谜》《文成公主》，贵州的《多彩贵州风》《梦幻梵净山》等演艺品牌也声名鹊起、远近闻名，每天都吸引着大量的游客。各种原生态歌舞、大型山水实景演出饱含着原生态的民族韵味和高大上的文化创意，有的甚至衍生了系列产品。除了门票收益以外，相关的旅游衍生品也为当地带来了丰厚的经济收益。

---

① 万兆彬：《黔东南州民族文化资源与旅游资源整合开发研究》，《中国农业资源与区划》2017年第38卷第9期，第231—236页。

② 曹晋彰：《演艺产业链的构建研究》，硕士学位论文，山东大学，2012年。

③ 张琰飞、朱海英：《西南地区文化演艺与旅游流耦合协调度实证研究》，《经济地理》2014年第34卷第7期，第182—187页。

三 文化旅游节庆模式

节庆是在一定的文化环境中生成的，是民族文化的一种独特表现形式，带有浓厚的文化色彩和强烈的人文因素。西南地区少数民族节庆文化是有独特魅力、有较高吸引力的人文旅游资源，对其进行开发和利用有利于形成特色旅游项目，成为目的地吸引旅游者的砝码和利器。

西南地区因为少数民族众多，各个地方、各个民族都有各自富有特色的传统节日，因而与之相关的新兴节庆活动类型和数量也非常多。从新兴的节日来看，许多节日的兴盛都和旅游、商贸有关，有的直接被命名为旅游节庆，有的虽然没有被直接命名旅游节庆，但在节庆中开展的活动多是与旅游相关的内容。近年来，少数民族文化旅游节庆活动因为参与性强、体验感强、特色鲜明等特点发展势头强劲。越来越多的游客旅游目的已不仅仅是游山玩水，而是拓展到体验不同形式的民族文化节庆活动。彝族的火把节、傣族的泼水节、壮族的三月三、藏历新年、白族的三月节庆文化节等，都已成为国内知名度极高的节庆活动。仅以凉山彝族的火把节为例，在迎火、玩火、送火之外，还会举行斗牛、赛马、赛歌等活动，以及各种商品交易博览会，所以凉山彝族火把节已经被誉为"中国民族风情第一节""东方情人节"。在节庆活动期间，全国各地游客蜂拥而至，进行商贸洽谈、观光旅游、休闲度假，酒店一房难求、餐馆生意火爆，景区景点游人如织。2018 年，凉山彝族火把节期间共接待国内外游客 379.32 万人次，实现旅游综合收入 15.34 亿元。

少数民族文化旅游节庆活动，虽然极大地丰富了西南地区旅游业态，促进了区域旅游经济的发展，但带来的负面冲击同样不容小觑。为了迎合游客的审美偏好，在大力开发节庆文化旅游资源时，一些地方将本民族原来的传统文化节庆活动进行加工，以表演的形式展示给游客，这种经过生产加工重构而呈现在游客面前的传统文化脱离了真实的传统，是在现代化冲击下对本土文化的重构和表达。例如，将节庆活动的原有内容压缩，仅呈现给游客最具表演性和观赏性的部分内容；或者将表演的节目内容的节奏明显加快，把原有的需要通过一天甚至几天才能完成的祭祀等礼仪活动压缩成几十分钟的表演，从而使礼仪活动失去了古朴、原始、自然的韵味。此外，旅游者不可避免地将自身的文化带到旅游目的地，无形之中进行了传播和渗透，对西南地区的少数民族节庆文化会带来影响。

四　手工艺模式

民族民间工艺是基于地域资源与民族文化所产生的，集实用性和审美性于一体，通过造型、图案、色彩等元素来传达民族文化的寓意，并寄托民族精神信仰。西南地区地域文化色彩浓郁、民族文化荟萃，各类民族民间工艺品在设计、生产、加工等环节中都体现出浓郁的原生态民族文化特色，加之精湛的制作工艺，使得相关产品在市场上大受追捧。

西南民族民间工艺制品琳琅满目、种类繁多，不同的视角划分方法，分为不同的种类，比较通常的分类方法是从制作材质来划分。一是金属制品，是用金、银、铜、铁、锡等金属材质制作的工艺产品的统称，如贵州苗族银饰、西藏藏刀、云南阿昌族户撒刀等。二是藤、竹、木手工制品，原材料是各种类型的藤、竹、木等材料，如贵州玉屏箫笛、苗族芦笙、云南傣族草编等。此外，还有木雕、竹雕等雕刻工艺品等。三是陶瓷泥塑制品，其原材料主要是各种类型的泥土，如藏族黑陶、建水紫陶等都是较为知名的陶瓷工艺品；四是蜡染刺绣等布艺品，如藏族唐卡、傣族剪纸、苗绣、土家族西兰卡普等，尤以彝族、白族、苗族等少数民族的布艺最为突出，蜀绣、苗族扎染、蜡染、织锦等产品制作精美，颇具特色。[①] 此外，还有茶叶、食盐等制作技艺，如普洱茶、井盐等也有较高的知名度。

近年来，西南地区各地政府纷纷出台有关政策，大力推进民族民间工艺产业与旅游业的深度融合发展，民族民间工艺发展势头迅猛。一些工艺产品村落声名鹊起，如云南省剑川狮河村的木雕、陇川腊撒村的户撒刀等。一些工艺品生产企业日益壮大，如云南省的丽江涵蜜金民族服装有限公司。一些地域知名品牌声名远播，如云南省喜洲白族扎染、剑川木雕、傣族手工慢轮制陶等。此外，诞生了一些行业企业品牌，如"寸银匠""标祥九龙"银器品牌，"美伊""憨夯""咪依噜""阿着底"刺绣企业品牌，"根

---

① 施文丽：《云南民族民间工艺的分类及其初步研究》，硕士学位论文，昆明理工大学，2005年。

深艺圆""兴艺"白族木雕企业品牌,"卡萨藏刀"刀具企业品牌等。[①]

伴随着旅游经济的发展,西南地区民族民间工艺得到较大发展,逐渐形成了规模效应及产业,产生了较高的经济价值。但是,纯手工制作的高价格对其拓展消费市场带来较大影响。如绣花是特色手工艺,如果绣一件有质量的作品,需要耗费大量的时间和精力,所以卖给游客时的价格也相对很高,游客会因价格高而不愿意购买。而游客愿意购买的低价工艺品,又大多是加工厂批量生产的。

第四节 西南地区文化资源与旅游融合发展的进程

西南地区文化资源与旅游融合发展不是一蹴而就的,而是经历了一个从无到有、从小到大、不断深化的发展过程。从文化资源开发利用视角,根据文化产业和旅游产业发展的标志性事件,可以将西南地区文化资源与旅游融合发展进程划分为四个阶段:

一 初步探索阶段(1978—1991年)

西南地区因得天独厚的民族文化资源、良好的生态环境、丰富的自然旅游资源,成为我国旅游业发展较早的区域之一。党的十一届三中全会确定将党和国家工作重心转移到经济建设上来,利用一切可以调动的积极因素发展经济。1978年10月,邓小平指出:"要开辟到拉萨的旅游线路。"[②]西藏于1980年、云南于1986年先后成立了旅游局或游览事业局。随后,相关旅游管理机构在西南地区纷纷建立,实行系列帮扶措施,推动了区域旅游业的发展。西南地区旅游发展主要围绕昆明、拉萨等省会城市和西双版纳等旅游资源禀赋高的著名旅游城市或景区展开。一批品牌饭店开始出现,如昆明饭店、拉萨饭店、西藏宾馆、日喀则饭店、泽当饭店等。[③] 一些诸如唐卡、织锦等手工艺产品开始作为旅游纪念品在景区、饭店销售。

[①] 陈文苑:《云南省少数民族传统手工艺发展现状调查研究》,《重庆三峡学院学报》2019年第1期,第97—106页。

[②] 曹应旺主编:《邓小平的智慧》,四川人民出版社2021年版。

[③] 刘志强:《西部民族地区旅游业发展评价研究》,硕士学位论文,内蒙古大学,2013年。

1987年丽江古城推出《纳西古乐》旅游演艺节目，主要融合展示纳西族的音乐、舞蹈和诗歌，展示了民族风情。但产业要素不齐全是重大的制约因素，突出表现在交通、景区和饭店及旅游接待设施比较短缺、品质不高。旅游景区和饭店数量不多，接待能力有限。娱乐设施、旅游商品都不齐全，民族文化资源还处于和旅游业刚刚融合的探索起步阶段。

这一阶段，西南地区民族文化资源开发实现了从无到有，利用民族文化资源开发发展经济的观念初步形成，但文化资源的开发利用还没有在民族地区获得全面发展，加上旅游市场整体规模较小，旅游业的带动效应没有得到充分发挥。

二 快速发展阶段（1992—2008年）

1992年，党中央把旅游业列为加快发展的第三产业的重点之一，旅游业首次获得了明确的产业定位。[①] 1998年，中央经济工作会议把旅游业确定为国民经济新的增长点之一。[②] 国民经济中旅游业的地位得到了进一步提升。党和国家高层领导非常重视民族地区旅游业的发展。1999年，国务院总理朱镕基在中央民族工作会议上强调民族地区要充分发挥优势，扬长避短，大力发展旅游业和第三产业，特别要培育和发展能够发挥当地资源优势的支柱产业。[③] 西南地区纷纷把旅游业作为先导产业或支柱产业来发展，如云南省、贵州省、西藏自治区均把旅游业作为新兴产业、先导产业和支柱产业，旅游业实现了从事业型向产业型的转变，旅游市场结构进一步优化。尤其是1997年丽江古城成功申报了世界文化遗产名录，这极大拉动了西南地区文化资源开发进程。伴随西部大开发以及旅游黄金周的推出，西南地区旅游业得到了快速发展，依托民族文化资源打造的系列特色旅游产品，日益成为国内外旅游市场的新宠。

这一阶段，西南地区各地方政府纷纷把旅游业作为新兴产业、先导产业和支柱产业来发展，传统观光旅游继续完善，旅游节庆、度假及专项旅

---

① 刘志强：《西部民族地区旅游业发展评价研究》，硕士学位论文，内蒙古大学，2013年。
② 刘志强：《西部民族地区旅游业发展评价研究》，硕士学位论文，内蒙古大学，2013年。
③ 聂新伟、依绍华：《民族地区发展旅游业面临的利弊分析》，《中国科技投资》2011年第10期，第63—65页。

游取得显著进展，快速掀起旅游发展浪潮。

三 规模扩张阶段（2009—2017年）

云南、贵州相继提出了建设旅游强省的目标，旅游基础设施建设、旅游目的地开发不断提档升级。交通条件得到极大改善，民族地区的航空网络、铁路和公路网络、水路系统都得到了空前的改善，尤其以青藏铁路的建成通车最为引人注目，形成了进出畅达的立体旅游交通综合体系。吃、住、行、游、购、娱等旅游产业要素进一步丰富和完善，旅游新产品、新业态不断涌现，产业规模不断扩大，进一步促使西南地区的旅游向纵深发展。2009年7月，国务院颁布《关于进一步繁荣发展少数民族文化事业的若干意见》，推出了大力推动少数民族文化创新、积极促进少数民族文化产业发展等繁荣少数民族文化事业的系列政策措施。2009年9月，文化部颁布《关于加快文化产业发展的指导意见》，提出扶持具有地方特色的文化旅游项目，鼓励演艺与旅游资源整合，在知名旅游景区打造高品质、有特色的演艺精品。[①] 西南地区的民族文化资源和自然旅游资源有机融合，不断开发成具有较高影响力的旅游产品，如2001年推出的歌舞晚会《丽水金沙》旅游演艺剧目。民族文化产品搭乘旅游的翅膀，逐渐形成了多元化、品牌化、市场化的休闲旅游产品。

这一阶段得益于西部大开发，西南地区旅游基础设施条件得到极大改善，民族文化资源和旅游景区景点快速融合，逐渐多元化、品牌化、市场化，旅游新业态和新产品不断涌现。但民族文化资源的开发利用日趋受到市场化和商业化的冲击，民族文化资源开发利用粗放、民族文化蜕变、生态环境遭受破坏等现象增加。

四 深度融合阶段（2018年至今）

2018年4月，国家文化和旅游部成立，将文化部和国家旅游局的职能整合，标志着文化资源与旅游产业融合更加紧密。国务院及文化和旅游部相继出台了一系列促进文旅融合的政策措施，大大推进了民族地区文化

---

① 《文化部关于加快文化产业发展的指导意见》，http://www.gov.cn/gzdt/2009-09/29/content_1429997.htm。

资源和旅游深度融合发展的进程。2019 年，文化和旅游部发布《关于促进旅游演艺发展的指导意见》，要求将当地传统文化进行充分挖掘，并将中华传统美德、中华人文精神，运用丰富多彩的艺术形式用当代的方式表达出来，从而创作出一批底蕴深厚、特色鲜明的优秀作品。与此同时，西南地区各地方政府，如云南、贵州、四川等地相继出台了系列文旅融合措施，全面推进旅游业取得显著成效。尤其是形成了一些民族文化地域产品品牌，《丽江千古情》《九寨千古情》等演艺节目开始享誉海内外，民族银饰、扎染、木雕等工艺产品的市场影响不断扩大，"东巴文化""香格里拉""千户苗寨"等地域性民族文化品牌相继唱响，文化资源与旅游深度融合集群式发展的效应明显。

这一阶段西南地区民族文化资源与旅游业进入深度融合发展阶段，国家及地方政府推出了系列促进文旅融合的政策措施，快速推动了演艺、工艺品、民族文化产业的集群发展。

本章小结

本章通过文献资料整理法系统梳理了西南地区的各类代表性民族文化资源类型及其分布，同时对该区域的文化资源与旅游融合转化的条件进行了系统分析，并探讨了西南地区文化资源与旅游融合发展的典型模式，以及对该区域文化资源与旅游融合发展的阶段进行了划分。

从民族文化资源类型和分布情况来看，西南地区众多的少数民族在适应自然、改造自然的进程中，逐渐形成了自己独有的生产方式、生活方式，孕育了丰富而独特的民族文化资源，已经成为西南地区文旅融合的重要支撑和优势资源。在民族传统节日方面，积极营造多元的旅游文化体验，打造节事旅游吸引物，吸引游客进行旅游消费。歌舞不仅多样，而且独具特色和魅力，符合现代旅游对"新、奇、异"的多元化审美需求，具有强大的市场感染力和竞争力。西南地区多民族融合的多元化工艺优势，已经促使工艺生产、加工、传承的洼地初具形态，通过民族文化传承、创新设计、可持续研发形成了具有区域特色的民族传统工艺产业，产生出了巨大的文化生产力和经济价值。众多的少数民族饮食文化资源相互交融，使得西南地区饮食文化资源别具一格，成为外界了解西南地区少数民族习俗、民俗风情的重要载体和窗口。

西南地区以其良好的生态环境、神奇的自然山水风光、浓郁的民俗风情、厚重的历史底蕴、神奇多彩的历史文化遗产,孕育出各具特色的民族文化资源、丰富多变的人文景观、增色添彩的生态环境、神奇多彩的自然景观,加之国家、地方政府密集出台的一系列促进文旅融合发展的相关政策措施,和日趋完善的立体化交通网络,形成了该区域文化资源向文旅融合转化的条件。

此外,依据旅游生命周期理论和标志性事件,将西南地区民族文化资源开发进程划分为探索起步、快速发展、规模扩张、深度融合四个阶段。西南地区旅游产业实现了从无到有、从小到大、从弱到强。民族文化资源和旅游景区景点快速融合,逐渐多元化、品牌化、市场化,旅游新业态和新产品不断涌现,逐渐走向深度融合之路。

第二章

西南地区文化资源与旅游融合发展的动力和阻力

第一节 西南地区文化资源与旅游融合发展的动力分析

改革开放40多年来,少数民族地区把民族文化资源优势转变为文旅融合发展优势,为区域社会、经济和文化的全面发展注入强劲动力。马克思指出,从资源到资本是购买、生产、售卖三个经济环节的循环。布迪厄则将资本理论引入到文化研究,其文化资本理论提高了文化资源—文化资本—经济资本的效率。民族文化资源"创造性转化和创新性发展",成为新时代文化资本化实践的价值指向。从民族文化资源开发利用的动因来看,主要有市场需求的拉动、品牌效应的催化、创意驱动的支撑、政府+企业的推动等因素,它们之间有机联系、共同作用,形成一个有机整体,对西南地区民族文化资源的开发产生重要的系统性影响。

一 需求拉动

伴随着经济社会的快速发展,人民生活水平也得以快速提升,休闲旅游活动由自然山水观光向追求文化体验和精神愉悦以及享受转变。文化性是旅游产业中的一个重要属性,民族文化资源是进行旅游开发的基础性资源。旅游业的发展需要对当地民族文化资源的深度挖掘,旅游产品的开发建设也离不开对当地民族文化资源的整合。市场需求对西南地区民族文化资源开发利用产生巨大的拉动效益,成了民族文化资源与旅游融合发展的一个重要动因。首先，全国巨大的旅游市场需求，尤其是旅游消费从"吃住行游购娱"向"商养学闲情奇"转型升级，不断增长的休闲旅游需求是拉动民族文化资源开发的基础性动力。伴随着旅游消费的多元化发展趋势，民族文化资源开发利用得到快速提质升级，旅游市场消费需求进一步释放。其次，西南地区不仅具有丰富的民族文化资源，同时也拥有品质较高的风景名胜区、旅游景区景点，通过精品主题旅游线路的组合，可以联动西南地区的优质旅游资源，拉动民族文化资源产品融入这些优质旅游线路体系。最后，市场需求的拉动将赋予原有民族文化资源产品新的价值和功能，一些民族民间歌舞的独特魅力和观赏性，被打造成原生态的演艺或山水实景演出，一经推出就带来巨大的经济效益，这又使得各地相继复制模仿跟风，或是打造同类项目，或是提升产品品质，或是催生新产品。越来越多的民族文化资源与旅游相结合，不断调整自身产品和服务以满足市场的需求，被开发成符合现代休闲旅游审美体验的产品，进一步加快了民族文化资源与旅游产业融合的进程。

二　品牌效应

品牌具有提高消费者对品牌的忠诚度、增加商业合作机会、提供品牌延伸的条件、为企业吸引更多投资者等作用。[1] 西南地区民族文化资源由于特殊的历史背景、稀有的民族文化概念和特色民俗风情，本身就具有特殊性、民族性、神秘性，对游客产生一种独有的吸引力，是一种特殊的品牌旅游资源，有打造成为西南地区一张靓丽旅游名片的可能。品牌的演艺将会为整个旅游目的地休闲旅游吸引和带来更多的客源，也将会吸引更多的投资者和相关产业合作伙伴参与到旅游目的地的开发建设中来。可以预见，以西南地区民族文化资源为引领，以旅游演艺、文旅产业为载体，借助自然山水地貌的多样性、田园风光的观赏性、高等级旅游景区景点的吸引力等优势资源组成复合型休闲旅游文化景观，将催化西南地区民族文化资源更加高质量发展。游客在旅游过程能够体会到旅游目的地本土文化，同时也将异文化带到旅游目的地，彼此之间形成了文化的交流交往交融，

---

[1] 李业、李荣洁：《品牌资产及其功能》，《华南理工大学学报》（社会科学版）1999年第1期，第91—95页。

使得旅游目的地民族文化资源在传承创新时扩大品牌影响力。文化与旅游产业的融合是一个开放、包容、互动的过程。一方面，当地民族文化资源能在旅游产业的带动下得到开发利用，客观上实现民族文化资源的传承和保护。另一方面，民族文化资源不仅能丰富旅游产业的产品业态，还能塑造旅游产业的品牌形象，为旅游目的地增添魅力。

三 创意支撑

文化产业和旅游产业的融合是由内力和外力的双重作用推动的，[①] 因此，除了充分利用好内部优势外，还要充分借助外力的作用。

创新驱动是引领旅游可持续发展的不懈动力。民族文化资源开发利用需要插上创意的翅膀，支撑其开发和可持续发展。需将创新理念运用于民族文化资源开发、产品设计、市场营销、人力资源开发等方面，融入旅游的食、宿、游、购等全要素。科学技术的创新是产业融合的动力来源，[②] 其在文化与旅游两大产业的融合过程中扮演着不可或缺的角色，是推动两大产业快速融合发展的重要动力支撑。首先，现代科技创新带来了声、光、电技术的革新，为山水实景、室内舞台的演艺剧目带来了舞台布景、造型等技术的革新，将歌舞艺术与现代科技结合，让观众身临其境，感受不一样的体验效果，既带来新的旅游产业模式及业态，又催生出新的旅游市场需求。其次，交通技术的发展，尤以航空和高铁最为显著，大大缩短了游客在交通工具上耗费的时间，有助于游客快速抵达旅游目的地，让快旅慢游成为可能。最后，通信技术的发展极大地提高了旅游地的营销效率，将旅游产品和服务更好地推向市场，也为游客获取景点景区门票资讯、酒店住宿餐饮交通等更多旅游资讯提供了便利。此外，通过文化创意，结合现代科技，进一步体现民族文化资源特色，打造有记忆、有故事、有内涵、有个性的街巷街面和建筑精品，常态化、多元化地创新开展一些突出民族文化特色的节庆活动，用创意开发利用好西南地区民族文化

[①] 鲁明月：《产业融合背景下的文化旅游产业发展研究：以湘西州为例》，中南民族大学，2013年。

[②] 苏卉：《文化旅游产业的融合发展及政府规制改革研究》，《资源开发与市场》2012年第28卷第11期，第1044—1045、1049页。

资源。

四 政府推动

民族文化资源开发利用具有很强的公益性，需要政府高度重视和政策支持。政府通过完善法律法规、建立支持体系，推动民族文化资源开发利用。虽然很多企业自发地参与到民族文化资源开发工作中，但无论是保护传承，还是开发利用，都离不开政府的宏观引导和政策支持。特别是2009年以来，国务院及国家有关部委出台一系列文件政策，通过放宽市场准入门槛、改进产品和服务等措施来助推文旅融合发展。正是政府对具有地方特色文化旅游项目的扶持，鼓励整合演艺与旅游资源，在知名旅游景区打造高品质、有特色的演艺精品，推进景区旅游基础设施建设、周边道路改建、环境亮化美化上给予大力支持，推动了西南地区民族文化资源旅游开发利用的进程。从西南地区各地方政府层面来看，开发区域民族文化资源，有利于推进区域文旅融合，加快旅游转型升级步伐，促进地方经济社会文化发展，从而增加经济效益。政府是一只无形的手，在市场的资源配置中起着非常重要的作用，出台的法律法规引导产业的发展方向。目前，基础设施建设、整合周边景区联动等更离不开政府的支持引导，尤其在旅游环境营造、投融资体制改革、旅游宣传促销等方面还需政府发挥基础性作用。总体而言，文化与旅游产业的融合发展离不开政府支持，政府能为文化与旅游产业的融合发展提供良好的环境。

第二节 西南地区文化资源与旅游融合发展的阻力分析

少数民族文化资源商品化实质上就是文化企业主体将文化资源生产成商品，在市场上进行消费的过程，即文化与旅游等产业主体将少数民族文化各类资源按市场需求制造成消费者支付费用而占有的商品。根据产业不同，企业生产出来的民族文化产品形态也是不同的，如文化产业可以生产制造音像、视频、电影、出版物、商演节目等，旅游产业可以包装打造特色村寨景区、文化主题游乐园、文化旅游节会、文化实景演出等等。少数民族文化资源一旦进入商品化过程，它将在一定程度上失去其原生形态，而是在现代产业规则和技术设计和制造中演变成一种新的、能用货币明确估价的文化产品，有些时候可能成长为少数民族新的象征符号，有些时候则可能成为产业的劣质产品而被抛弃。

旅游为少数民族社会从农耕、游牧等传统经济过渡到市场经济提供了一条捷径，为少数民族文化带来变迁的多种可能性。以资源化和商品化为特征的文化旅游产业发展，是一个特殊的汇集了多元主体行为的场域，经济、文化、社会以及其他诉求在其中共同角逐。表面热门非凡的文化与商业的结合创造了新的机遇，但在多元诉求意图碰撞和相互行动中，新的风险由此产生。

一　真伪之辨：文化本真在旅游商品化过程中的丢失

现代旅游在少数民族文化空间里构建了一个既让少数民族传统文化能够生存又充满各种矛盾和利益冲突的活态场域。文化商品化在文化和旅游产业实践上被公认为是一种可行且高效的文化资源利用手段，但在学界，文化商品化现象却引发了关于保护传统文化原真的持久争议。国外最早将文化商品化作为问题进行指责的是格林伍德，他以西班牙富恩特拉比亚地区庆祝胜利的阿拉德仪式的商品化展演为例，批评旅游产业盗用文化和剥夺文化内涵，"把某个地方的文化盗用来作为商品兜售给游客，在这一过程中，没有一个人甚至没有策划者感到他们应对此负起码的责任。把文化当作自然资源或商品出售给旅游者，并认为旅游者有权来购买，这不仅仅是荒谬的，同时也是违背文化主权的"。[①] 一派观点支持格林伍德，并将文化商品化导致的消极后果扩大到商品庸俗化、文化同化以及价值观退化与遗失等多个方面。如米切尔"创造性破坏"评价了北美小镇因旅游带来文化商业化负面影响。[②] 特纳和阿西认为，富有特色的地方文化审美和愉悦价值被游客优越的经济状况吞噬，"当地传统的文化制品已经被按照西式风格生产的旅游制品所取代"，旅游将是摧毁远离西方世界的地方文

---

① [美] 瓦伦·L. 史密斯：《东道主与游客——旅游人类学研究》，张晓萍、何昌邑等译，云南大学出版社 2007 年版，第 156 页。

② Mitchell, C. J. A., de Waal S. B. Revisiting the Model of Creative Destruction: St. Jacobs, Ontario, A Decade Later. *Journal of Rural Studies*, 2009, 25 (1): 156 - 157.

化真实和社会体系主要武器。[1] 文化"假事件"[2] "可口可乐化"[3] "社会麦当劳化"[4] "本土性的同质化"[5] 都是对文化商品化之弊进行的纵深研究。另一派观点则认为，文化商品化是经济社会发展的一种趋势，其利比弊大。威尔逊跟踪研究了西班牙阿拉德仪式，认为该仪式在经过约20年商品化后仍是当地认同的生动庆典。艾斯门[6]对已融入美国的法裔人重建文化和族群认同研究和皮奇福德[7]对普通威尔士民众受旅游利益和地方运动自治作用下族群认同和文化认同意识重新建构研究，都反映了旅游商品化对族群文化复兴带来的积极效应。

对文化商品化进行批评的起点在于旅游产业开发使文化内涵的失真，因而文化商品化问题的争论核心集中于文化的真实性。旅游场景中文化真实性命题源于麦坎内尔提出的"舞台化真实性"。他认为，旅游过程便是游客追寻真实文化体验的过程，游客希望融入旅游地社区生活体验当地日常生活，但在旅游景区和旅游社区游客都只能看到东道主以特定布景方式展演给游客的表演性文化。从保护文化本真意义上讲，舞台化真实一方面保护了传统文化后台，将游客隔离在表演前台；另一方面则是展示了游客想看到的文化图景。[8] 科恩对泰国山地部落旅游海报的研究支持了麦坎内尔的舞台真实性认识，认为旅游探险追求的是"停滞的时间"，即"时间的永恒性、原始性、自然性和异国情调的形象"，为旅游而设计开发的文

---

[1] Turner, L. J. Ash. *The Golden Hordes*: *International Tourism and the Pleasure Periphery*. New York: St. Martin's Press, 1976: 130 - 131.

[2] Boorstin, D., *The Images*: *A Guide to Pseudo-Events in America*. New York: Atheneum, 1964: 16 - 22.

[3] Nunez, T., A Tourism Tradition and Acculturation: Weekendism in a Mexican Village. *Ethnology*, 1963, 12 (3): 347 - 352.

[4] Nizer George. *The McDonaldization of Society*. New York Edition, California: Pin Forge Press, 2000: 77.

[5] Zeppel, H., Selling the Dreamtime: Aboriginal culture in Australian Tourism. *Tourism*, *Leisure*, *Sport*: *Critical Perspectives*. Sydney, 1998.

[6] Esman, M. R., Tourism Asethnic Preservation: The Cajuns of Louisiana. *Annals of Tourism Research*, 1984, 11 (3): 451 - 467.

[7] Pitchford, S. R., Ethnic Tourism and Nationalism in Wales. *Annals of Tourism Research*, 1995, 22 (1): 35 - 52.

[8] MacCannell, D., Staged Authenticity: Arrangement of Social Space in Tourist Settings. *American Journal of Sociology*, 1973, 79 (3): 589 - 603.

化产品在"过一段时间可能会合并到当地文化中或作为当地文化的表现被感知"。[1] 反对者则认为，不是所有的游客都在寻找真实的文化。布鲁纳将旅游地展示的地方文化和习俗称为原真性复制品。[2] 菲尔也认为，后现代游客能从非原真性文化体验中找到乐趣，他们对舞台化景观表现出兴趣和欣赏。[3] 博伊德从建构主义的意义上提出"象征性真实"，反对"真实与非真实二元对立"，"它允许旅游者自己定义真实性是什么"[4]。

国外文化商品化与文化真实性之争经由旅游人类学引入国内，引起学界的广泛讨论。学者们在引进介绍国外研究理论时采用了不少文化旅游开发的例子来说明和讨论文化商品化和文化真实性问题。国内大部分学者倾向于接受文化商品化较积极的一面。置身于现代市场经济环境中的少数民族传统文化融入产业发展本身就是一种社会进步的趋势，在强大的旅游市场的配置力下，不同形态和特色的文化传承都可能成为游客游览和观光的场所和消费对象，因而不同形态的文化主题旅游形态逐渐盛行，文化旅游资源商品化成为难逃的事实。[5] 大多数国内学者以马克思主义唯物辩证法来看待文化商品化问题，将其视为市场经济条件下传统文化生存的客观存在。作为一种被商业社会认可的行动策略，文化商品化是基于产业从业者、消费者、文化持有人和地方政府各自诉求得以实现的综合载体，一方面在延续民族文化传统、增强民族自信和加速民族全球化过程起着重要作用；另一方面也在破坏民族文化本真、扭曲民族文化价值观念和丧失民族文化独特性等方面具有潜在的不可忽视的消极性。[6]

基于文化旅游产品生产，王宁提出包括内省的真实性和人际的真实

---

[1] Cohen. Authenticity and Commodification in Tourism. *Annals of Tourism Research*, 1988, (5): 382.

[2] Bruner, E. M., Transformation of Self in Tourism. *Annals of Tourism Research*, 1990, 18 (2): 240–241.

[3] Feifer, M., *Going Places*. London: Macmillan, 1985.

[4] Rickly-Boyd, J. M., Through the Magic of Authenticity Reproduction: Tourist's Perceptions of Authenticity in a Pioneer Village. *Journal of Heritage Tourism*, 2012, 7 (2): 127–144.

[5] 倪进诚：《原住民偏远部落司马库斯之游客特质探析》，《户外游憩研究》2008年第21卷第2期，第67—90页。

[6] 谢春山、王贺婵：《旅游开发中民族文化商品化问题探析》，《中原文化研究》2014年第4期，第73—77页。

性两种类型的"存在真实性",认为存在性真实与旅游地事物的真实性无关,"关键是游客欲通过旅游来激发生命中的潜在状态及发现自我"①。少数民族文化的商业化开发促进了少数民族地区促进经济发展、文化自觉和保护及社区亚稳态。② 在区域发展意义上,作为传统"边疆"的少数民族地区也将因旅游业的发展而"去边缘化",融入经济中心,提升边疆族群的向心认知。③ 持续地商品化开发与市场检验过程中,为避免盗版和同化,文化商品的"再地方化"成为文化商品化的一种趋势,如无论是北京茯苓饼、上海城隍庙五香豆和涪陵榨菜都在产地、销售点、商品包装等各方面小心地维护着"地方特色"④。肖青和李淼解读云南彝族撒尼人"阿诗玛"从"去地方化"到"再地方化"的回归,并成为地方和族群文化资本过程,探讨了民族文化资源借助现代媒介得以彰显和借由经典艺术符号回归乡土背后的地方与国家、本地与全球的关系。⑤

从保护传统文化的角度,彭兆荣用"人为生态的异化"⑥ 和"旅游殖民主义"⑦ 理论批判文化商品化的消极方面。左晓斯指出,旅游开发中文化异化的拜物教和病态消费、屈从和奴役、干涉和商品化、美学化和浪漫化现象。⑧ 中国学者也从少数民族文化旅游开发场景中找到了"伪民俗"⑨

---

① 王宁:《旅游、现代性与"好恶交织"——旅游社会学的理论探索》,《社会学研究》2009年第6期,第93—102页。

② 谢小芹:《乡村旅游开发与边疆的"去边缘化"——以黔中屯堡社区为例》,《中共宁波市委党校学报》2013年第35卷第4期,第86—89页。

③ 孙九霞:《旅游发展与边疆的去边缘化》,《中南民族大学学报》(人文社会科学版)2011年第31卷第2期,第6—11页。

④ 蒋磊:《"再地方化"与"诗性资本"——论消费时代的特产》,《文化研究》2016年第1期,第48—58页。

⑤ 肖青、李淼:《民族文化经典的"再地方化"——"阿诗玛"回归乡土的个案》,《新闻与传播研究》2017年第24卷第5期,第5—29、126页。

⑥ 彭兆荣:《现代旅游中家园遗产的生态链——广西秀水村旅游开发潜伏的危机》,《广西民族大学学报》(哲学社会科学版)2007年第1期,第16—23页。

⑦ 彭兆荣:《旅游人类学》,民族出版社2004年版,第98页。

⑧ 左晓斯:《可持续乡村旅游研究——基于社会建构论的视角》,社会科学文献出版社2010年版。

⑨ 毕旭玲:《流动的日常生活——"新民俗"、"泛民俗"和"伪民俗"的关系及其循环过程》,《学术月刊》2011年第43卷第6期,第102—106页。

"麦当劳化"①"表演化"②"仪式化"③现象与案例。范可以一个闽南回族社区的若干被称为具有"民族特色"建筑的解读,还原了特色建筑作为象征性文本的"再地方化"过程。"民族特色"建筑被某些民众"迁怒"反映地方政府行为与民意之间的某种程度的"紧张关系"④。

二 边缘困境:旅游场域中文化主体的挤出

边缘化是指向人或事物发展主流的反方向移动、变化。在社会学中边缘化是指在多元文化冲突中不被主流社会接纳而产生的群体、文化和心理现象。⑤在旅游领域,边缘化则被用来描述和解释在旅游全球化发展中,旅游目的地居民及其文化受到商业模式与外来文化的冲击与影响⑥,导致"劣币驱逐良币"现象的出现。

旅游目的地中的现代商业文化与传统生计文化、外来文化与本土传统文化发生对抗与博弈,为了满足旅游产业发展需要,旅游地文化常常被包装成游客喜好的模样,在"舞台化"和"体验性真实"的开发模式下呈现出"原汁原味"的旅游地文化。旅游地的"传统文化"与原住民传统文化在"前台、帷幕和后台"的空间构建中泾渭分明地区隔开来。当越来越商业化的旅游地"传统文化"在模仿和迎合游客的过程中不断发展与变异,在强大的经济力量驱使之下,原住民对传统文化的自尊和自豪被严重削弱,从而导致原住民(包括其下一代)及其传统文化在旅游场域

---

① 刘志扬、更登磋:《民族旅游及其麦当劳化:白马藏族村寨旅游的个案研究》,《文化遗产》2012年第4期,第53—61页。

② 徐赣丽:《民俗旅游的表演化倾向及其影响》,《民俗研究》2006年第3期,第57—66页。

③ 杨丽娟:《"寻根祭祖"游的人类学解读:中国传统魂魄观的仪式化》,《旅游学刊》2007年第11期,第66—69页。

④ 范可:《"再地方化"与象征资本——一个闽南回族社区近年来的若干建筑表现》,《开放时代》2005年第2期,第43—61页。

⑤ Park, R., Human Migration and the Marginal Man. *American Journal of Sociology*, 1928, 33 (7).

⑥ Matthews, H. G., Radicals and Third World Tourism. *Annals of Tourism Research*, 1977, 5 (1).

中的边缘化。[1] 在大旅游、大开发模式下，旅游开发商控制了资本、发展主导权以及客源市场，获得了绝大多数的利润，而原住民仅能从低层次的就业获取少量的工资性报酬，长此以往旅游社区有可能陷入"新殖民主义的边缘化困境"。[2] 另一种情形是，开发商鼓动原住民出售旅游用地导致农民失地，失地农民在进行职业技能培训后实现生计方式转换，但职业转换一旦失败，原住民则快速地沦为边缘群体。[3] 粗放型经济政策为精英劳动力替代旅游地居民就业营造外部条件，出现"经济不断发展而本地居民却被不断边缘化的现代化困境"。[4]

伴随着旅游商业活动在少数民族乡村拓展与深入，原住民文化在旅游场域中不断建构与生产，逐渐呈现出一种中心化和边缘化的悖论。少数民族乡村旅游在文化符号的后现代建构和现代旅游商业运作模式下，在民族文化心理、文化现实和生活空间等方面陷入了实质性的边缘。从本质上讲，旅游为少数民族地区带来了经济社会发展的契机，同时也因为少数民族自身对于现代经济经营技术学习与掌握不足，而陷入被"挤出"的境地。熊正贤考察了武陵山区18个乡村旅游样本发现，旅游确实在一定程度上支撑了地方经济和社会的发展，但同时也引发了少数民族或当地人被"挤出"的现象，进而可能导致环境破坏、文化失序等严重问题，而旅游经营中的弱者（通常是资本、经济技术能力差的原住民和贫困者）被强力地排斥在旅游增收空间、旅游生态空间和旅游文化空间之外。[5]

"无权"是导致旅游地居民（文化主体）边缘化的主要原因。备受关注的"凤凰古城收费事件"就是一次关于旅游区原住民与旅游开发部门

---

[1] Reed, M. G., Power Relations and Community Based Tourism Planning. *Annals of Tourism Research*, 1997, 24 (5).

[2] Britton, S. G., The Political Economy of Tourism in the Third World. *Annals of Tourism Research*, 1982, 9 (3).

[3] Macbeth, J., Dissonance and Paradox in Tourism Planning. *ANZALS Research Series*, 1994, 18 (3).

[4] 饶勇：《旅游开发背景下的精英劳动力迁入与本地社区边缘化——以海南三亚为例》，《旅游学刊》2013年第28卷第1期，第46—53页。

[5] 熊正贤：《富民、减贫与挤出：武陵地区18个乡村旅游样本的调查研究》，《云南民族大学学报》（哲学社会科学版）2018年第35卷第5期，第77—88页。

"主体与边缘"的冲突。2013年4月,湘西凤凰古城规定"游客需要购买148元门票才能进入古城",收门票名义上是缓解"人满为患"的古城文化保护困境,但"事件的发生与演变,最终指向政府及旅游公司借其行政公权力和以投资获得的经济霸权,不惜侵占广大群众公共利益获取经济利益的险恶用心"[1]。在由开发商、政府和社区共同参与的旅游场域中,政府掌控了资源产权的界定,开发商掌控了资本投入。原住民社会资本的持续弱化,最终沦为"非对称的名义收益权"[2],正如王汝辉在四川桃坪羌寨发现了侵占门票分红和无视事务决策权的现象。[3] 而解决这一问题的核心在于让原住民回归中心,从制度上确保政治、经济、心理与社会的"旅游增权"[4],只有"基于文化自觉的生产性保护及其衍生的文化意义"才是最富生命力的。[5] 基于一种主导方保护的角度,认为传统文化的继续传承和健康发展需要主客双方的正确态度。[6] 在树立文化本位价值观和承担文化根基传承使命的基础上,实现产业开发与文化遗产保护的双赢[7],更强调文化拥有者的主体地位,即加大对当地居民的教育投资[8]。社区参与旅游开发作为增权的重要手段,可以借助非政府组织等外部力量推动[9],

---

[1] 罗成华、刘安全:《武陵山区乡村旅游公共服务供给困境及其破解》,《贵州社会科学》2019年第10期,第85—91页。

[2] Akama, J. S., Western Environmental Values and Nature-based Tourism in Kenya. *Tourism Management*, 1996, 17 (8).

[3] 王汝辉:《巴泽尔产权模型在少数民族村寨资源开发中的应用研究——以四川理县桃坪羌寨为例》,《旅游学刊》2009年第24卷第5期,第31—35页。

[4] 左冰、保继刚:《从"社区参与"走向"社区增权"——西方"旅游增权"理论研究述评》,《旅游学刊》2008年第4期,第58—63页。

[5] 罗新星:《被建构的原住民空间:中心化和边缘化的悖论——解读湘西凤凰旅游传播过程中原住民空间的文化意义生产》,《湖南社会科学》2013年第1期,第216—219页。

[6] 张晓:《关于西江苗寨文化传承保护和旅游开发的思考——兼论文化保护与旅游开发的关系》,《贵州民族研究》2007年第3期,第47—52页。

[7] 麻三山:《民族文化村旅游开发热:威胁与保护》,《湖南工程学院学报》(社会科学版)2009年第19卷第1期,第1—5页。

[8] 曹端波、刘希磊:《民族村寨旅游开发存在的问题与发展模式的转型》,《经济问题探索》2008年第10期,第128—132页。

[9] 刘韫:《困境与选择:民族村寨旅游的社区参与研究》,《青海社会科学》2008年第2期,第133—135页。

用"公司+农户"经营①、教育培训②等方式落实和深化社区居民参与旅游的途径。赋权过程就是将多个利益主体间的收益均衡化和信息完备化，在旅游持续不断地发展进程中，旅游社区的习俗惯例不断变迁与商业时代相契合。③合理的乡村旅游开发对旅游社区经济发展、文化自觉以及社区亚稳态结构有着明显的"去边缘化"作用。④

三 同质之殇：旅游产业"去差异化"经营消磨文化个性

旅游产业的现代经营具有明显的文化融合趋势。当代少数民族旅游开发与经营在现代服务业标准化、快捷化以及专业化发展模式下越来越趋于同质化，正如一些学者指出的那样，旅游目的地逐渐呈现出同质化、无地方性特征，在旅游产业经营中表现出"去差异化"。⑤产品同质化是指同一类别不同品牌的商品在性能、外观甚至营销手段上相互模仿以至逐渐趋同的现象。少数民族文化旅游同质化竞争是在旅游领域各民族地区向旅游市场提供大致相同的旅游产品制作手段、制作流程、产品类型、传递内容以及销售模式。少数民族旅游同质化现象的出现，可以归因于资源禀赋的同质性、规划团队的依赖性、行政干预的过度化以及社会工商资本的功利性等，尽管在某些地方所呈现的少数民族文化具有奇特的外壳，但在管理、服务以及产品提供方面是趋同的，其内容、品质、技术含量和使用价值也是一样的。

周大鸣撰文指出⑥，少数民族旅游的同质化问题可以区分为三个层次：一是景区同质化，即后开发景区往往借鉴照搬成功景区的设计方案，

---

① 刘晓倩：《少数民族社区参与旅游开发研究——以师宗县五龙壮族乡为例》，硕士学位论文，云南师范大学，2010 年。

② 李菁：《少数民族社区农户参与旅游发展问题的研究》，硕士学位论文，云南师范大学，2006 年。

③ 饶勇、黄福才、魏敏：《旅游扶贫、社区参与和习俗惯例的变迁——博弈论视角下的可持续旅游扶贫模式研究》，《社会科学家》2008 年第 3 期，第 88—92、96 页。

④ 谢小芹：《乡村旅游开发与边疆的"去边缘化"——以黔中屯堡社区为例》，《中共宁波市委党校学报》2013 年第 4 期，第 86—89 页。

⑤ 王宁、刘丹萍、马凌等编著：《旅游社会学》，南开大学出版社 2008 年版，第 172 页。

⑥ 周大鸣：《树立文化多元理念，避免民族旅游中的同质化倾向》，《旅游学刊》2012 年第 11 期，第 16—17 页。

模仿其他景区以致景区硬件景观建设千景一面，如少数民族村寨从文化景观到文化仪式表演都非常相似；二是旅游产品同质化，绝大多数景区都是全民经商，公共建筑以铺面、商店为主，大小店铺所卖的旅游产品几乎全部是雷同的低端工业产品，而真正能够表达民族性、地方性的手工艺产品却少见于市场；三是族群构建的同质化，这是一种明显的文化形式趋同，多数景区把多个少数民族传统文化糅杂于一体，把多民族的文化构建成当地少数民族的单一文化，如大理就有把彝族、白族、纳西族和汉族文化融合打造"白族化"文化。

作为旅游资源的少数民族文化处于一种持续的旅游情境和旅游化生存状态之中，传统文化与作为旅游产品的文化在性质上已经大相径庭。少数民族旅游空间的建构实际上是旅游地为旅游者提供了休闲、娱乐的异文化氛围。在旅游语境之中，游客将成为无可争议的主体。对于异文化的体验需求，让旅游策划者和经营者无所不用其极地强调本土文化的重要，而在游客凝视以及相应利益驱使之下，少数民族文化资本化运作，通过文化旅游消费形式得以实现。

茶峒边城将沈从文著名小说《边城》物象化建设成为一种少数民族文化体验的旅游空间，在某种程度上说是通过文化旅游的舞台化再现，在旅游过程中激活、保护与传承传统乡村所承载的少数民族文化，但是物象化的"乡村图景"不是真正的生活文化场景。乡村旅游文化空间的文化元素移植、碎片化、快餐模式在很大程度上消解了乡村旅游文化的整体性和深度体验感。游客到茶峒旅游大部分都是想印证沈从文《边城》，体验乡愁，然而到了茶峒只能看到空旷的文化广场、修旧如旧的老街、只见游人不见居民的连锁特色商店和千篇一律的婚俗与绝技表演，总是觉得少了很多文化的活态底蕴。茶峒边城旅游规划者刻意避免了旅游发展的商业性特征，希望立足茶峒地处湘黔渝边陲的区位优势、适宜人居的清丽山水，打造"富有文化品位，集山水观光、文化体验"的综合性旅游目的地。和国内众多乡村旅游景区一样，茶峒旅游开发与旅游经营遵循了现代旅游产业服务模式，即采用了旅游业务开发模式，对旅游活动以市场导向为主进行服务经营，在同质化民居景观建造、程式化导游、模块化接待等方面遵守着某种规则。茶峒边城的旅游开发突出了沈从文《边城》小说中的"乡愁"，以文人情怀为基础还原了"书里边城"，构建了边城文化系统，从功能上首先满足了旅游活动需要，创建了可观赏景观；其次预留了旅游接待所必需的公共基础设施；最后，在主观上限制了商业圈。然而，茶峒边城本是省际边地传统商贸小镇，其社区功能齐全。在文化专家和游客眼中，茶峒的"边边场"是吸引人的传统习俗，保留了古朴、浓郁的民族风情。每逢农历五、十赶集，早上八、九点钟，三省边界的各族人便三五成群汇集在茶峒集市，无论男女老少都精心打扮，集市上的商品和服务也多种多样，小吃、土特产样样俱全。在旅游介入之后，规划以现代乡村文化旅游功能区为主，在较大程度上忽略了边城居民的生活生产状况。特别是在实施了农贸市场、政府机关以及其他功能性设施搬迁之后，留下了空心化的物理景观，从而失去了边城传统文化特色。

本章小结

文化资源与旅游融合中的动力机制，其实就是资源开发各要素的协调互动。西南地区民族文化资源开发利用主要有市场需求拉动、品牌效应的催化、创意驱动的支撑、政府+企业的推动等类型，它们之间有机联系形成一个有机整体，共同作用于西南地区民族文化资源的开发利用。民族文化资源作为一种特殊的资源，既有产业资源属性，又有文化性和社会属性，但想要实现文化和旅游产业的高质量深度融合还需要有一定的条件支撑。在推进民族文化资源与旅游产业融合的过程中，因内外部条件的差异，形成一些影响因素，容易造成文化资源陷阱。

民族文化资源开发也面临阻力因素。文化与旅游融合在经济、文化、社会以及其他诉求的碰撞和相互作用中形成了真伪之辩、边缘困境和同质之殇的三重阻力。文化商品化冲击了文化真实性，使得少数民族文化本真丧失。旅游目的地居民及其文化受到商业模式与外来文化的冲击和影响，逐渐呈现出一种去中心化和边缘化的趋势，成为被挤出的对象。民族旅游开发的同质化导致少数民族文化个性被消磨，民族文化特色也随之磨灭。

第三章

西南地区文旅融合中文化资源陷阱的形成

第一节 文旅融合发展中文化资源陷阱表现形态

少数民族文旅融合发展中的文化资源陷阱的形成与文旅产业发展进程相一致,在不同的文旅融合阶段有着不同的表现形态。文旅产业发展越是深入,这些消极影响越是隐藏在繁荣之后,不易被人发觉,如强调在旅游中体验性真实的消极性能够导致少数民族文化原真性丢失;越是强调少数民族文化的原生态和原真性,就越能体味到现代旅游商业模式与少数民族传统生活模式的冲突。总的来说,在文化与旅游产业发展的进程中,对文旅发展事业性和产业性的矛盾不同处理手段与方式,可以导致不同的文化事业和产业发展的不同结果。从消极影响看,产业开发乱象、文化产业发展回落、公共文化服务短缺、文化失真、民族特色信仰丢失,以及少数民族特色文化体系肢解、文化审美西化倾向、文化发展方向偏移都将在不同阶段体现出来。民族文化资源陷阱主要表现在形态异化(文化失真与破坏)、生态异化(文化资源过度转化利用)和能态异化(文化资源依赖)三个方面。[1]

---

[1] 王志标、黄大勇:《民族文化资源化陷阱的表现、症结及应对策略——以大研古城和喜洲古镇为例》,《云南民族大学学报》(哲学社会科学版) 2019 年第 36 卷第 5 期,第 29—36 页。

一 形态异化

文化失真与破坏是民族文化资源化形态异化的具体表现,体现在以下五个方面。第一,篡改、歪曲、改造、伪造民族传统文化。如东巴文化在国内外都享有盛誉,因此一些无良商家通过在木料上刻几个似是而非的文字就将其当作"东巴文字的艺术品"出售。第二,扭曲文化含义。这突出表现为在传统文化表演中刻意夸大或杜撰民族文化资源的某一特点以满足旅游者的猎奇心理,比如对民族歌舞的起源或婚恋习俗形式的大肆渲染。第三,将民族传统文化商业化。商业化是民族文化资源开发的主要手段,但某些旅游开发全然不顾文化内涵,对传统文化资源进行批量包装和营销,过度的商业化对传统文化造成了极大的破坏。第四,改变民族传统文化用途。如泼水节本是傣历新年和傣族传统节庆活动,节日期间人们互相泼洒清水以祈求幸福,然而为了吸引观众和追逐利润,一些景区的傣族风情园在非泼水节期间也雇佣外族青年进行泼水表演,从而使得庄重传统的泼水节沦为赚钱的工具。第五,改变民族传统文化神圣性。比如在民俗文化展演节目中随意展示、解说少数民族的传统习俗和神秘宗教仪式,这极易伤害相关民族的信仰和感情。

旅游为文化传承创造了现代商业平台,在"供给—消费"模式下,乡村文化传统逐渐引申出一种"现代为体,传统为用"新的发展趋向,即力图用特异的少数民族文化与习俗来缀补新乡村文化的空心。这样的"文化间性"渗透和嫁接是一种契机,也是一种"创造性的破坏"。[1] 乡村旅游创建了一个文化传承的现代空间,它消解了传统文化传承所依赖的社会和组织制度,以及人们一贯参照的集体意识。乡村旅游正以"现代旅游空间"建设实践逐步跨越时间的藩篱,消除地域边界,混合文化与身份符号,在"努力创造特色"过程中,少数民族特色乡村传统被来自现代经济运行规则"解构",再生一种适应于现代商务的"传统文化"。基于市场和游客特殊需要的少数民族文化的再生产,在充满低级趣味、猎奇、狂欢、想象体验、不对等视角等多种因素的影响下,乡村旅游目的地少数民族习俗越来越呈现审美低俗化倾向,呈现信仰丢失、道德感弱化等

---

[1] 刘晗:《再造传统:全球化的发生与焦虑》,《光明日报》2014年8月15日。

现象。

　　旅游是一项体验差异的活动，但其本质是一种审美及审美消费的行为。乡村对城市来说是一种性质完全不同的文化，在国外游客眼中，源于"西方中心主义"的傲慢与偏见，中国的"乡土"也许是其祖先曾经经历过的历史片段，在源自近现代工业革命以来累积的"文明"上凝视着乡村的"野蛮"，获得猎奇式的快乐，或反照自身历史，戴着"意识形态"的眼镜来寻找某种社会的"罪恶"。在国内游客眼中，乡村之美源于中国传统文化中的"乡愁"。乡村是"爷爷奶奶的家"，在"往上翻三代，谁家不在农村"的调侃中诠释着对中国人对乡村特有的情怀。然而，近百年来的城市化建设创建了城市与乡村的鸿沟，乡村逐渐成为落后、脏乱差、迷信等代言词，在社会上逐渐滋生了歧视、贬低农村、农村人和农民工的社会情绪。乡村旅游是对迷信和野蛮文化的好奇，仅仅是满足于走走、看看，而无其他。外来游客尽管带着深厚的欣赏少数民族文化的兴致去乡村旅游，但是不会特别珍惜少数民族文化传统，因为他们缺少了对少数民族文化内涵的了解与尊重。

　　民族地区大多数民族村寨旅游为游客展示的仅仅是村民们想让游客看到的一部分文化，如少数民族服饰、村落布局、居民式样、待客礼仪、表演性歌舞和饮食习惯等观赏性及社交性文化内容。而诸如习惯法、纠纷、信仰、人际关系及隐私等深层次文化，村民们不会特意展示，这些刚好是大众游客不想看、不好理解和没意愿体验的文化形式。几乎每个旅游村寨都会修建一个文化陈列室，其中展出了村寨的人口、历史来源、血缘谱系、文化特征，但大多情况下，游客们往往会忽略文化陈列室，而走马观花式地在村寨中走一走，找到不同于其他地方或觉得好看的景观作为拍照背景，旅游活动本身逻辑大过了文化欣赏与保护的逻辑。创造少数民族文化景观，改造村寨步行小道，拆掉水泥混凝土平房，用现代技术手段做旧木质房屋，用现代装饰材料做出少数民族风格民居，等等，将传统村寨建设得极具旅游的设计感和视觉感。而在改造的同时，已然毁掉了传统村寨的传统。迎合于游客的民宿装饰风格、外饰包装较明显地呈现出流行化趋势，越是成熟的乡村景点，其村落聚落风格越容易发生变迁，如凤凰古城范围数年间扩大了数倍，商业店面挤占差不多全部的空间。一些临时改造的景观因技术、材料等问题，导致景观质量低下、安全系数小，从而引发旅行安全。2018年9月22日上午，湖北宜昌车溪景区内一幢由老房子改造而成的民俗景点"王家坝人民公社大礼堂"平房屋檐塌落，塌倒的房屋顶部大梁和椽木砸中数名正在游玩的游客，造成一人死亡、部分游客受伤的严重后果。

服饰是游客最喜欢观看的少数民族符号，西南少数民族地区土家族、苗族、侗族、瑶族、白族、壮族等少数民族在历史上有着不同的服饰款式与穿戴习俗，而乡村旅游场景中这种服饰习俗正在发生着同质性变化。村寨民俗表演舞台上的戏服，和村寨中村民穿着的"民族服装"是由旅游公司从江浙一带代工厂批量订制的"工作服"。由于工作服以廉价的现代布料、工厂制造方式再现了少数民族丰富多彩的颜色，以及不同现代生活服饰的"传统样式"，被认为是少数民族的象征。如此一来，土家族"男女一式"的百褶裙"俗尚简朴"，苗族盛装的银饰"奢靡之风"等在旅游场景中无踪可寻，真正的少数民族服饰则在地方博物馆和文化陈列室里被灰尘覆面。

2014年7月19—21日，湘西凤凰古城发起了"7·20去爱你"中国凤凰偶遇节，原本是基于苗族"赶边边场"习俗的延展，寻找爱情、友情、亲情、同窗情、战友情等情感为主题的旅游主题活动，却被大部分网友和游客视为"找艳遇""一夜情"体验的"恶俗"。"邂逅一个人，艳遇一座城"主题口号故意营造和诱导了社会世俗话题，在社会上迅速形成舆论的对抗与辩争，从而极大化扩展旅游营销效果，但也能让"偶遇是心灵的一种表达和沟通，是不期而遇、浪漫唯美的爱情方式"的美好想象迅速笼上低俗的罩衣。

酒俗承载了少数民族历史记忆和热情待客礼仪，也是游客到村寨旅游最喜欢体验的少数民族习俗。到湖北恩施女儿城旅游的游客大都被一座土家食府惊呆了，这座名叫"巴人堂"酒店的一处堆满了碎碗渣子，是游客喝完了酒砸了碗留下的。酒店服务员解释说，这是土家族传统"摔碗酒"酒俗，起因是古代巴国将军巴蔓子为解巴国外族大兵压境困局，许诺割让三座城池向楚国求救。解困之后楚国索要城池，巴蔓子愿"将吾头往谢之，城不可得也!"在割下头颅之前，喝了一大碗酒，然后摔碎了酒碗，拔剑自刎。土家族喝酒摔碗习俗就此而来。然而在《华阳国志·巴志》中确实记载了巴蔓割头以谢楚王，但未有如服务员解说的喝酒砸碗情节，因而"摔碗酒"定与巴蔓将军无关。土家族"摔碗"酒俗在湘西、黔东北、渝东南和鄂西南土家族聚居地并不存在，而真实的土家族酒俗则是"咂酒"。文献记载，土家族在盛大宴席间饮酒方式不是"喝"，而是"吸"，是用竹管、芦秆或藤枝插入酒罐中吸酒。明代土兵领旨赴东南沿海抗倭出发时，将酒坛置于道旁，内插竹管，每过一人咂酒一口，以此传习成俗。因汉语"砸"与"咂"谐音，可能是"咂酒"讹传为"砸酒"，与土家族悲壮历史与豪情相关意象而来。又有某民间传说"摔碗酒"源于兄弟泯恩仇，同喝血酒，摔碗为誓，故成其俗。无论是巴蔓将军割头谢楚、土家族兵士咂酒壮行，还是兄弟和睦血誓，都可象征土家族人豪迈、重誓等文化精神，而旅游"摔碗酒"则明显少了土家族历史文化的厚重，而多了现代人在旅游空间里狂欢和躁动。

二　生态异化

文化资源过度转化利用是民族文化资源生态异化的具体表现，主要包括以下六个方面。第一，超出游客容量。根据原国家旅游局颁布的《景区最大承载量核定导则》，各大景区都设有最大游客承载量并制定游客流量控制预案，然而，实际中很多热点景区仍存在着超出游客承载量的问题，严重威胁景区的人员和环境安全，如丽江古城就曾多次被报道出游客超过景区最大承载力的新闻。第二，旅游产品价格扭曲。这是旅游景区屡见不鲜的问题。由于缺乏有效的监管，部分不良商家对旅游产品的定价远高于市场价格，如青岛"天价虾"和桂林"天价娃娃鱼"事件严重损害了消费者的权益和两地旅游城市的形象。第三，旅游产品供给过度。虽然在大量资本进驻旅游业后带来了丰富的旅游产品，但部分景区出现了供给过度的现象，造成的资源浪费、生态破坏等社会问题不容忽视。第四，恶搞民族文化资源。为了迎合一些旅游者的低级趣味，部分景区出现了利用旅游商品或节目恶搞民族文化资源的现象，这背离了民族文化资源化的初衷，也是对传统文化的亵渎和误导。第五，文化产品内容质量不高。当前不少民族旅游景区的文化产品普遍存在着内容雷同、形式单调等内容质量问题，缺乏地方特色或文化内涵。第六，文化旅游地声誉贬损。对民族文化资源不当的转化利用和各种负面问题的出现会影响旅游者对文化资源的真实性感知和评价，严重损害旅游开发地区和所在城市的形象和美誉度。

旅游使民族地区最终建立起了以商业竞争为特点的现代产业社会。在这种社会氛围里，人们生活的价值导向和生活目标都沿着"权、钱、名"三条路径不断向上攀岩，最终实现三者之间的"融会贯通"，并集体无意识地付诸实践[1]，以资本的商业运作模式为基础的旅游生计策略刺激着乡村社会特征由均质性向分层性转变。在"一切有价值的东西在商业竞争中都可以成为资本"的生计策略下，民族地区乡村村民旅游参与型生计也因为资源拥有量、经营位置、行业、自身能力和社会关系不同，其获利程度也不同。旅游专营型、旅游主导型与旅游参与型的生计模式从旅游中获取的利润存在较大差异。旅游公司掌控了村寨大部分旅游资源和游客消费，门票、文艺演出、主要宾馆和餐饮的收入是整个村寨收入大部分，以家庭为单位的住宿、餐饮、娱乐服务等旅游主导型生计只有小部分，景区临时摊贩出售的小吃、小商品、纪念品等零售收入则是最少的。

尽管旅游带来的经济发展和社会进步是全面性的，但是，由于经营者所拥有的自然资源、社会资源、资金、知识水平、经营意识与能力各有不同，在竞争中获得的优势也将不同。能不能从旅游中获得足够的利益，是村民选择产业的逻辑，而能不能参与旅游或者能够在多大程度上参与旅游，同样决定了村民们在旅游商业中产业区隔的程度。正如长阳武落钟离山南和山北村民在旅游带来的利好中，利益分享存在极大差异，山南在地理位置、景区开发政策、管理手段、游客关注等方面较之山北处于绝对劣势，山南山北在产业上的区隔和差异相当明显。在讨论"景区要不要修建土家族特色吊脚楼"话题时，山北和山南村民态度是截然不同的，山北村民积极支持，"哪怕是政府不出钱资助，有条件就要搞。吊脚楼搞好，不仅增添了景区特色，对于我们旅馆和餐馆也是吸引游客的好东西"。山南村民则是忧心忡忡，"搞些面子工程，没得必要，山南游客本来就少，吊脚楼搞起来实用性不高。平房修起来快，适用，干净又不容易坏。吊脚楼那个头几年还好，过不到几年木头朽了，被虫蛀了，每年还要捡瓦。麻烦得很！"从旅游利润分红的多与少，让村民有了"穷与富"的人群分类。富起来的人有更多的资金、资源去扩大再生产，他们扩大店

---

[1] 刘彦：《"生鬼""熟化"：清水江苗寨社会的"他性"及其限度》，《原生态民族文化学刊》2018年第10卷第1期，第63—70页。

面，进行更加有特色或更加高档的装修。而穷的人依然没有太多变化，依旧守着自己的小摊子或者去富人家当雇工赚取工资，在没有利润的情况下干脆退出。

西南地区少数民族旅游大多是采用"政府主导、公司运作、村民参与"的发展模式将少数民族文化发展纳入乡村规划，持续地进行资金支持以及实施多层次、多方位的保护方式，政府主导在文化基础设施建设、地方文化形式宣传、投资引导、人文环境培养、文化产业培育以及文化管理机制创新等方面已经形成社会习惯，并得到少数民族认可。政府通过权力运作对资源进行分配、调控和再分配，造成了一种"带有偏向性的流动"①，营造出主流文化氛围及导向，进而成长为共同认可的文化规则。政府部门及其工作人员作为主要组织者、动员者和参与者，在乡村旅游中扮演着非常重要的角色，用一种权威方式决定谁在什么时候以某种方式做什么事。② 在少数民族乡村旅游实践场域，掌握着实践行为和话语规则的策划者、投资者（政府、大投资商）是产业规则的代言人；参与其中的小资群体（中小旅游企业、社会组织、村民组织、游客）按照规则执行，由于本身局限，无法完全遵循种种规定；而大量的下层（缺乏资本的村民）则挡在规则之外。

少数民族旅游承载了沉重的地区经济发展和贫困人口致富的期望，但实际上，西南地区大部分少数民族旅游没能实现其策划目标。政府和大投资商在乡村旅游开发中扮演了非常重要的角色。以政府和大投资企业主导的少数民族乡村旅游开发场景中，由于资金、权力等因素使政府和大投资商有较大的话语权，实施着将广大村民排斥在外的建设工程。而缺乏了大部分村民和社区参与的旅游，没有足够的群众基础和产业基础。在一两次热闹纷呈的旅游活动中，政府及其职能部门通过行政指令性手段能够组织起来的人，仅仅包括政府系统内部人员、行政机关、事业单位以及主要相关企业人员，而真正组织的乡村文化原本主体则较少。如2014年湖北省来凤县第二届土家族摆手舞文化旅游节，在其开幕式中摆手舞参演人员共

---

① Calf Horrendous. Maket and Plan. In Amitai Etaioni and Eva Etziono-Halevy (dds.). *Social Change: Sources, Patterns, and Consequences*, New York: Basic Books, 1973, 2nd ed.

② Lasswell Harold, D., *Politics: Who Gets What, When, How*, Cleveland, New York 1936.

计784人，全部抽调自县直和乡镇行政、企事业单位，分别来自68个行政、企事业单位。其中行政单位抽调人员占总数的38.27%，事业单位人员占48.98%，企业单位人员占12.75%，乡村和社区少数民族文化传承人未在此次摆手舞活动中出现。被抽调参加摆手舞文化旅游节的机关和企事业人员也因其可以搭上"国家级非遗项目"便车而获得更多的经济、社会地位和文化名气的利好，而作为乡村原生态文化传承者也因固有的局限性，被迫排斥在文化活动之外。舍米湖作为土家族摆手舞原生态传承地，村寨规模小，人口不多，全寨有时间和闲暇跳摆手舞的只有100多人。平时多数人会外出打工，自然流失一部分人，遇到镇县要开展大活动，村里却凑不齐一队人，只有从镇人民政府和乡镇事业单位抽调人员。所以，如有需要大量表演者的重大文化活动，舍米湖村摆手舞队只有拼凑队员，实在凑不齐的时候只能选择不参加。

三 能态异化

文化资源依赖指的是对某一类文化资源或资源产业的过度信任与过分依赖，是民族文化资源化能态异化的具体表现，表现在以下四个方面。第一，文化资源的片面性开发。一些民族文化资源开发只针对某一关键性或代表性资源，容易导致该民族文化资源的过度开发及其他民族文化资源的开发不足甚至遭受遗弃和流失。第二，文化资源的浅层次开发。粗放型的开发方式往往忽视文化内涵，导致民族文化资源的表面化、浅层次的开发。例如，大量人工文化景观和文化复制物因缺乏文化内涵而关注度不足，这既浪费了资金和资源，也破坏了民族文化资源的原生态。第三，文化产品缺乏创新。大多数文化产品仅停留在旅游观光层次上，低端化、雷同化现象十分严重，在文化产品的设计和生产上忽视与科技的融合，不能制造出高层次的、高附加值的、文化内容丰富的产品，难以满足消费者不断变化和升级的消费需求。第四，忽视文化资源化与生态的协调发展。对文化资源的过度依赖忽视了文化资源化与生态的协调，导致部分民族地区生态环境恶化，这威胁到了民族文化资源化的可持续发展。

少数民族文化在历史上是处于一种自然生长状态，与少数民族人民日常生活相伴共存。这些不见于正史典籍的乡土文化，成为支撑一种民族特色的精粹。在旅游开发场景中，直接传承本源文化基本内涵和形式的乡村文化成为乡村旅游极具吸引力的"资源之源",而在旅游市场产品生产与消费的供求关系引导下,脱胎于乡村文化"源"的文化衍生形态因适应于市场经济而大行其道。少数民族旅游开发因其地理位置、交通便利程度以及策划宣传效应不同,其旅游发展结果有着极大差距。经过现代创意设计,有较好交通和区位优势的村寨往往比原生态村寨要好。经过旅游商品化包装和创作的少数民族文旅产品一旦得到市场检验,获得成功,就能以极快的速度被模仿推广开来,进而在少数民族地区和非少数民族景区"遍地开花"。"拦门酒—原生态歌舞表演—农家门板宴"正成为少数民族村寨旅游程式化方式。

传统侗族村寨旅游,一般围绕鼓楼、风雨桥、萨岁庙等标志性建筑构建"侗族意象",在表征着侗族人山水、稻鱼共享的生态系统中感受恬淡的生活方式以及自给自足的生产模式。而恩施枫香坡侗寨则营造出了以现代农业产业园为基础的现代侗寨旅游开发案例。2007年4月30日正式开寨迎客的枫香坡侗寨景区面积1.5平方公里,距恩施市城区10公里,交通便利;主要景观包括景观轴、旅游服务区、清水游乐区、茶文化休闲区、侗文化体验区"一轴四区",有生态茶园300余亩,休闲景点20余处,因缺少"款首"及传统侗寨民间自治和自卫组织"款",花桥、鼓楼、萨岁庙、踏歌堂等仿古仿民族建筑补缀在景区之中,成为侗族文化的象征。侗寨的旅游经营并没有因缺乏侗寨传统乡土生活而让游客流失,在景区营运过程中游客接待量逐年上升,成为恩施旅游接待游客和增加旅游收入的重要景区。

土家族摆手舞在湘西、鄂西南和渝东南等地都有传承。地处湘、鄂、渝三省(市)交界之地的湖北省来凤县舍米湖村寓为"阳光照耀的小山坡",全村170户600多人都是土家族,是一个原汁原味的土家村落,因保存了始建于清顺治八年(1651)的摆手堂和传承"小摆手"舞蹈与仪式成为武陵山区较有名气的特色民族村寨。湘西永顺县双凤村是目前中国保存最完整的土家族民俗文化村之一,其语言、习俗、建筑、摆手舞和茅古斯剧等民间文化保留了土家族最原始的文化特点。这座坐落在海拔800多米的山岗上有96户325人的土家山寨,为土家族确认为单一民族提供了重要佐证,被社会各界誉为中国"土家第一村"。然而这两个土家族村寨经过十余年来的旅游开发仍没有太大起色,双凤村到现在仍然雪藏在大山里，不被大众游客所知晓。而地处宜昌市城区附近的车溪民俗风景区因展演移植而来的土家族民俗而呈现出火爆场面。车溪距离宜昌市区18公里，以水车博物馆、农家博物馆和古作坊展现田园风光和土家民俗文化为特色，营造了游客体验土家族古老习俗和民族风情的氛围。车溪民俗村特色的生成则由旅游打造而成，"车溪本身没有古老的聚落及其负载的文化资源，之所以能成为第一批受保护与发展的少数民族特色村寨，是因为文化移植模式在现代社会所发挥的功用"。①

摆手舞未能让舍米湖、双凤村等土家族村寨旅游火热起来，经过整理改编的摆手舞在旅游文化节等活动中大放光彩，对于武陵山区旅游发展贡献了力量。原生态摆手舞、舞台摆手舞、操化摆手舞、广场摆手舞、健身摆手舞等多种推广形式被呈现出来。1980年5月21日，湖北省来凤县成立土家族自治县，县城举行了规模空前的摆手舞表演；1983年12月1日，恩施自治州组成千人摆手舞队，形成盛况空前的摆手舞大游行。2003年3月，国家文化部正式授予酉阳"中国民间艺术之乡"（摆手舞）称号。1993年，重庆市酉阳县派代表队第一次演出了根据原生态摆手舞改编而成的《摆手祭》；通过文艺工作者的整理、改编，土家族摆手舞由舍米湖原生态的4个动作发展为18个动作，创作成功2套广场健身摆手舞。2008年正月，为庆祝奥运会在北京召开，湖南（湘西）永顺双凤村自发组织了中断60余年的摆手舞祭祖活动，其间，开展了跳摆手舞、唱摆手歌和茅古斯表演。

从某种意义上说，少数民族旅游是借政府政策导向和市场经济导向来重构和创新的"民族文化与生境耦合系统"，具有明显可见性的文化项目逐步纳入旅游场景，完成其传承空间的转移。新的文化传承空间造成了少数民族"乡土生活形式和传统的消亡"，而新建立起来的文化并不能得到少数民族的认同。由此少数民族文化在旅游开发场景中出现了"源"与"流"的不同形态共存现象，而代表着"传统本源"的原生态文化往往不具有代表着"现代创新"的新文化样态商业的和展演性的竞争力。来凤县舍米湖村最早被发掘出来的"四式"摆手舞和经过整理形成的"九式"

---

① 曹大明、黄柏权、葛政委：《宜昌车溪少数民族特色村寨的"特色"建构及其社会变迁研究》，《黑龙江民族丛刊》2011年第5期，第62—68页。

摆手舞被公认为是原生态摆手舞，是摆手舞的"源"。经过专业文艺工作者改编重新组合的新编摆手舞则认为是"流"。在政府主导下的摆手舞创新尝试了广场摆手舞、摆手操以及新编摆手舞，通过一些行政手段在全县得到大面积的推广，对外交流表演、大型文化活动和每五年一次的土家族摆手舞文化旅游节，也都是主要展示改编过的新式摆手舞。早期创新的"九式摆手舞"可以说是一个成功的案例，民间文艺团队一般都会跳老式和新编的两种摆手舞，但从认可上都偏向老式的。后来一些改编的摆手舞随意改编舞蹈元素，有的完全脱形却仍借用"舍米湖原生态摆手舞"为幌子进行宣传推广，则引起了舍米湖村民的不满。

第二节　西南地区文旅融合中文化资源陷阱的形成因素

西南地区民族文化资源丰富、品类多样，但想要实现文化和旅游产业的相互融合需要有一定的条件支撑。民族文化资源作为一种特殊的资源，既有产业资源属性，也具有文化性和社会属性。在推进民族文化资源与旅游产业融合的过程中，因内外部条件差异，形成了一些影响因素，在开发利用时容易造成文化资源陷阱。

一　文化资源开发利用缺乏文化内涵的支撑

民族文化资源的开发需要因地制宜，开发民族文化资源应该要努力维护与保持民族地区民族文化资源的"原生态、原创态、原有态"。[①] 着重发掘、提炼和开发最具代表性和显著特色的文化资源，打造具有内涵丰富、特色鲜明的文化旅游精品。西南地区文旅融合产品的种类繁杂，但精品却比较匮乏，主要是对民族文化风情的内涵发掘不够，资源优势未能充分转化为旅游资本优势，民族文化精华未能打造成符合现代休闲旅游审美需求的现代休闲文化旅游产品。不合理地开发和不科学地利用文化旅游资源，不仅没能发挥出民族文化的旅游资源价值，反而使得原本可贵的民族

---

① 方清云：《民族文化重构方式与文化本真性保持——以景宁畲族自治县的畲族文化重构为例》，《西南民族大学学报》（人文社会科学版）2013年第34卷第2期，第62—66页。

文化慢慢变迁甚至消失殆尽。[①] 如各地层出不穷的节庆活动，为了迎合游客的审美需求，只是简单地将民俗文化活动打造成文化旅游节庆活动，致使各种名目的节庆活动比比皆是。甚至出现同一个民族自治州各区县都在打造不同的节庆活动，少则三五种，多的达到数十种，有较高影响力的节庆产品却寥寥无几。此外，有些民族文化节庆活动已经有较大的社会及市场影响力，然而对整个地区旅游经济发展的拉动作用并不明显。究其原因，就是对民族文化资源的内涵挖掘不足，如康定的国际情歌节，虽然声势浩大，却缺乏民族文化内涵的支撑，需要加强康巴文化的挖掘，形成从单一的情歌表演向群众性的情歌对唱、赛马、跳锅庄、婚庆等综合发展，最终培育成名副其实的东方情人节、旅游赛歌节。

二 碎片化开发利用不同程度存在

民族文化资源也可以分为有形的景观资源和无形的精神资源。有形的民族文化资源，如极具特色的民族建筑，因受到现代化浪潮的巨大冲击，很多民族地区的建筑，其民族特色消失殆尽。为了推进旅游开发，一夜之间，各种特色小镇、特色村寨如雨后春笋般涌现出来。经过对现代化的建筑穿衣戴帽、复古加工，不知何朝代的特色小镇、仿古一条街就被改造或新建出来，"藏寨""彝寨""侗寨"比比皆是。这些特色小镇、特色村寨与一般汉族地区的商业场所并无二致，有形而无神，不能神形兼备。民族文化资源开发，要注重有形的资源和无形的资源两个方面，既要有物质载体的开发，更要注重精神层面的开发。许多具有民族文化个性的文化精华并没有被深层次挖掘、开发、展现出来，没有转化为特色旅游产品。如《康定情歌》对甘孜州的经济拉动效益并不明显，而撒尼族口头流传的长篇叙事诗《阿诗玛》为云南省带来了巨大的经济效益和价值，就因为其得到了有效的开发利用。此外，过度的旅游营销对民族文化资源的开发利用也造成巨大的影响。利用民族文化资源开发的旅游产品，也离不开品牌、包装、营销方面的精心策划和宣传促销。虽然西南地区各地方政府高度重视旅游营销工作，已经基本形成政府主导、企业主体、各方联合、市

[①] 毕丽芳、薛华菊、王微：《大理、丽江民族文化旅游资源开发路径研究》，《山西农业大学学报》（社会科学版）2017 年第 16 卷第 6 期，第 56—62 页。

场化运作的宣传促销工作体系，却存在零敲碎打、缺乏力度和气势，没有形成规模效应的问题，尤其是不同利益主体对同一民族文化资源有不同的解读，各唱各的调，对民族文化资源开发利用碎片化、商业化倾向明显。一些抖音、短视频营销也对民族文化资源开发利用传播产生了巨大的影响。

三 过度娱乐化致使文化生态变迁

在西南地区过去的旅游开发中，大多景区主要是开发旅游景观，对景观和产品赖以生存的文化氛围的挖掘开发力度却不大，有的景区甚至忽略了民族文化资源内涵方面的内容。民族文化资源是少数民族世代创造和传承的一种带有浓郁民族特色的文化资源，从其形态分类来看，有静态和动态之分。如名胜古迹、民居建筑、村落景观等特色建筑，在旅游开发利用过程中，作为一种"静"态的民族景观意象，可供游客观赏。还有诸如民间工艺、民族服饰、特色饮食、土特产品等，游客在观赏体验中大多是旁观者，并不能充分满足现代游客的自我表现欲。而节庆、祭典、歌舞、竞技、礼仪、宗教活动则不同，为了迎合游客的猎奇心态和市场需求，被开发成旅游节庆活动或旅游商品，放弃了自己独特的场景和时节，在展示时追求极强的娱乐性、表演性和参与性。不可否认，旅游者参与这样的旅游体验活动，会增进同当地少数民族的情感交流和情感认同，并得到异域文化的融入体验。在狂欢的歌舞、竞技、文娱活动的呐喊声与参与中，能使游客得到异域的文化体验和极大的心理满足。但一味地追求娱乐性、表演性和参与性，导致民族文化资源脱离赖以生存的文化土壤。

四 现代化浪潮下文化资源消解

目前，全国各个旅游目的地都在呼吁要深化文旅融合。西南地区也在积极融入旅游市场发展的热潮。但在开发的过程中许多问题也开始暴露了出来。各个地方都在积极地挖掘地区的文化内涵，然而在挖掘的过程中却出现了急功近利的现象，如肆意地编纂传说故事，甚至是完全无视节庆的民俗场景。如西双版纳傣族园打造了"百名小卜哨天天欢度泼水节"，让游客体验天天泼水，就是完全无视泼水节的时令性和民俗场景的行为。西南地区文和景融合发展不紧密，把文化资源转化为现代解读并融入现代旅游产品的能力明显不足。首先，很多历史性的悠久文化得不到彰显，有文而少景，如红色文化、历史文化，等等，人文与生态融合度不高，文化特色和品牌价值未能很好彰显，在旅游开发的过程却并没有将这些民族文化资源加以很好地利用，缺乏观赏型、参与型、体验型旅游产品。文不附体，缺乏有效载体支撑，如民俗文化资源中一些非遗传统技艺未能很好彰显，缺乏趣味性、娱乐性、互动性旅游产品。其次，创意开发不足。对景点的特色定位不准，对文化语境解读不到位，如工艺在助力景点打造、旅游文创商品开发、研学旅游需求上尚未形成特色，很多少数民族民间工艺旅游纪念品都是义乌制造，同质化现象严重，缺乏本土文化特色等。最后，科技元素在文旅融合中的应用较少，除了在演艺方面借助声光电等技术外，没有很好地将科技元素融入民间艺术、影视、动漫等产品中，缺乏体验性互动性强的现代性新产品。更为严重的是在文化旅游的开发过程中，许多旅游目的地的传统文化和民俗文化不但没有得到很好的传承，甚至保护都受到了较大影响，导致出现了同化、削弱甚至衰落的现象，给民族地区文化旅游的发展带来了不利的影响。[①]

第三节 西南地区文化资源陷阱的形成机理

少数民族文化与旅游的融合正逐渐成为民族地区社会和经济发展的一种新趋势，然而，在产业融合理论指导下的文旅产业融合更多的是将少数民族文化作为一种具有极强吸引力的文化旅游资源进行保护与利用。作为文化旅游资源的少数民族文化一旦离开赖以生存的文化生境进入工厂式产品生产流程，便去掉了传统记忆、祖先崇拜等神圣而独特的功能与价值，作为少数民族文化的某种符号在赢得或失去市场的过程中，影响或指引着少数民族文化发展的方向。[②] 少数民族文化经由资源化过程进行重组，跻身于全球化经济运行体系之中，在追求经济利益、解构少数文化意义体系、

[①] 职雪菲：《云南省文化产业与旅游产业融合发展研究》，硕士学位论文，云南民族大学，2017年。

[②] 刘安全、余继平、黎新世：《少数民族旅游文化的空间开发：武陵山个案》，《重庆社会科学》2013年第3期，第95—100页。

游客喜好和西方意识形态诱导等多维度因素影响下，可能陷入"文化资源陷阱"。其形成动因至少表现在三个方面：一是商业化、利益驱动与短期寻租而造成的市场扰动；二是外部强势文化对少数民族传统文化冲击而导致的文化挤压；三是民族文化资源保护力度不足而出现的内部失调。

一 市场扰动：工具理性与价值理性的割裂

市场扰动的消极影响体现在三个方面，即民族文化资源开发的过度商业化、资源转化利益分配不合理和短期寻租造成的资源浅表性开发。文化的资源化开发与产业化发展体现着以产业化手段达到区域社会发展和文化有机传承目的的工具理性。马克思把现代社会看作是资本社会，其变革的驱动力是不断转型的经济压力，寻找新市场、获取廉价原材料和使用廉价劳动力，是资本家为获得市场竞争优势而不断提升效率的动力。资本社会的经济体系动力比以往任何社会形态经济动力更为强劲，这种动力是以资本运作作为核心的现代社会的内在组成部分，构成了资本主义向全世界无限扩张的体系。[①] 在现代社会里，人们希望通过积累财富和利用财富使自己过得更舒适和富裕。马克斯·韦伯用"资本主义精神"来解释有别于资本社会的生产力的产生，最初的资本商人和工业家通过勤劳和克己的生活方式积累财富，但他们并不将财富用于炫耀和挥霍，而是反复投资，使他们所掌握的企业不断扩张。[②] 资本社会化生产与清教徒信义的结合所构成的合理性（rationality），即工具理性和价值理性的统一，促进了现代社会的纵深发展，随着科技进步和现代社会结构转变，人的行为越来越符合"合理性"要求，向理性化、可控化发展，以科学、技术和科层制为核心的理性化按照效率原则来组织社会和经济生活。所谓工具理性就是以工具崇拜和技术主义为生存价值观，即用精确计算功利的方法最有效达到目的，以实践途径确认手段的有用性追求某种功利的最大效应。价值理性则维护一定行为的无条件的价值，坚持纯正的动机和正确的手段去实现预期

[①] ［英］安东尼·吉登斯：《社会学》（第五版），李康译，北京大学出版社2009年版，第88页。

[②] ［德］马克斯·韦伯：《新教伦理与资本主义精神》，马奇炎、陈婧译，北京大学出版社2012年版。

目的，而不管其结果如何。体用如一、本末分明的工具理性和价值理性体系能保证人性的全面与完整，资本社会中，一项合目的、合规律的社会实践活动要想成功，必然取决于价值与工具理性的统一。①韦伯指出，新教伦理强调勤俭和刻苦为上帝进行世俗工作是一项莫大的荣耀，宗教信仰与资本化生产的统一促进了资本主义发展，也让工具理性在科学技术、启蒙精神和理性自身演变中得以强化和壮大，最终成为现代社会发展的强大动力。而在社会不断发展过程中，宗教教义信仰的丧失，物质和金钱成为社会追求的直接目标，对工具理性的过分强调与过度追求而走向极端化，以手段为目的则成为套在人身上的枷锁，引起了当代以资本为本质的社会的种种困惑、问题与矛盾。②

文旅融合发展过程中的少数民族文化资源陷阱的形成，是一种类型的"手段—目的"工具理性，即从解放新生产力逐渐退化为控制和支配文化和人的霸权过程。在现代社会中，文化资源化战略实质上是借用文化产业手段去达到区域经济社会发展和文化有机传承的目的，实现从传统文化和文化创新成果中寻找到新资本的目标。这一过程，本身就是现代社会的行为逻辑，是一种基于文化社会和经济全面发展的理性行为，有着明确的目标定义和对达至目的最有效途径的精密计算，而这种行为已被包括少数民族在内的现代社会所认同。但是，聚焦于经济收入的少数民族文化资源的商品化开发便受制于资本运行规则，在资本规则（权力）的作用下，文化资源按商品模式得以生产和管理。商业模式让文化转化为资源，再转化为商品，最终消除了文化的质性差别，"它们不再是桌子、房屋、纱或别的什么有用物。……它们剩下的只是同一的幽灵般的对象性，只是无差别的人类劳动的单纯凝结"③，成为在任何时间任何场所都能用货币进行衡量的物品，从而造成商品交换、商品生产和文化意识的同一性。④

---

① 石义华、赖永海：《工具理性与价值理性关系的断裂与整合》，《徐州师范大学学报》（哲学社会科学版）2002年第28卷第4期，第100—103页。
② 李红专、陈路：《现代西方工具理性的扩张及其反思》，《天津社会科学》2005年第1期，第46—50页。
③ 《马克思恩格斯全集》（第44卷），人民出版社2001年版，第51页。
④ 仰海峰：《法兰克福学派工具理性批判的三大主题》，《南京大学学报》（哲学·人文科学·社会科学）2009年第4期，第26—34页。

在当下文旅产业极其泛化的发展进程中，在一些具有前瞻性、标志性的以少数民族文化元素作为核心特色的旅游景区（或旅游项目）取得巨大成功的引导与诱惑下，越来越多的少数民族和越来越广的少数民族地区都被裹入了文旅发展的狂潮之中。在作为经济理性人，精密计算的旅游开发工具在追求效率和产品开发新型技术控制下，少数民族文化景区、少数民族风格的山水实景演出、专业代工厂批量制作的民族服饰、少数民族特色古镇（村落）无不以游客消费为导向，进行着文化的工业式加工。在"旅游扶贫""旅游带动发展"等发展和现代化口号构筑下的"旅游型发展主义"成为指导区域社会发展的价值观和意识形态。[1] 具有优质文化旅游资源的少数民族社区（村落）在地方政府的发展规划和工商资本下乡中迅速成为高密集利益的共同体，通过门票经济和政策倡导的土地财政和生态补偿获得资源快速变现，实现地方赶超式发展目标。然而在"一切为了发展""超常规发展""跨越式发展"极端化发展话语下，工具理性得以极大膨胀，文旅产业发展只要有"还过得去"的经济收入和逐渐改变的社区生活，就可以忽视少数民族传统文化和习俗，完全不计文旅产业发展所付出的文化代价和成本。在"发展"话语下，一个少数民族村寨的"旅游奇迹"被制造出来，少数民族的一切东西都可以拿来进行设计打造成景观，在地方财政支持和地方政府政绩观指导下，经济目标得以快速实现，而与之相反，作为文化持有人的村民个体则在一定程度上表达出对"景观"的不满意和对抗。一方面，旅游并没有像预期的那样满足大部分人致富的愿望，反而在一定程度上扩大了经济分配不公，除了少数人利用房产在景区的优势从事住宿、餐饮做生意富裕起来外，大部分人还得依靠传统的务工和零星的旅游服务行为获取收入；另一方面，商业利益化和极端利己行为，在新构建起来的旅游社区大行其道，旅游商业运作模式和经济理性对于少数民族社区原有的公平、安全和道义等价值观产生冲击。将经济产业发展作为一种信仰，将无形的文化传统与精神进行物化处理，把习俗、信仰和人一起压缩在旅游景区的时空里，无意或有意地抛弃文化资源所蕴含的善良、道义等正能量，从而形成一种极端的"发展主

---

[1] 谢小芹：《制造景观——基于黔东南州少数民族乡村旅游实践的叙事》，博士学位论文，中国农业大学，2015年。

义"价值观。

由此而来，文化资源陷阱悄然生长：对于充满吸引力的少数民族文化资源的过分依赖和过度开发，不可避免地造成当地的单一产业结构，从而诱致"荷兰病"；对少数民族文化的商品化开发过分强调游客的偏好和市场效益而进行偏离文化本真的改编，产生庸俗化和亲西方化的文化品位倾向；过分强调的文化市场培育和发展强占了文化事业发展的本体空间与资源，导致传统文化社会性传承的断代与异化。

二 文化挤压：现代化西方样本诱导

中国的现代化起步对于对西方工业现代化的模仿，从"五四"爱国运动起，中国就开始了面向西方文化学习进而探索具有中国特色的现代社会发展道路，由此，中国不可避免地进入到全球体系。全球化是当代人类社会共同面临的时代背景，是资本主义扩张最终形成世界体系的结果。在沃勒斯坦看来，民族国家不是近代以来社会变迁的基本单位，现代世界体系才是16世纪以来社会变迁的唯一实体。现代世界体系是一个由经济、政治、文化三个基本维度构成的复合体，具有结构性经济联系、各种内在制度规定性和一体化特征。[1] 伴随英国工业革命，资本主义经济关系随着现代工业体系和自由雇佣劳动制度得以确立和巩固，东欧因以农业为主的经济结构维持了封建农奴制度，地中海沿岸各国则介于西欧工业生产和东欧农业生产之间，因此，欧洲大陆各地区之间结成了经常的、稳定的、大规模的贸易联系，进而产生一体化的欧洲经济体。作为一种具有普遍性的文明，以社会化大生产和资本运作为核心的西方资本主义生产方式推广至全球，经济一体化体系逐渐将世界各个国家、地区纳入体系中，最终形成了覆盖全球的一体化的资本主义世界经济体。不平等则是资本主义世界经济体的另外一个特征。在不断壮大的世界体系中，英美等发达国家是体系中心，一些中等发达国家处于体系半边缘，某些东欧国家、大批亚非拉发展中国家处于体系边缘。对于中心国家创造的科学文明，边缘国家很难摆脱西方资本主义意识形态和文明体制，被裹挟于世界体系之中，被动地进

---

[1] [美]伊曼纽尔·沃勒斯坦：《现代世界体系（第一卷）：16世纪的资本主义农业与欧洲世界经济体的起源》，吕丹译，高等教育出版社1998年版。

入西方式的现代化。① 世界文化体系服务于世界资产阶级政治体系，以西方文化为模板的普遍主义世界文化凌驾于多元民族文化之上，营造全球趋同的文化氛围，提供文化维持机制，增进民族国家政治凝聚力和提高经济生产有效性。

在西方资本主义世界体系扩张下，处于边缘的第三世界在全球化进程中裹挟于西方标准的现代化。在葛兰西看来，这是一种文化霸权，占据统治地位的"领导者"为确保其社会和文化的优势，利用"知识和道德领导权"支配和劝诱"被领导者"接收他们的道德、政治和文化价值。② 在发展主义与泛旅游极力扩张的时代背景下，用西方旅游研究话语体系和理念不断开发少数民族旅游资源，并按照某种具体特定审美观进行着旅游景区景观的建造。游客凝视、舞台化真实性、旅游的社会文化影响说等都被旅游规划者和开发者用来指导少数民族地区的旅游开发，在旅游标准化、旅游脱贫致富和旅游带动经济发展的话语口号下，地方政府通过招商引资将工商资本引入村落，粗暴地采用、移植、修改少数民族文化用于旅游商品生产，使之快速成为一个高密度利用的商业场所。

而在另一方面，西方文化主义理念通常对抗于结构主义，在谴责结构主义将大众文化视为"意识形态机器"的同时，力挺大众文化是对社会受支配集团或阶段的兴趣和价值观本质体现。③ 对于不同于西方的文化采用一种赞扬、欣赏以及多样化保护态度，体现为某种具有良好社会导向的人文关怀，但这种"看上去很美"的文化保护和实践策略，实际上，落入了文化主义的桎梏。被誉为亚洲第一的贵州六枝梭戛苗族生态博物馆建设的实践，让我们看到了西方文化理论在中国运用的不适。1995 年，挪威生态博物馆专家约翰·杰斯特龙和"中国生态博物馆之父"胡朝相在贵州省六枝特区和织金县交界的 12 个苗族村寨尝试生态博物馆这一文化保护模式，以仅存在于自然生态中的村寨和信息资料中心组成没有围墙的博物馆，并由社区居民参与管理生态博物馆。六枝梭戛生态博物馆在建设

---

① 王正毅：《世界体系与国家兴衰》，北京大学出版社 2006 年版。
② Gramsci, A., *Selections from the Prison Notebooks*. London: Lawrence and Wishart, 1971: 57.
③ Tony Bennett, Popular Culture and the "Turn to Gramsci", in John Storey. *Cultural Theory and Popular Culture: A Reader.* Hertfordshire: Prentice Hall, 1998: 222.

前期确实改变了地处偏远、自然条件贫瘠、生活条件贫困的状况，有效保存了苗族"箐苗"支系（长角苗）的聚落建筑、民族语言、刻竹记事传统、民风习俗等民族文化。梭嘎生态博物馆致力于保护梭嘎村寨的文化生态，将自然环境、社会结构、经济状况和精神生活保存维持于一个完整的生态系统之中，至1998年10月，梭嘎苗族生态博物馆正式开馆并对外开放。随后又支援建立了花溪镇山、锦屏隆里、黎平堂安三座生态博物馆。但作为"原生态"保存古老文化的博物馆模式，难以避免以僵化模式固态对待少数民族文化，而割裂了文化发展的进程，必然导致其萧条落寞。2005年6月，挪威政府与中国政府合作的文化项目结束，生态博物馆建设资金减少，被迫走上面向市场的自我发展之路。梭嘎生态博物馆引入中国24年来，苗寨成为一个"生活以外的世界"，作为文化标本，他们的文化地图正在断裂。有学者谴责苗族青年外出打工、不穿民族服装、女孩子热衷于上学读书；有人类学家在梭嘎考察调研时为苗族青年热衷汉族文化，而冷漠于自己民族文化时而感到深深惋惜。为什么会出现文化保护与文化抛弃的背反，实则源于当下中国社会和文化对于西方文化理论的迷恋。在谴责者的文化图式中，少数民族传统文化与现代化文化是格格不入的，少数民族现代化是不应当的，而学习先进文化也是不应当的。其思维根源在于西方某些文化理论的二元对立观，在民族国家的视野框架中看待中国的多元一体中华文化格局。杰斯特龙建设梭嘎苗族生态博物馆时约法三章，强调社区居民是文化主人，生态博物馆应服务于社区经济发展。但在生态博物馆运行过程中，则大大地偏离这一原则，一味地按照西方文化多样化、"原生态"要求，将生态博物馆建设成为一个不食人间烟火的世外桃源。而对苗族人渴望现代化舒适生活、学习先进文化和改善社会生活的现实需求视而不见。在学者们对生态博物馆中的文化保护与求变的喋喋不休争论中，苗寨迅速衰落，并与现代社会渐行渐远，"这里究竟丧失了什么，我们根本没有时间去盘点"[①]。

三 内部失调："狼来了"谎言效应

世界著名的《伊索寓言》中有一个"牧羊童与狼"的故事，用一个

[①] 摩罗：《主流的力量有多大》，摩罗的博客，http://blog.sina.com.cn/moluo，2006。

小孩因满足其排遣无聊用"狼来了"谎言捉弄大家,进而失去信任的事件,教育和培养小孩"不能撒谎"的道德情操。① 我国把这个故事叫作"狼来了",在道德教育逻辑里阐述了"撒谎要受到惩罚、诚实会获得奖励"的行为规则,最终演变为善恶有报的道德观。在社会的其他领域,"狼来了"谎言效应也表现得十分明显,如经济领域消费者痛恨"假农药""毒奶粉"等为获取经济重利而损害公共利益的行为;在政治领域,公民们对官员为赚取公众信任大张旗鼓地"作秀""空泛表态"等现象深恶痛绝。同样,责任心和道德感丧失现象在文化与旅游领域中亦不少见。作为一种社会现象,"狼来了"道德寓言的价值逻辑并非儿童故事那么简单,在现实生活中的"狼不一定来","撒谎不一定受惩罚",而且"诚实不一定获得奖励"等生活经验,更是加剧了"狼来了"谎言的盛行②,那些为了达到某些特殊目的而勇于尝试挑战道德底线的人和事层出不穷。

  处于现代化进程中的少数民族文化与旅游产业,以其资本运作模式将少数民族文化作为可资利用的产业资源拖入市场。在极具功利性的商业模式下,对少数民族文化进行肤浅地粗暴征用,如简单地在旅游景区植入少数民族文化元素,在旅游舞台上展演失去原本意义的祭祀仪式,在景区组织举办充满情色利欲暗示的"偶遇节""相亲节"。更有甚者,一些不法之徒更以借"体验少数民族风俗习惯"行违背法律之事,如 2012—2013 年,云南丽江就发生导游借由"摩梭人走婚习俗"强奸或性侵女游客的事件③,欲以少数民族习俗为由达到其不法目的,更是想借少数民族习俗逃避法律责任。简单和浅层次开发的少数民族文化旅游,一方面歪曲了少数民族文化本真,另一方面则向游客宣传了错误的少数民族文化知识和形象,让少数民族文化逐渐贴上了低俗、下贱、低级、劣质等负面标签。而当少数民族文化与旅游产业发展到一定阶段时,出于扩大市场和吸引游客的目的,旅游开发者们无所不用其极推广和营销旅游产品,在传统宣传营

---

① [古希腊]伊索:《伊索寓言》,商务印书馆 1959 年版,第 6—7 页。
② 石中英:《"狼来了"道德故事原型的价值逻辑及其重构》,《教育研究》2009 年第 9 期,第 17—25 页。
③ 中国网络电视台:《云南丽江导游被曝强奸 以走婚为理由性侵犯女游客》,http://travel.cntv.cn/20120308/114559.shtml。搜狐网旅游频道:《网曝女孩拒绝"走婚"被男导游打》,http://travel.sohu.com/20130412/n372456745.shtml。

销手段之外，通常还采用一些"非常规手段"制造一些新闻事件来达到其广告目的。如前文提到的重庆酉阳与湖南桃源两县关于"桃花源正宗"的网络口水战，湖北利川旅游的"我靠重庆"的广告词，从民间习俗、到旅游表演项目再到恩施州"两会"提案等，都是此类"非常规手段"。少数民族地区旅游营销的"非常规手段"可以在一时引起网络关注，成为"网红事件"，达到了旅游目的地广告宣传的目的，但这些"非常规手段"往往与低贱、歧视和情色等非道德话题和生活体验紧密相关。长此以往，少数民族文化在文化和旅游产业发展进程中将不知不觉地被低俗化和庸俗化，少数民族文化形象与公信力遭受严重的损伤。

少数民族文化旅游发展，需要积累强大的社会公信力，而社会公信力的形成必然依靠长时段的维护与积累，包括长期交往、交流和交换基础上的经验性积累，遵从文化体系、道德规范、宗教和社会公序良俗的认同性积累，以及建立在法律、制度、规章等制度规约和社会规范基础之上的制度性积累。[1] 中国学者常用"塔西佗陷阱"来说明政府公信力受损的原因，即政府公信力危机的出现，是因为掌权者因某些事件丧失了公众的信任，以后掌权者无论是做好事，还是坏事，都被公众认为是做坏事。[2] 在社会和文化领域，"文化塔西佗陷阱"依然存在，少数民族文化与旅游产业发展中的消极和负面事件正如"狼来了"谎言一样不断地伤害着少数民族文化。少数民族文化旅游开发者和主导者对于少数民族文化的滥用、歪曲和错用，将使少数民族文化形象和公信力不断衰弱，最终导致其丧失，直接影响作为旅游资源的吸引力，进而使少数民族文化受到严重伤害。"伪精英"是制造"狼来了"谎言的主导者，他们以行业专家的身份出现在文旅产业发展中，为资本目的和行为寻找理论依据，可能自己都没有意识到他们所引领的文化和旅游开发会将珍贵而优秀的文化资源耗费在无效、无意义的产业黑洞里，直接损害了少数民族文化的生命力。"伪精英"通常披着企业领导、政府智库专家、资深媒体人和科学研究者的外衣，但实质上沦为资本利益的代言人，他们从不讲究科学性，以资本自私

---

[1] 戴有山：《谨防文化"塔西佗陷阱"》，《华夏时报》2018年1月22日第40版。
[2] 潘知常：《"塔西佗陷阱"四题》，《徐州工程学院学报》（社会科学版）2019年第34卷第2期，第41—51页。

出发，为资本扩张目的寻找冠冕堂皇的理由和理论支持，以某种"专业"或"权威"试图影响社会和主导某些事件发展。突飞猛进和跨越式发展的少数民族文化与旅游产业中"伪精英"随处可见，并且越来越偏离文化本身，在"成功"的"假、大、空"少数民族文化主题景区的产业化运作的空间中，普通百姓失去了文化"真、善、美"的鉴别力和判断力，随着"伪精英"的话语和意见方向盲目跟风，从而形成了一种恶性的社会文化氛围，"这应是一个最好的人才时代：生产力升级，创造力倍增；这亦是一个最糟的人才时代：潜规则当道，伪精英辈出"。[1] 最终普通人对真正的精英也产生了质疑和讨厌，对精英们所代理的少数民族文化也产生疑问，将虚假、庸俗、低质、肤浅等标签毫不犹豫地贴在少数民族文化身上，使少数民族文化无辜蒙冤，跌入由"伪精英"们一手导致的文化陷阱之中。

本章小结

民族文化资源陷阱主要表现在形态异化（文化失真与破坏）、生态异化（文化资源过度转化利用）和能态异化（文化资源依赖）三个方面。文化失真与破坏是民族文化资源化形态异化的具体表现，体现在：一是篡改、歪曲、改造、伪造民族传统文化；二是扭曲文化含义；三是将民族传统文化商业化；四是改变民族传统文化用途；五是改变民族传统文化神圣性。文化资源过度转化利用是民族文化资源生态异化的具体表现，主要包括：一是超出游客容量；二是旅游产品价格扭曲；三是旅游产品供给过度；四是恶搞民族文化资源；五是文化产品内容质量不高；六是文化旅游地声誉贬损。文化资源依赖指的是对某一类文化资源或资源产业的过度信任与过分依赖，是民族文化资源化能态异化的具体表现，表现在：一是文化资源的片面性开发；二是文化资源的浅层次开发；三是文化产品缺乏创新；四是忽视文化资源化与生态的协调发展。

从资源开发与利用视角，认为民族文化资源作为一种特殊的资源，既

---

[1] 黄俊杰、肖锋：《中国式寻才：潜规则当道，伪精英辈出》，《银行家》2008年第6期，第138—139页。

有产业资源属性，也具有文化属性和社会属性。在推进民族文化资源与旅游产业融合的过程中，少数民族文化资源容易造成形态异化、生态异化、能态异化等资源陷阱。究其根源，主要是多种因素的共同作用与影响，民族文化资源开发利用缺乏文化内涵的支撑，主要是对民族文化风情的内涵发掘不够，资源优势未能充分转化为旅游资本优势。不合理的开发和不科学地利用文化旅游资源，不仅没能发挥出民族文化的旅游资源价值，反而使得原本可贵的民族文化慢慢变迁甚至消失殆尽。民族文化资源开发利用碎片化、商业化倾向明显。一味地追求娱乐性、表演性和参与性，导致民族文化资源脱离赖以生存的文化土壤。

民族文化资源陷阱形成动因至少表现在三个方面：一是商业化、利益驱动与短期寻租而造成的市场扰动；二是外部强势文化对少数民族传统文化冲击而导致的文化挤压；三是民族文化资源保护力度不足而出现的内部失调。市场扰动的消极影响体现在三个方面，即民族文化资源开发的过度商业化、资源转化利益分配不合理和短期寻租造成的资源浅表性开发。以西方文化为模板的普遍主义文化凌驾于多元民族文化之上，营造全球趋同的文化氛围，处于边缘的第三世界在全球化进程中裹挟于西方标准的现代化，文化开发也不例外。少数民族文化作为可资利用的产业资源被拖入市场，但少数民族文化旅游开发者和主导者对于少数民族文化的滥用、歪曲和错用，使得少数民族文化受到严重伤害。

第四章

西南地区文旅融合中文化资源陷阱案例分析

第一节 丽江大研古城案例分析

一 文化资源基本情况

丽江市位于云南省西北部,地处金沙江中游的云贵高原,是一个多民族聚居地。在丽江,除汉族外还有纳西族、彝族、傈僳族等多个少数民族,以纳西族为主。丽江古城始建于元初,在南宋时期就初具规模,"大研镇"发展至今已经有800多年的历史。[①] 多年来,古城儒、释、道文化,纳西族本土文化,汉、藏、白、纳等多元文化相互交融,民族文化资源丰富多样。[②] 丽江大研古城民族文化资源情况如表4-1所示。

表4-1　　　　丽江大研古城民族文化资源

有形民族文化资源	建筑设施	建筑古迹	木府、万古楼、丽江东巴文化博物院、五凤楼、方国瑜故居、周霖故居、科贡坊、普济寺等
		古街古桥	四方街、锁翠桥、大石桥、万千桥、南门桥、马鞍桥、仁寿桥等
	传统服饰	纳西族传统服饰	纳西族妇女穿戴羊皮披肩,这俗称"披星戴月";男子戴毡帽或缠包头,外披羊毛毡或穿羊皮坎肩

---

① 毕丽芳、薛华菊、王薇:《大理、丽江民族文化旅游资源开发路径研究》,《山西农业大学学报》(社会科学版) 2017年第16卷第6期,第56—62页。

② 王志标、黄大勇:《民族文化资源化陷阱的表现、症结及应对策略——以大研古城和喜洲古镇为例》,《云南民族大学学报》(哲学社会科学版) 2019年第36卷第5期,第29—36页。

续表

有形民族文化资源	美食特产	
	特色美食	鸡豆凉粉、丽江粑粑、麻补、灌猪肺、吹猪肝、青嫩玉米糕、糯米粑粑、青松毛粘糯米饵块、月饼、蜜饯、饵块、酥油茶、糯米饭、籴汤、五色菜、三叠水、铜火锅、丽江腊排骨、鸡啄豆腐、纳西烤肉等
	古城特产	热巴鼓、东巴挂毯、小凉山苹果、猪膘肉、丽江雪桃、东巴扎染、螺旋藻、松茸、苏理玛、雪茶、东巴木雕、青刺果等
无形民族文化资源	古文字画	
	东巴文	创世史诗《崇般图》、悲剧长诗《鲁般鲁饶》、英雄史诗《东岩术岩》
	丽江壁画	融汉、藏、纳西文化为一体，众教合一，展示藏传佛教和儒、道等生活故事
	民间工艺	木雕、石雕、传统打铜、银器制作、手工毛皮制品、手工造纸等
	传统节庆	春节、重阳节、中秋节、祭祖节、火把节、药王节、端午节、泉水会、清明节、骡马会、龙王庙会、三多节、牧童节、北岳庙会、白沙农具节、甲子会、农具会、朝山会、棒棒节
	音乐舞蹈	纳西古乐、东巴音乐、白沙细乐、东巴舞、《丽水金沙》《热美蹉》《打跳》《勒巴磋》等
	宗教信仰	佛教、道教、东巴教
	婚嫁习俗	纳西族实行一夫一妻制，禁止同家族的人结亲，盛行姑舅表侪婚配习俗，结婚一般要经过定亲、请酒、举办婚礼等程序
	占卜文化	羊骨卜、鸡骨卜、海贝徙、巴格卜星卜、手指卜、左拉卜等数十种占卜

资料来源：根据毕丽芳等《大理、丽江民族文化旅游资源开发路径研究》，载于《山西农业大学学报》（社会科学版）2017 年第 16 期和调研资料整理。

（一）享誉世界的建筑经典——丽江古城民居

丽江大研古城整体依山势而建，顺流水而设，街道以红色角砾岩铺就，著名的四方街处于大研古城的核心位置，其总体形态是一个梯形的小广场，是旧时茶马古道的重要枢纽站。大研古城正是以四方街为中心向外延伸，形成四通八达的格局。街道两旁纳西族民族风格的民居建筑鳞次栉比，以土木结构的楼房为主，其建筑形式吸收融合了汉族、白族、藏族等民居建筑的优点，体现出纳西族人民崇尚自然文化、善于向其他民族学习的优良传统。古城房屋建筑风格多样，以"三坊一照壁"最为普遍，此外还有四合五天井、走马转角楼、前后院、一进两院等形式。久负盛名的木府，全称丽江木氏土司衙门，位于大研古城光义街，背枕狮子山，其建筑巍峨辉煌，保留了唐宋时期古朴粗犷的建筑风格，同时体现出明代中原建筑的独特风采。整个府衙建筑坐西向东，府内玉沟纵横、活水长流的布局充分反映了纳西族传统文化精神。

（二）古老独特的纳西民族文化——东巴文化

作为纳西族人民重要的聚居地，丽江大研古城的东巴文化绚烂丰富。东巴文化是纳西族古文化，因东巴教而得名，是一种宗教文化和民俗活动，至今已有1000多年的历史。东巴教是一种与纳西先民的生产、生活息息相关的宗教，历史上纳西族全民信仰东巴教，纳西人的生老病死、婚丧嫁娶、起房盖屋等一切活动都离不开东巴仪式活动。① 东巴文化的继承人和传播者是东巴教祭司，被称作"东巴"，"东巴"意为智者。东巴教的祭司集歌、舞、经、书、史、画、医于一身，属于纳西族的最高级知识分子。东巴文化主要包括东巴文字、东巴经、东巴音乐、东巴舞蹈等。②

纳西族的古老文字东巴文被看作是人类社会文字起源和发展的"活化石"，被视为全人类的珍贵文化遗产。据专家考证，东巴文是目前世界上唯一存活的象形文字，属于文字起源的早期形态。创世史诗《崇般图》、悲剧长诗《鲁般鲁饶》、英雄史诗《东岩术岩》被并称为东巴文学中最为著名的三大史诗。③

东巴经是东巴祭司书写、念诵的经书，由东巴纸装订成册。传统东巴纸由纯手工打造，原料取自荛花的韧皮部分，经过多道程序制作而成，纹理纤维清晰可见、经久不朽。东巴经作为东巴文化的物质载体，是纳西族古代社会的百科全书，涵盖天文、地理、历史、医药等广博的内容，是研究我国古代文化的珍贵资料。④

东巴音乐是祭祀活动中由东巴所吟唱的曲调，以纳西民族曲调为基

---

① 毕丽芳、薛华菊、王薇：《大理、丽江民族文化旅游资源开发路径研究》，《山西农业大学学报》（社会科学版）2017年第16卷第6期，第56—62页。
② 李超：《丽江古城旅游的可持续发展研究》，硕士学位论文，昆明理工大学，2011年。
③ 毕丽芳、薛华菊、王薇：《大理、丽江民族文化旅游资源开发路径研究》，《山西农业大学学报》（社会科学版）2017年第16卷第6期，第56—62页。
④ 李超：《丽江古城旅游的可持续发展研究》，硕士学位论文，昆明理工大学，2011年。

础，东巴音乐演奏通常和器乐相结合。东巴音乐通常流传于东巴口头，也有少数保存在东巴经和东巴画中，是东巴文化的重要组成部分。东巴舞是纳西族流传下来的古老的宗教舞蹈，素材多取自民间社会生活，其舞谱由象形文字写成。东巴舞中有跳神驱鬼的动作，这些动作反映了纳西族人民同邪恶势力做斗争的勇敢无畏的精神；还有一些动作是因模仿动物而形成的，体现出了纳西族人民的图腾崇拜。

二 文化资源化水平评价

民族文化资源化水平主要表现在经济效益、社会效益和可持续效益三个方面。具体来说，可以从民族文化资源化企业竞争度、关联产业和投资吸引力等衡量经济效益；社会效益主要表现在文化传播、居民受益度、政府作用三个方面，其中文化传播又分为文化资源知名度和资源转化认可度两个指标；可持续效益则体现在旅游接待（以最大游客接待量持续时长衡量）、文化环境和空间环境上。表4-2中最后一列"比重"数据为此次问卷调查中，选择该选项的人数（份数）占全部有效问卷的比重。

丽江独特的地理位置使之成为中国古代西南地区的交通要道。在历史的发展和多民族互相往来的过程中，纳西文化和其他文化相互融合，造就了如今大研古城独特的文化和风格。同时，丰富多样的动植物资源为大研古城提供了一定的物质基础，纳西族传统的东巴文化为大研古城奠定了文化底蕴。随着历史的发展和各种因素的共同作用，最终形成了今天文化资源丰富、民族风情浓郁的丽江大研古城。

（一）坚持"文化立市"战略，以文化促发展

近年来，丽江市坚持实施"文化立市"的战略，以文化体制改革促进文化产业的发展和繁荣。[①] 为了提高大研古城的知名度，丽江成功塑造了很多蜚声海内外的文化品牌。古老独特的纳西古乐是大研古城第一个响亮的文化品牌[②]；2003年，丽江大型民族风情舞蹈诗画《丽水金沙》面向观众进行公演，节目荟萃了独特的滇西北高原民族文化气象、丰富绚丽

[①] 毕丽芳、薛华菊、王薇：《大理、丽江民族文化旅游资源开发路径研究》，《山西农业大学学报》（社会科学版）2017年第16卷第6期，第56—62页。

[②] 李超：《丽江古城旅游的可持续发展研究》，硕士学位论文，昆明理工大学，2011年。

的古纳西王国的文化瑰宝，选取丽江各民族最具代表性的文化场景，全面展现出丽江古城丰厚独特的传统民族文化和民族精神；2006年，由著名导演张艺谋等共同导演的《印象丽江》将丽江的文化演艺再次推向顶峰，整个演出以民族文化为载体，由多个少数民族的数百名演员共同完成。

（二）重视优秀文化，恢复古城原有风貌

丽江大研古城丰富的民族文化、浓郁的民族风情使许许多多海内外游客慕名而来。随着旅游业的快速发展，纳西族一些已经濒临失传的民族文化资源重新受到重视，并融入旅游市场之中。比如，借助各种民族特色的小商品、工艺品等体现出东巴文化的内涵，以此促进纳西古文化的弘扬和发展。此外，丽江古城一些濒临失传的传统手工艺、音乐舞蹈、字画等也随着旅游业的兴起和发展而得到一定程度的恢复。

自丽江古城被批准为中国历史文化名城以来，相关部门采取了一系列措施保护古城传统民族文化资源。政府出台了相关法规保护当地居民生活环境和古城周边环境，比如，为了保留古城原有风貌，将舞厅、游戏厅等与古城风貌不协调的场所全部迁出古城。另外，成立东巴文化研究所、纳西文化研究院、东巴博物院等文化文物保护单位，以保护和抢救濒临消失的传统民族资源。同时，邀请纳西文化名人、有技艺的手工艺人和相关非遗传承人等重回古城，使其能够从事民族传统文化的展示和经营活动。[①]

（三）全面改造升级，创建国际特色城镇

在当地政府的引导和各方的共同努力下，2017年6月，丽江古城特色城镇入选《云南省特色小镇创建名单》，成功申报成为省级特色小镇，位列全省105家特色小镇之首。此次特色城镇规划以大研古城为主体，投入巨资实施文化内涵提升、基础设施提升、产业升级、管理运营、品牌延伸等项目，对古城进行全面的改造升级，力争将丽江古城打造成具有国际影响力的特色城镇。

为了更为客观地了解和评价大研古城的民族文化资源化水平，本小节从此次调研所收回有效调查问卷（游客203份，居民48份）中筛选出一些问题，结合民族文化资源的独特性质，从经济效益、社会效益、可持续效益三个方面对大研古城的民族文化资源化水平进行整理和评价。评价结果如表4-2所示。

---

① 李超：《丽江古城旅游的可持续发展研究》，硕士学位论文，昆明理工大学，2011年。

表 4-2　　　　　　大研古城民族文化资源化水平评价　　　　　单位:%

目标层	一级指标	二级指标	指标说明		比重
民族文化资源化水平	经济效益	企业竞争度	竞争很小		11.33
			竞争一般		38.42
			竞争激烈		50.25
		关联产业	餐饮		5.88
			住宿		1.96
			运输		5.88
			导游		3.92
			小商品		33.33
			其他		49.02
		投资吸引力	投资意愿低		45.16
			投资意愿高		54.84
	社会效益	文化传播	文化资源知名度	不了解	27.59
				一般	52.22
				较了解	20.20
			资源转化认可度	不赞同	9.36
				一般	41.38
				较赞同	49.26
		居民受益度	受益较少		18.37
			受益一般		46.94
			受益较多		34.69
		政府作用	作用变小		18.75
			作用不变		33.33
			作用变大		47.92
	可持续效益	旅游接待（最大游客量持续时长）	1个月以下		4.17
			1—3个月		56.25
			半年以上		39.58
		文化环境	失去原真性		61.58
			保持原真性		38.42
		空间环境	游客过多		54.17
			游客不过多		45.83

资料来源：笔者自制。

从表 4-2 可以看出，在经济效益方面，大研古城民族文化资源转化企业间"竞争激烈"所占比重高达 50.25%；投资吸引力指标中"投资意愿高"占 54.84%，与"投资意愿低"占比差距不大；在关联产业指标中，与资源转化相关的产业，如餐饮、住宿、小商品等占比高达 50.98%。这三个方面的数据说明，大研古城民族文化资源转化带来了很高的经济效益。从社会效益来看，52.22% 的受访者对古城民族文化资源的了解处于"一般"的程度，但对古城资源转化的认同度很高；47.92% 的受访者认为，在开发古城后，政府作用变大；81.63% 的受访者认为，当地居民受益"一般"或"较多"。这表明大研古城民族文化资源化的社会效益良好。从可持续效益来看，分别有 56.25% 和 39.58% 的受访者认为每年旅游旺季时长为"1—3 个月"和"半年以上"，61.58% 的受访者认为大研古城民族文化资源转化失去了原真性，54.17% 受访者认为古城景区游客过多。这三个方面的数据反映出，从目前的情况看，大研古城民族文化资源化的可持续效益稍低，不利于古城的长期发展。

从总体上看，大研古城的民族文化资源转化已经较为成熟，这主要得益于两个方面。一方面，"文化立市"战略的贯彻落实有效带动了当地经济发展，文化产业前景广阔；另一方面，古城民族文化资源的保护性开发与利用促进了丽江的社会和谐与旅游业的飞速发展[1]，反过来旅游又促进了传统民族文化资源的传承和弘扬。丽江古城这种开发与保护并行的民族文化资源管理模式被誉为"丽江模式"，被其他传统民族文化地区和旅游景区学习和模仿。但值得注意的是，古城近年来频频出现游客量超出环境承载力的现象，文化原真性也遭到一定程度的破坏，长此以往必将影响大研古城的可持续发展。

三 文化资源陷阱表现形式

随着旅游业的飞速发展，丽江大研古城的开发利用程度不断提高，在一定程度上带动了当地经济水平的提高。但与此同时，也给古城的传统民族文化资源造成了一定程度的扭曲和破坏，形成民族文化资源陷阱。丽江

---

[1] 毕丽芳：《民族文化旅游发展路径与开发模式研究》，博士学位论文，陕西师范大学，2013 年。

大研古城的民族文化资源陷阱主要有以下几种形式：

（一）景区开发过度，游客数量超负荷

由于大研古城民族文化独特而丰厚，每天慕名而来的海内外游客摩肩接踵，旅游旺季时古城更是不堪重负。依据《景区最大承载量核定导则》《世界文化遗产丽江古城保护规划》，大研古城最大游客日承载量为192533人。然而，据报道，2018年8月5日，进入丽江古城的游客人数为205164人；8月6日，古城再迎游客高峰213672人。连续两日超过景区最大游客日承载量，瞬时人数也已接近景区最大瞬时承载量80850人。首先，过多的游客数量造成街道拥挤，给古城内的人员安全带来潜在的危险。其次，极大地影响了游览欣赏古城的体验感，古城内的建筑、文物、景观等也受到一定程度的影响。最后，垃圾遍地、噪声超标的现象在古城内随处可见，严重破坏了大研古城的文化氛围，不利于古城民族文化的长期发展。

（二）古城"空心化"严重，文化失去原真性

随着大研古城旅游业的兴起，大量的外地商人循商机而来，原住居民则因为古城生活设施相对落后而选择迁往新城区居住，将古城内的房屋住宅租售给外地商人进行经商。如此一来，原住居民既可以享受新城区现代化的生活，也能通过住宅租金或售房收入获得一定的经济来源。在当地居民中，也有少数留在古城中，但他们做的工作仅仅是一些管理或清洁工作，实际上的生活重心也是在新城区。[①] 如今在丽江大研古城很难看到穿传统服饰的纳西族人。这样就导致大研古城内"空心化"现象十分严重，原汁原味的纳西族传统生活方式在古城内逐渐消失，取而代之的是来自全国各地、文化背景相异的外地经商者。如今，大研古城内充斥着各种外来文化，失去了古城原本浓郁的纳西族特色。[②]

（三）传统文化过度商业化，丧失文化内涵

丰厚浓郁的文化底蕴是历史古城的生命和灵魂，而今天的大研古城事

[①] 王志标、黄大勇：《民族文化资源化陷阱的表现、症结及应对策略——以大研古城和喜洲古镇为例》，《云南民族大学学报》（哲学社会科学版）2019年第36卷第5期，第29—36页。

[②] 王志标、黄大勇：《民族文化资源化陷阱的表现、症结及应对策略——以大研古城和喜洲古镇为例》，《云南民族大学学报》（哲学社会科学版）2019年第36卷第5期，第29—36页。

实上已经成为外来商人利用古城建筑进行经营活动的场所，商业化现象太严重。比如，为了迎合部分消费者，一些商业性演出刻意夸大洞经音乐"古老""神秘"等特点，以此进行商业宣传和炒作，忽视了古乐典雅深沉的本色，大大降低了古乐的韵味。而且，为了追求利益最大化，经营者只演奏少数最受观众欢迎的曲目，已不再举行整部洞经的谈演活动，如此一来，那些不常演奏的曲目被逐渐遗忘，洞经音乐的部分经腔及谈演科仪也因此濒临失传。[1] 在这种过度商业化的影响下，商人竞相追逐利润，极大地破坏了古城的文化内涵。在本次实地调研所收回居民的有效调查问卷中，48 位受访者中有 45 位受访者都表示，与原始仪式相比，文化表演发生了相应变化，根据调查数据整理得到大研古城传统表演仪式变化占比情况，见表 4-3。

表 4-3　　　　　　　大研古城传统表演仪式变化占比情况　　　　　　单位:%

没变	有点变化	变化很大	全变样了
6.25	64.58	25.00	4.17

资料来源：笔者自制。

表 4-3 的数据表明，25% 的当地居民受访者认为，与原始仪式相比，表演仪式发生了很大变化，64.58% 的受访者认为表演仪式"有点变化"，4.17% 的受访者表示表演仪式"全变样了"，仅有 6.25% 的受访者认为大研古城内表演仪式没有发生变化。

（四）旅游文化产品质量低，同质化现象突出

丽江大研古城的旅游商品市场非常兴盛，但各个商铺内的商品在性能、外观甚至营销手段上相互模仿，同质化现象非常严重。随着大力开发旅游市场，这些批量生产、毫无地方民族特色的"旅游纪念品"充斥了古城，原有的传统手工艺却逐渐没落。[2] 各种印有东巴文字的饰物和木雕、药材、民族服饰等大多是从其他地方批量进货的，而作为前人创造的

---

[1] 李超：《丽江古城旅游的可持续发展研究》，硕士学位论文，昆明理工大学，2011 年。

[2] 王志标、黄大勇：《民族文化资源化陷阱的表现、症结及应对策略——以大研古城和喜洲古镇为例》，《云南民族大学学报》（哲学社会科学版）2019 年第 36 卷第 5 期，第 29—36 页。

丽江"品牌"之一，丽江的传统铜银器制作技术并没有被很好地传承和发扬，古城中现有的银器店铺数量众多，但各店售卖的银器大同小异，缺乏丽江民族特色。

四 文化资源陷阱成因分析

（一）政府职能的缺陷

作为大研古城的管理者，当地政府在古城的开发和保护中扮演着重要的角色。首先，在开发观念上，政府只看到了旅游开发带来的短期利益，忽视了古城的环境和文化的保护问题，从而影响了古城传统民族文化的可持续发展。其次，在职位设置上，政府内设机构的一些职能往往与丽江古城保护管理局的部分职位彼此重复，这容易造成多头指挥的问题，引起不必要的纷争，浪费行政资源，降低古城传统文化资源保护的效率。[①] 此外，政府监督管理体系不到位。对于古城内扭曲篡改传统文化甚至不规范经营的行为没能加以正确的引导和整改，长此以往就使得这种不良现象愈发严重[②]，对民族文化资源的存续造成威胁。

（二）旅游业的过度开发

旅游业的大力开发是一把双刃剑。丽江大研古城旅游业的兴盛，一方面带动了地方经济，另一方面也给民族文化资源的保护和传承带来了危机。在发展旅游业的过程中，一些居民生活用地陆陆续续被征用，以建设休闲和绿化设施，因此，古城内居民的生活气息越来越淡。为了满足游客的观光游览和购物需要，古城在建筑布局、基础设施建设上都以旅游业为重点进行了相应的改变。在激烈的商业竞争中，为了抢夺消费者，在古城市场中占有一席之地，各个商铺纷纷改变店铺内外原有的装饰和布局，以方便经营。如今，在大研古城，各条古街上店铺林立，充斥着商业气息，古城原有的文化氛围已经大打折扣。

旅游业的过度开发导致古城内人口置换，进而使得纳西文化逐渐衰

[①] 王志标、黄大勇：《民族文化资源化陷阱的表现、症结及应对策略——以大研古城和喜洲古镇为例》，《云南民族大学学报》（哲学社会科学版）2019 年第 36 卷第 5 期，第 29—36 页。

[②] 王志标、黄大勇：《民族文化资源化陷阱的表现、症结及应对策略——以大研古城和喜洲古镇为例》，《云南民族大学学报》（哲学社会科学版）2019 年第 36 卷第 5 期，第 29—36 页。

落。由于外地人拥有的资金比当地人雄厚，且古城内原有设施简陋，生活条件与新城区相比要差很多，所以大多数当地居民都愿意将古城内房屋租赁给外地人经商，自己则迁往新城区。原有纳西族居民的生活方式在古城内逐渐消失，现在很难见到穿戴民族服饰、自发表演民间舞蹈的纳西族居民，取而代之的是来自全国各地的外地商人以及为吸引游客而开展的商业演出。

（三）缺乏专家指导

近年来，丽江大研古城在开发过程中出现的各种问题受到各界人士的关注，也有不少专家参与到古城文化保护的探讨中，但是，大都是纸上谈兵，没有将这些建议运用到实际工作中。[1] 当地政府、开发商将古城作为一种普通项目来开发投资，忽视了大研古城可持续发展所必须依赖的民族文化资源的独特性质，而古城内的不少管理者和工作人员也缺乏相应的与文化保护有关的专业知识和经验。古城传统民族文化资源是一种特殊的资源，不能将其视为一般的资源进行开发和利用，因此，开发古城时必须获得专业性的指导，同时提高政府的监督管理能力。

（四）对文化内涵的片面解读

在信息高度发达的当今社会，各行各业竞争激烈，"快餐式"消费屡见不鲜，大研古城的旅游业也是如此。对于古城游客而言，他们希望在最短时间内快速了解大研古城的更多信息，因此会倾向于观看和购买浅显易懂、具有代表性的表演节目和文化产品。[2] 为了迎合消费者的这种需求和偏好，经营者将文化节目简单化、表象化，将文化产品符号化、批量化[3]，这样不但可以满足顾客，还可以节约生产成本。然而，古城的文化是长久以来历史的积淀，其丰厚的内涵不是简单的节目或者旅游产品可以诠释的，而是需要人们仔细品味、深沉思考。如今大研古城的旅游业显然与此有着鲜明的偏差，出现了文化节目庸俗肤浅、文化产品低质或雷同等

---

[1] 李超、张兵：《"丽江模式"缺陷的探讨》，《昆明理工大学学报》（社会科学版）2010年第10卷第5期，第71—75页。

[2] 王志标、黄大勇：《民族文化资源化陷阱的表现、症结及应对策略——以大研古城和喜洲古镇为例》，《云南民族大学学报》（哲学社会科学版）2019年第36卷第5期，第29—36页。

[3] 王志标、黄大勇：《民族文化资源化陷阱的表现、症结及应对策略——以大研古城和喜洲古镇为例》，《云南民族大学学报》（哲学社会科学版）2019年第36卷第5期，第29—36页。

现象。正是由于游客和经营者对文化内涵的片面解读和展示，古城传统文化日益没落，民族资源受到剥蚀。

五 对策建议

丽江大研古城是扬名海内外的历史文化名城，古城内的民族文化资源是悠久历史的积淀，是我国劳动人民智慧的结晶。然而，如今古城本身及其文化资源正面临着很大的威胁，这是由多种因素共同作用所导致的。因此，要挽救濒临消逝的传统文化，避免文化资源陷阱，应该从以下几个方面着手。

（一）树立正确的开发与保护观念

首先，作为丽江古城的管理者和决策者，政府应该正确认识古城民族文化资源的重要价值，提高文化保护的意识和决心，在开发过程中将古城的文化资源保护工作放在首要位置。在管理方面，政府需要认识到古城民族文化资源的不可再生性，形成保护与开发相辅相成的管理理念。同时，要充分体现社会公平，正确处理政府与群众、当地居民与外来商人、经营者与游客之间的关系。对古城资源的开发利用应以古城优秀传统文化为核心，保留一定的古城原有风貌和居民生活空间，充分展示原汁原味的纳西族生活文化。

其次，经营者应该转变经营理念，避免盲目追求短期利润，将重心放在文化资源的经济价值上，应该注重长期利益和根本利益，注重古城文化的科学价值和教育功能，建立以保护为主导的生产经营理念。

最后，游客应该树立保护民族文化人人有责的观念，对传统文化怀有敬畏之心，为民族文化的保护和传承尽自己的一份努力。

（二）转变政府职能，强化监督管理机制

古城的保护需要一支高效负责的管理队伍。作为古城的保护者和管理者，政府应该将涉及古城保护的相关部门纳入统一的管理体系，明确各级职能，做到权责分明，避免出现职能重复、多头指挥的局面。同时，政府应当采取各种方式和手段展示传统文化内涵，引导原住居民、手工艺者回归古城，最大限度保留古城的传统文化和生产生活方式。另外，监督是政府部门的主要职能之一，其工作应该落到实处。对于古城内经营单位应进行不定期的严格审查，对歪曲、篡改传统文化的行为进行严厉的批评教育，对于不规范经营的商铺下令整改甚至实行强制性退出机制[1]，以保证古城健康的经营环境和民族文化资源的可持续发展。

（三）改善古城内部环境，缓解"空心化"现象

丽江大研古城"空心化"问题十分严重，为了改善这种情况，必须对古城环境进行相应的改变。在保持古城整体风貌不变的情况下改善古城内基础设施，以方便当地居民的生活。一是应拆除影响古城风貌的建筑物，对不符合规定的商铺进行外迁，恢复古城原有的生活形态。二是要对居民的住房进行相应的改造，以吸引原住居民的回归；对于有技艺的手工艺者和民族文化传承人，应该提供必要奖励措施，以挽救和发扬大研古城的传统文化。

（四）提高古城服务管理的水平，注重民族文化内涵

为了大研古城的长远发展，古城在保护和管理工作中有必要强化专家指导作用。可以定期邀请古城保护开发方面的专家进行座谈，并将其优质建议运用到古城建设发展的实际工作中去。同时，需要相应提高旅游服务质量。要建立一支高专业水准的古城管理队伍，强化其对传统民族资源保护知识的学习，并相应提升其管理技能。对于面向游客的古城文化讲解人员，也需配备专业的高素质人才，使其加强与游客的沟通，注重对古城民族文化资源内涵的讲解，引导游客保护古城的传统民族文化资源。[2]

第二节　大理喜洲古镇案例分析

一　文化资源基本情况

大理白族自治州地处云南省中部偏西，是我国唯一的白族自治州。喜洲古镇位于大理白族自治州大理市北部，古称史城、大厘城，距今已经有1000多年的历史。喜洲古镇西枕苍山，东临洱海，是大理白族文化的发祥地之一。喜洲自古以来就是一个历史文化名镇，远在南诏国时期，喜洲

---

[1] 王志标、黄大勇：《民族文化资源化陷阱的表现、症结及应对策略——以大研古城和喜洲古镇为例》，《云南民族大学学报》（哲学社会科学版）2019年第36卷第5期，第29—36页。

[2] 王志标、黄大勇：《民族文化资源化陷阱的表现、症结及应对策略——以大研古城和喜洲古镇为例》，《云南民族大学学报》（哲学社会科学版）2019年第36卷第5期，第29—36页。

就是一个商贾云集的重镇。① 明清时期，这里诞生了著名的喜洲商帮，其商贸文化至今仍广为流传。

喜洲古镇气候温和，自然资源丰富，有着得天独厚的优势，千年的悠久历史积淀了丰厚浓郁的民族文化资源（如表4-4所示），文化产业发展前景广阔。

表4-4　　　　　　　　大理喜洲古镇民族文化资源

有形民族文化资源	建筑设施	传统民居	七尺书楼、杨家大院、尹家大院、董家大院、严家大院等白族民居；格局以"三坊一照壁""四合五天井"为主
		古街	四方街
	传统服饰	白族传统服饰	以白色为尊，白族女子头饰"风花雪月"足穿"绣花鞋"，男子身穿对襟白衬衣，外套黑领褂等
	特色美食		豌豆凉粉、牛舌头粑粑、冻鱼、乳扇、喜洲粑粑、火烧猪、八大碗、饵块、一掌雪、上关粑粑、米糕、饴糖、干拉片、米圈、油香、香豆腐、螺蛳豆腐、油饼、炖黑梅等
无形民族文化资源	民间工艺		建筑、扎染、雕刻、泥塑、刺绣、绘画、剪纸、编织、木器、竹器、金银首饰、白族服装等
	民俗活动	节庆活动	三月节、中秋节、绕三灵、火把节等
		祭祀活动	本主会、爱民皇帝圣诞节、接阿太盛会等
		农事活动	开秧门、搅龙潭、耍火龙、摆龙牌、串谷花哨等
	音乐舞蹈		吹吹腔、大本曲、洞经古乐；歌舞表演有三道茶、白族霸王鞭、舞狮表演等
	宗教信仰		巫师、本主、道教、佛教
	婚嫁习俗		择吉日、拜本主、搭彩棚、迎亲、掐新娘、辣新人、拜天地、宴请宾客、回门等习俗；婚嫁方式有嫁娶婚、入赘婚、不招不嫁婚等
	故事传说		"喜洲商帮""五朵金花"等

资料来源：杨晓《基于SWOT分析的喜洲古镇民俗旅游发展对策研究》，载于《中国市场》2018年第11期；毕丽芳等《大理、丽江民族文化旅游资源开发路径研究》，载于《山西农业大学学报》（社会科学版）2017年第16期；调研资料。

---

① 王志标、黄大勇：《民族文化资源化陷阱的表现、症结及应对策略——以大研古城和喜洲古镇为例》，《云南民族大学学报》（哲学社会科学版）2019年第36卷第5期，第29—36页。

(一) 国家级重点文物保护单位——喜洲白族民居古建筑群

作为重要的白族聚居地，喜洲有着现存最多的典型白族民居建筑，被誉为"白族民居博物馆"。当地白族民居建筑融合了喜洲传统文化和部分中原地区的文化，风格独树一帜，院落、照壁、雕刻等方面都体现着白族人民的建筑艺术。喜洲古镇民居建筑多为两层结构，最为典型的建筑形式是"三房一照壁，四合五天井"的封闭式院落，以严家大院为典型代表。门楼是白族民居最为讲究的部分，主要有"一滴水"和"三滴水"的形式。喜洲古镇的白族民居建筑是中国建筑史上的一大遗产，2001年，喜洲白族民居古建筑群被列为第五批国家级重点文物保护单位。

(二) 独有的宗教信仰——本主崇拜

喜洲古镇的白族居民信奉巫师、本主、道教和佛教，规模最大的是本主崇拜。本主崇拜是白族人民独有的一种宗教信仰，产生于南诏国时期，历史悠久。本主信仰以自然崇拜为基础，并吸取了道教和佛教的一些形式。经过数百年的发展，其本主数量和文化内容也越发丰富。本主崇拜是一种多神崇拜，古镇很多村落都有本主庙，供奉着各自的本主神，并举行盛大的本主祭祀活动，如金圭寺本主会。白族人民的本主崇拜与其历史政治、生产生活、风俗习惯等紧密交织在一起，深深植根于白族人民的思想意识里，形成了独特丰富的本主文化。

(三) 国家级非物质文化遗产——白族扎染

白族人民勤劳能干，在建筑、刺绣、编织等工艺品的制作方面都有很高的技艺水平。最负盛名的白族扎染，古称"绞缬"，起源于南诏国时期，历史悠久，是我国民间古老而独特的染色工艺。扎染一般以纯棉白布为原料，由手工扎结、植物染料反复浸染而成，不会危害人体健康。扎染有100种特色各异的技法，晕色、晕纹丰富多样，所呈现的艺术效果是机械印染远不能及的。扎染不仅是一种古老传统技艺，更是一种独特的文化象征。2006年，白族扎染技艺被列入国家非物质文化遗产名录。

二 文化资源化水平评价

喜洲古镇自然资源丰富、民族风情浓郁，有着得天独厚的优势。2001

年，喜洲古镇被云南省政府列为历史文化名镇和第一批中国传统村落。①近年来，喜洲古镇利用各方面优势发展古镇的文化和经济，民族文化资源化水平逐步提高。

（一）紧抓本地文化优势，突出喜洲民族特色

近年来，喜洲政府坚持政府主导、开发与保护相互促进，形成了独特的古镇发展模式。在喜洲政府和其他各方的共同努力下，喜洲古镇的发展逐步呈现出规模化、规范化和品牌化趋势，发展前景广阔。喜洲古镇依托丰富的民族文化资源，以白族传统民居建筑群和滇西商帮文化为主题发展文化旅游经济，目前古镇文化旅游已经初具规模，取得了一定的成果。例如，在喜洲商帮严子珍故居建立了严家大院博物馆，在严家大院进行白族传统文化和茶文化的展示和茶叶销售；严家民居"侯庐"是在原址上翻新和重建的，可提供白族民居文化引导服务、国家级"非遗"项目——三道茶歌舞表演以及客栈服务、餐饮服务等。②

（二）积极引进商业投资，推动经济文化共同发展

喜洲古镇优越的区位条件、丰富的白族传统文化以及广阔的发展前景也吸引了大量海内外人士的投资，古镇知名度由此不断提升。例如，美国人林登与喜洲镇政府合作经营的喜林苑，是在国家级重点文物杨品相宅改造更新基础上建立的高端文化酒店，成为喜洲文化旅游的一张名片。③2017年11月，大理市与百悦投资集团正式签订了《大理市喜洲古镇（白族）特色小镇项目投资协议》和《高端品牌酒店和国际教育学校项目合作意向书》，将喜洲古镇特色项目和高端品牌酒店、国际教育学校项目相结合，致力于推动古镇文化旅游和教育产业的跨越式发展，以带动居民生活品质的进一步提升，将喜洲古镇打造成为集白族民居建筑、商帮文化和白族风情习俗于一体的全国旅游文化名镇。④

---

① 杨晓：《基于SWOT分析的喜洲古镇民俗旅游发展对策研究》，《中国市场》2018年第11期，第25—26、29页。

② 杨晓：《基于SWOT分析的喜洲古镇民俗旅游发展对策研究》，《中国市场》2018年第11期，第25—26、29页。

③ 杨晓：《基于SWOT分析的喜洲古镇民俗旅游发展对策研究》，《中国市场》2018年第11期，第25—26、29页。

④ 杨晓：《基于SWOT分析的喜洲古镇民俗旅游发展对策研究》，《中国市场》2018年第11期，第25—26、29页。

(三)大力推进改造工程，提升古镇整体风貌

2018年5月，由大理省级旅游度假区牵头开展的喜洲古镇街区风貌提升改造专项工作正式启动，恢复喜洲古镇历史文化街区风貌，将喜洲古镇建设成为风格浓郁的白族民居建筑艺术文化走廊，国内一流文化旅游特色小镇和4A级景区。此次改造以古镇核心区为重点，着力整治一系列与古镇街区风貌不相符的内容，拆除未经批准私搭乱建的违章建筑物、构筑物等，大力提升古镇临街风貌。目前，该改造工程顺利实施，已完成部分街道、路段的改造工作。

为了更为客观地了解和评价喜洲古镇的民族文化资源化水平，本小节从此次调研所收回的有效调查问卷（游客258份，居民22份）中筛选出一些问题，结合民族文化资源的独特性质，从经济效益、社会效益、可持续效益三个方面对喜洲古镇的民族文化资源化水平进行整理和评价。评价结果如表4-5所示。

表4-5　　　　喜洲古镇民族文化资源化水平评价　　　　单位:%

评价内容	一级指标	二级指标	指标说明	比重
民族文化资源化水平	经济效益	企业竞争度	竞争很小	13.95
			竞争一般	36.82
			竞争激烈	49.22
		关联产业	餐饮	4.35
			住宿	0.00
			运输	0.00
			导游	4.35
			小商品	30.43
			其他	60.87
		投资吸引力	投资意愿低	44.96
			投资意愿高	55.04

续表

评价内容	一级指标	二级指标	指标说明		比重
民族文化资源化水平	社会效益	文化传播	文化资源知名度	不了解	34.88
				一般	53.49
				较了解	11.63
			资源转化认可度	不赞同	12.40
				一般	40.70
				较赞同	46.90
		居民受益度		受益较少	50.00
				受益一般	36.36
				受益较多	13.64
		政府作用		作用变小	22.73
				作用不变	45.45
				作用变大	31.82
	可持续效益	旅游接待（最大游客量持续时长）		1个月以下	13.64
				1—3个月	59.09
				半年以上	27.27
		文化环境		失去原真性	47.29
				保持原真性	52.71
		空间环境		游客过多	27.27
				游客不过多	72.73

资料来源：笔者自制。

从表4-5可以看出，在经济效益方面，喜洲古镇民族文化资源化水平企业间"竞争激烈"所占比重高达49.22%；投资吸引力"低"和"高"的各占44.96%和55.04%，差距不大；然而，从关联产业来看，从事其他工作（主要是在外务工）的人员比重为64%，与资源转化相关的产业，如住宿、运输等占比很小甚至为0。这三个方面的数据说明，目前喜洲古镇民族文化资源化带来了一定的经济效益但水平不高。同样，表中数据表明，53.49%的受访者对古镇的民族文化资源的了解处于"一般"的程度，但对古镇资源转化的认同度总体较高；45.45%的受访者认为，在开发古镇后，政府作用无明显变化；50%的受访者认为当地居民收益较少。这表明,喜洲古镇民族文化资源化的社会效益有待提高。从可持续效益来看,有59.09%的受访者认为每年旅游旺季时长为"1—3个月",72.73%的受访者认为旺季游客量并不过多,52.71%的受访者认为古镇民族文化资源转化保持了原真性,这三个数据反映出喜洲古镇民族文化资源化的可持续效益较为良好。

从总体上看,喜洲古镇的民族文化资源化发展态势较为良好,旅游市场前景广阔,这得益于以下几个方面:首先,喜洲古镇不断丰富文化产品,从而有效带动了旅游市场活力,旅游相关产业也随之发展起来;其次,喜洲古镇民族资源转化方式得到社会普遍认可,文化辨识度、知名度因此得到强化。近年来,在政府引导、企业投资和其他各方的共同努力和推动下,喜洲古镇的民族资源化水平正逐步提高,"千年古镇"的名声也愈发响亮。

三 文化资源陷阱表现形式

大理喜洲古镇凭借得天独厚的民族文化资源和浓郁的民族风情使得古镇名扬在外,旅游业的大力发展也在很大程度上带动了古镇及其周边的经济水平。但与此同时,旅游业的开发给古镇的传统民族文化资源带来了一系列的冲击和破坏。具体来说,喜洲古镇的民族文化资源陷阱表现在以下几个方面:

(一)古镇生态环境恶化,声誉受损

随着旅游业的快速发展,日益增加的游客流量给喜洲古镇生态环境带来了一定程度的影响和破坏。尤其旅游旺季时,频繁出入的游客超过了古镇生态环境的承载能力,造成交通堵塞、大小街巷拥挤不堪。古镇街道两旁有很多大小不一的店铺和乱摆乱放的摊位,生活垃圾随处可见,严重污染了古镇的生态环境。此外,一些古老的设施被人为破坏,民居建筑被贴上五花八门的小广告,这些广告大大破坏了古镇的美感,降低了喜洲古镇的美誉度。

(二)传统民居遭到破坏,民族建筑风格逐渐消失

白族传统民居建筑有"白族民居博物馆"的美誉,作为重要白族聚居地,喜洲古镇传统民居建筑群是古镇最为亮眼的名片之一。然而,近年来,不少传统民居建筑被改建,失去了传统风格。在喜洲古镇上,如今许

多居民在自己的地基上拆旧建新，盖起了大大高出古民居的小洋楼，且使用了许多现代化的建筑材料，如瓷砖、铝合金门窗、铁门等，这些建筑甚是刺眼，严重影响了古镇的整体风貌。① 还有一些新建民居虽然模仿了古建筑，但其尺度、样式都与白族传统民居建筑大相径庭，导致古镇失去了独特的传统建筑风格。此外，古街上很多石板路被改造成水泥路，电力、电讯、有线电视等线路杂乱不堪，严重影响了古镇风貌，破坏了喜洲古镇传统文化氛围。

（三）生活条件落后，古城"空心化"严重

由于年代久远，喜洲古镇内基础设施比较落后，很多房屋建筑破旧不堪。在现代科技文化的冲击下，古镇落后的物质条件和居民新的生活愿景之间的矛盾日益突出，旧有的居住环境已经不能满足日益增多的人口和居民现代生活方式的需要。如今在喜洲古镇随处可见的是外来的经商者，临街店铺林立，却几乎没有本地人所经营的。而古镇原住居民大多是老人和小孩，因为劳动能力弱而留在古镇上，年轻人大多选择到外地打工挣钱，还有一些经济条件稍好的家庭选择迁出古城到新城区居住。昔日热闹非凡的喜洲古镇由于经济水平的落后变得冷冷清清，"空心化"现象非常严重。

（四）民族传统弱化，文化产品失去原真性

喜洲古镇民族文化资源丰厚独特，白族传统饮食、手工艺品、传统服饰是其中的亮点，各种传统小吃、手工艺品深受游客喜爱，白族妇女的传统头饰"风花雪月"更是广受欢迎。然而，如今喜洲古镇的很多传统特色小吃已日渐消失，保留至今的只有喜洲粑粑、油饼、饵块等少数几种。扎染、泥塑等传统手工艺由于种种原因后继乏人濒临失传。此外，当地居民对于白族传统服饰的穿戴也越来越少，现在在喜洲古镇已经很难见到白族妇女穿着民族服装在集市上大声说着白语、买卖商品的传统生活场景，在日常生活中只有少数老年妇女身穿传统服饰。在本次实地调研所收回的居民有效问卷中，22 位受访者中有 12 位受访者都已不再穿戴传统服饰，根据调查数据整理得到喜洲古镇传统服饰居民穿戴占比情况，见表 4-6。

---

① 鲍蕊：《喜洲古镇旅游开发的问题与对策》，《绵阳师范学院学报》2009 年第 28 卷第 12 期，第 32—34 页。

表4－6　　　　　喜洲古镇传统服饰居民穿戴占比情况　　　　　单位:%

经常穿	不穿	接待客人时穿	重大活动时穿
13.64	54.55	9.09	22.73

资料来源：笔者自制。

表4－6表明，高达54.55%的居民受访者现在已不再穿戴传统服饰，22.73%的受访者表示仅在重大活动时穿戴传统服饰，9.09%的受访者表示在接待客人时穿戴传统服饰，只有13.64%的受访者经常穿戴传统服饰。[①]

此外，喜洲古镇在旅游文化产品的生产经营上也出现了很多问题，从而严重影响了古镇浓郁的民族氛围。古镇上本地商品所占比重很小，店铺中所售卖的大多是从外地进货的机械化生产的商品。这些文化产品大同小异，质量低下，毫无喜洲传统特色。更严重的是不规范经营行为时有发生，一些无良商家所售卖的商品价格因人而异，引起外来游客的极大反感。在传统文化的表演展示上，大多把传统文化以音乐或舞蹈的形式生硬地展现给游客，忽略了其中深厚的文化内涵。例如，在"三道茶"歌舞表演中，游客只能简单地品茶，却对"三道茶"的来源和深刻寓意一知半解或毫无所知。为了吸引游客，有一些表演节目随意篡改婚嫁恋爱习俗，大大破坏了白族传统民族文化的原真性。

四　文化资源陷阱成因分析

近年来，喜洲古镇传统文化逐渐消亡、文化失真等现象突出，造成这些现象的原因是多方面的，只有厘清民族文化资源陷阱的成因，才能为古镇下一步的工作指明方向，促进喜洲古镇传统文化和经济水平的长远发展。

（一）民族文化资源保护传承意识薄弱

古镇是十分脆弱的资源，具有不可再生性，一旦遭到破坏，就很难恢复。一方面，良好的生态环境是古镇赖以生存的基础。由于部分当地人和外来游客环境保护意识淡薄，导致古镇生态环境逐步恶化，文物建筑也屡遭破坏。另一方面，当地居民没有认识到传统文化资源的重要价值，漠视

[①] 王志标、黄大勇：《民族文化资源化陷阱的表现、症结及应对策略——以大研古城和喜洲古镇为例》，《云南民族大学学报》（哲学社会科学版）2019年第36卷第5期，第29—36页。

了对其的保护和传承,而政府和其他古镇保护机构对此也未能给予重视,引导宣传工作没有做到位,致使一些传统文化逐渐消亡。

(二) 基础设施不健全,难以满足游客需求和居民生活需要

作为一个特色旅游文化小镇,喜洲古镇的民族文化资源丰厚独特,并且得到了适当的开发和利用,但古镇配套的基础设施很不健全,难以满足外来游客的旅游需求和当地人的生活需要。首先,古镇里旅游住宿主要由几家居民大院接待,餐馆大多集中在四方街附近。由于住宿和餐饮规模小、档次低,在很大程度上影响了喜洲古镇的美誉度。其次,古镇内缺乏相关的旅游服务体系,街道上没有明确醒目的路标和景点示意图,这极大地降低了游客的体验感。更为严重的问题是,古镇卫生条件很差,生活垃圾随处可见,公共卫生间极其缺乏,排污系统很不健全,这就严重影响了游客的游览需求和当地居民的生活质量。

(三) 缺少资金支持

喜洲处于滇西北地区,经济水平相对落后。喜洲古镇虽是曾经的商贸重镇,但近年来镇内的传统产业日渐式微,而旅游业还处在比较初级的阶段,主要以观光为主,尚不足以支撑整个镇区的经济,因此古镇内缺少经济活力。当地居民也因为镇区经济水平较低、生活质量低下而逐渐迁出古镇。

古镇的开发建设缺少资金支持也是导致白族传统民居建筑减少的原因之一。在自然和人为的各种因素的共同作用下,部分民居已经老化甚至坍塌。政府对于传统民居的保护和维修所给予的资金支持十分有限,因此多数民居仍然处于自由维护、自改自建的状态。[1] 对比古老传统的房屋建筑和设施,村民更愿意重建宽敞明亮的新楼房,配备高效方便的现代化生活设备而不是对老房子进行修缮[2],原有的居住环境已经不能满足居民对新生活的追求。

(四) 规划管理体系不健全,缺乏有效监管

合理的规划管理对于古镇及其旅游业的发展至关重要。喜洲古镇规划

---

[1] 王志标、黄大勇:《民族文化资源化陷阱的表现、症结及应对策略——以大研古城和喜洲古镇为例》,《云南民族大学学报》(哲学社会科学版) 2019 年第 36 卷第 5 期,第 29—36 页。

[2] 王志标、黄大勇:《民族文化资源化陷阱的表现、症结及应对策略——以大研古城和喜洲古镇为例》,《云南民族大学学报》(哲学社会科学版) 2019 年第 36 卷第 5 期,第 29—36 页。

管理体系不够健全，这一点首先体现在建筑设施上。古镇内一些建筑设施较为混乱，部分街道看起来狭窄拥挤。对于临街的民居建设没有统一规划，有很多现代化的平房和楼房，从而影响了古镇整体风貌。其次，喜洲古镇民俗旅游管理较为松散，缺乏科学的发展机制保障。古镇的民俗旅游开发目前仍以个体经营为主，如经营客栈、餐饮、传统食品加工、传统手工艺制作等①；只有严家民居等少数几家开展三道茶等民俗文化表演，民俗文化表演发展较为缓慢。此外，政府对当地旅游文化产品的经营缺乏有效的监管，不规范行为逐渐滋生甚至扩大，从而影响了古镇声誉。规划管理体系的不健全以及有效监管的缺乏，在很大程度上影响了喜洲古镇民族文化资源的保护、传承和发展。

五 对策建议

（一）加强生态环境保护和民族文化保护意识

良好的生态环境是传统古镇长远发展的基础。首先，要提高经营管理人员和当地居民的环保意识，强化其保护古镇生态环境的责任感。其次，对古镇的环境承载量进行衡量研究，限制每天接待的游客数量。再次，要对古镇的垃圾污染进行统一管理。作为旅游景区，喜洲古镇每天都有大量的游客出入，带来的垃圾不容忽视，对居民的生活垃圾也缺乏统一的处理措施，这给古镇环境造成很大危害。因此，必须对古镇的垃圾污染进行恰当的处理，以保证古镇生态环境的良好发展。

应该把古镇的传统民族文化资源的保护与教育结合起来。不但要大力推广九年义务教育、终身教育的理念，也要结合当地民族文化，多开展符合民族实际的文化教育活动。此类教育活动应将重点放在提高当地居民个人的思想道德素质、民族文化水平上，加强他们对本民族文化的深度了解，使其认识到本民族文化资源的历史价值和科学价值，增强民族自信心和自豪感，从而强化居民对传统文化的保护传承意识。

（二）完善古镇基础设施及旅游配套服务

作为文化旅游景区和古镇原住居民赖以生存的家园，喜洲古镇必须有良好的基础设施和公共服务体系。当地政府应加强学校、医院、公共卫生

---

① 杨晓：《基于SWOT分析的喜洲古镇民俗旅游发展对策研究》，《中国市场》2018年第11期。

间等基础设施建设，完善镇内垃圾处理和排污系统，以方便游客游览和当地居民生活需要。应及时修缮古镇民居，在最大限度还原古镇风貌的同时，允许居民在房屋内适当配备现代化厨卫设备，以提高居民生活质量。在旅游接待方面，健全和完善以吃、住、行、游、购、娱为一体的配套服务和设施，重点提高客栈、特色餐饮等服务档次和水准。无论要进行古镇旅游开发还是民族资源保护，良好的空间环境和完善的基础设施都是必不可少的，因此喜洲古镇应对此加大投入力度。

（三）充分利用民族资源调整产业结构

喜洲古镇要发展经济，首先要调整经济结构。在古镇开发建设的过程中应努力开发项目资源，培育新的经济增长点。在以第一产业为基础发展经济的同时，积极推进加工、旅游、服务等产业的多元化发展，促进产业结构优化升级。其次，要依托古镇的良好的区位通达性、丰厚独特的民族文化资源优势大力发展旅游业，加快民族特色产业建设，以优势产业带动其他产业共同发展。最后，将经济发展与生态建设有机结合起来，贯彻落实科学发展观。要注重农业、加工制造业和服务业的绿色发展，大力发展生态经济，形成可持续的经济发展模式。

（四）合理规划，科学管理

通过科学管理和合理的规划才能有效保护古镇民族文化资源。要对古镇的设施、商业经营、生态环境等方面的具体规划做出严格的规定。[1] 对于传统民居建筑和历史文物的保护和修复，要牢牢把握原真性的原则，严禁在核心保护区出现与古镇传统风貌格格不入的建筑设施。[2] 同时，要注意对规划细节的处理，如应控制古镇街道外部装修、电线电缆的位置和风格，以避免破坏古镇整体美感。

喜洲古镇民族风情浓郁、文化资源丰富，特色小吃、传统服饰、文化表演等深受广大游客喜爱，也为喜洲古镇的发展注入了活力。但目前古镇对于旅游文化商品的经营过于松散，缺乏统一的规划和管理，这在一定程

---

[1] 鲍蕊：《喜洲古镇旅游开发的问题与对策》，《绵阳师范学院学报》2009年第28卷第12期，第32—34页。

[2] 王志标、黄大勇：《民族文化资源化陷阱的表现、症结及应对策略——以大研古城和喜洲古镇为例》，《云南民族大学学报》（哲学社会科学版）2019年第36卷第5期，第29—36页。

度上影响了古镇旅游文化产业的发展。为此，古镇应该积极整合民族资源，对文化产品、文化表演节目的经营进行统筹规划，分类打造古镇民俗文化表演区、传统手工艺展示体验区以及旅游商品的创作、展览、加工和销售区等多元化旅游市场。同时，管理部门要加强对商业经营的监管力度，出台严格的经营法规，坚决杜绝不规范经营行为的发生，维护喜洲古镇良好声誉。

第三节　道真傩城案例分析

道真自治县位于贵州省最北部，北纬28°36′—29°13′，东经107°31′—107°51′，总面积2156平方公里，是黔渝经济走廊的"结合部"，是贵州省融入长江经济带的"桥头堡"，也是黔渝开放合作的前沿阵地。[①] 道真自治县依托得天独厚的自然景观和人文景观，大力发展文化旅游产业[②]，取得了显著的生态、经济和社会成效。其中，中国傩城作为大沙河仡佬文化国际生态旅游度假区对外开放的首期作品，主要以傩戏、三幺台、高台舞狮等特色民俗文化为载体，同时赋予其新的时代特征，以科学的规划和精心的打造，集中展示出了傩文化的精髓。

为了解中国傩城景区文化资源开发过程中的实际情况，调查组采用随机抽样、问卷调查方式，对中国傩城景区的游客和居民进行了调查。鉴于调查日期处于淡季，游客偏少，调查组主要向古镇居民进行了问卷调查。对游客共发出问卷30份，回收问卷25份，回收率83.33%，其中有效问卷22份，有效问卷率88.00%；对古镇居民共发出问卷100份，回收问卷89份，回收率89.00%，其中有效问卷80份，有效问卷率89.89%。参与问卷调查的游客和居民符合预定要求，具有较强的样本代表性和分布的均匀性。[③]

[①] 晴霞、郑官怡、俞梦：《道真仡佬族苗族自治县民族文化与绿色生态融合发展》，《贵州民族报》2018年6月15日第B1版。

[②] 王琴、黄大勇：《贵州民族地区文旅融合发展研究——以黔北道真仡佬族苗族自治县为例》，《贵州商学院学报》2019年第32卷第1期，第14—19页。

[③] 向月波、李建、李娟等：《成都古镇旅游调查分析报告》，《中国商贸》2010年第17期，第140—141页。

一 文化资源基本情况

因民族、历史、地理等诸多因素，道真县境内孕育了诸多丰富独特的仡佬文化资源。[①] 中国傩城景区整体布局契合金、木、水、火、土五行相生之道，融入"福、禄、寿、喜、财"祥瑞元素，打造两大核心主题、三大文化商圈和四大主题广场；同时实现傩戏、三幺台、高台舞狮等特色民俗文化与旅游业的高度融合发展，向游客集中展示仡佬族文化的精髓。

（一）国家非物质文化遗产——傩戏

傩，本源于巫，以沟通天人、驱逐疫鬼、祈表福源为目标，发端于史前，形成于商周，演化于各代。傩戏是傩文化主要的承载体[②]，关于道真傩戏最早的文字记录出现于元成宗大德九年（1305）时期的《冯氏族谱》，在清代傩戏轮廓逐渐成形。在民国新旧思想相互撞击的时期，与诸多民间文化普遍受到攻击、动摇乃至走向衰微不同的是，道真傩戏以其独特的地理位置反而兴盛起来。改革开放以后，国家颁布少数民族保护政策并撤县成立道真仡佬族苗族自治县，此后道真仡佬族苗族自治县开始挽救和保存傩戏。2008年6月，道真仡佬族傩戏成功申请国家级第一批非物质文化遗产。现今，在遗存的各种地方傩戏中，只有道真傩戏拥有可以活动眼睛的傩戏面具，故而有"中国傩戏在贵州，贵州傩戏在道真"的说法，道真也享有"傩戏王国"的美誉。[③]

（二）国家非物质文化遗产——三幺台

三幺台是道真自治县仡佬族专有的一种宴席形式。[④] 在道真仡佬族的方言中，"幺"的意思是"结束"，"台"的意思是"程序"，所以"三幺台"是指整个宴席要经过三道程序，它们分别是茶席、酒席和饭席。据

[①] 道真自治县文体广电新闻出版局：《非遗保护》，http：//www.dzwgj.gov.cn，2012 - 02 - 14。

[②] 王琴、黄大勇：《贵州民族地区文旅融合发展研究——以黔北道真仡佬族苗族自治县为例》，《贵州商学院学报》2019年第32卷第1期，第14—19页。

[③] 重庆作家大沙河采风系列作品（十）：见［EB/OL］. http：//cq.people.com.cn/n，2015 - 10 - 27。

[④] 周菁：《仡佬族食俗"三幺台"价值探讨》，《贵州民族研究》2015年第36卷第5期，第114—117页。

不完全统计，三轮宴席常用的食谱有 60 多种，并且要满足 80 多项严格的礼仪规范。2014 年 12 月，道真"仡佬族三幺台习俗"成功申请为国家级第四批非物质文化遗产。现今，经过传承与发展，道真仡佬族的三幺台食俗文化表现的形式和呈现的内容都已经稳定下来了，在历史与文化、社会与经济方面都具有较高的保护价值、研究价值与开发价值。

（三）省级非物质文化遗产——高台舞狮

高台舞狮是道真仡佬族人民世代传承的一项危险性较高的传统体育活动。[1] 据民间传说，高台舞狮起源于神话故事"目连拜请孙悟空上天救母"。随着岁月的变迁，如今高台舞狮已褪去神话色彩，演变成为道真仡佬族人用来强身健体、娱乐的体育活动。自 1956 年以来，道真高台舞狮传统体育项目多次获得全国、全省民运会的奖项，并多次获邀前往省内外演出，从而扩大了道真高台舞狮的外部影响力。2007 年 5 月，道真仡佬族高台舞狮成功申请为贵州省第二批省级非物质文化遗产。在历史上，仡佬族人民长期生活在受剥削、受压迫的环境中。即便如此，仡佬族人民仍能创造出这样"惊、险、奇、绝、美"的体育娱乐活动，高台舞狮因而体现了仡佬族人民艰苦奋斗、排除万难、争取胜利的拼搏精神。

二 文化资源化水平评价

道真自治县依托得天独厚的自然景观和人文景观，大力发展文化旅游产业，在产业扶贫、招商引资、文化保护等方面取得了显著成效。[2]

（一）文旅融合助推脱贫攻坚

道真自治县是国家新阶段扶贫开发工作重点县，脱贫攻坚任务重、困难多[3]，其大型文旅项目——贵州大沙河仡佬文化国际度假区的脱贫致富带动效应十分显著，仅第一期项目——中国傩城就创造就业岗位约 4000

---

[1] 刘洋波：《仡佬族高台舞狮的文化人类学解析》，《贵州民族研究》2014 年第 35 卷第 4 期，第 59—61 页。

[2] 王琴、黄大勇：《贵州民族地区文旅融合发展研究——以黔北道真仡佬族苗族自治县为例》，《贵州商学院学报》2019 年第 32 卷第 1 期，第 14—19 页。

[3] 王琴、黄大勇：《贵州民族地区文旅融合发展研究——以黔北道真仡佬族苗族自治县为例》，《贵州商学院学报》2019 年第 32 卷第 1 期，第 14—19 页。

个,带动村民在家创业,周围地区新增特色民宿和农家乐 100 多家。预计度假区整体建成后,将新增就业岗位近 4 万个,拉动特色民宿和农家乐逾 1000 家,带动近 5000—7000 个家庭、6 万—7 万人脱贫致富,拉动关联产业投资近千亿元,年营业收入逾百亿元。[1]

(二)文旅产业集群效应渐显

道真自治县以成功打造大型文旅项目——大沙河仡佬文化国际生态旅游度假区为引领,以中华仡佬文化园、洛龙大塘仡佬民族文化村等文旅精品景区作为辅助支撑,着力把散落的"珍珠"串成"项链",从而实现以点连线。当前已打造"农文旅一体化"项目 16 个、"文旅一体化"项目 8 个、特色食品和文化产品品牌 35 个、文化景观带和核心景观点 186 个,初步形成道真文化旅游发展集群。[2] 2019 年,道真自治县接待游客逾 435 万人次,旅游总收入超 42 亿元[3],同比分别增长 45%、40%,其文旅融合激发了"美丽经济"的蝴蝶效应。

(三)文旅产业招商引资加速

近几年,道真县出台了《道真自治县招商引资优惠政策(试行)》等一系列文件,量身定做特惠型政策,不断推动招商引资提质增效。其中,文旅方面成效显著,2015 年引进重庆名豪实业(集团)股份有限公司,该公司投资 300 亿元建设大沙河仡佬文化旅游度假区,该项目是道真县成立以来最大的投资项目。[4] 2017 年引进重庆旅游投资集团投资 35 亿元打造仡佬文化生态旅游综合体项目。[5] 2018 年 5 月,"道真县招商引资推介会暨 2018 中国文旅产业高峰论坛"在中国傩城景区内举行,通过论坛成

---

[1] 周勇:《大旅游撬动大梦想》,http://www.gzzxb.org.cn/doc/detail/d_1299752291401952,2018-12-28。

[2] 徐春燕:《道真自治县:"文旅融合"催生美丽经济》,http://www.ddcpc.cn/2017/zy_1128/114578.html,2017-11-28。

[3] 郑易:《道真:立足资源禀赋 做活旅游经济》,http://gz.people.com.cn/n2/2020/0115/c389149-33719023.html,2020-01-15。

[4] 王琴、黄大勇:《贵州民族地区文旅融合发展研究——以黔北道真仡佬族苗族自治县为例》,《贵州商学院学报》2019 年第 32 卷第 1 期,第 14—19 页。

[5] 王琴、黄大勇:《贵州民族地区文旅融合发展研究——以黔北道真仡佬族苗族自治县为例》,《贵州商学院学报》2019 年第 32 卷第 1 期,第 14—19 页。

功招商引进 7 个项目，签约金额达 30 亿元。[①]

三 文化资源陷阱表现形式

因民族、历史、地理等诸多因素，道真县境内蕴藏着诸多的民间文化资源。[②] 以挖掘神韵仡佬族文化为核心的中国傩城景区，自打造以来，在助推农户脱贫增收、文旅集群效应、文旅招商引资质效提升、加强文化保护与传承等方面取得了初步成效。调研组为进一步探究中国傩城文化旅游资源转化利用水平，结合游客视角与居民视角，从经济层面、社会层面、可持续发展层面等三个维度设置相关问卷选项，并整理出问卷调查结果统计表（见表4-7）。调研结果表明，相较于明显的地域文化资源优势，文化资源优势向文化旅游优势的转化率不高，存在文化旅游特色不明显、竞争力不强的现象。

表4-7　　　　　道真傩城民族文化资源化水平评价　　　　　单位:%

目标层	一级指标	二级指标	指标说明	比重
民族文化资源化水平	经济效益	企业竞争度	竞争很小	33.33
			竞争一般	50.00
			竞争激烈	16.67
		关联产业	餐饮	7.32
			住宿	2.44
			运输	7.32
			导游	2.44
			小商品	7.32
			其他	82.93
		投资吸引力	投资意愿低	66.67
			投资意愿高	33.33

---

① 遵义市旅游发展委员会：《2018中国文旅产业高峰论坛在中国傩城召开》，http://lfw.zunyi.gov.cn，2018-05-29。

② 王琴、黄大勇：《贵州民族地区文旅融合发展研究——以黔北道真仡佬族苗族自治县为例》，《贵州商学院学报》2019年第32卷第1期，第14—19页。

续表

目标层	一级指标	二级指标	指标说明		比重
民族文化资源化水平	社会效益	文化传播	文化资源知名度	不了解	16.67
				一般	83.33
				较了解	0.00
			资源转化认可度	不赞同	16.67
				一般	50.00
				较赞同	33.33
		居民受益度	受益较少		43.90
			受益一般		36.59
			受益较多		21.95
		政府作用	作用变小		19.51
			作用不变		63.41
			作用变大		17.07
	可持续效益	旅游接待（最大游客量持续时长）	1个月以下		29.27
			1—3个月		21.95
			半年以上		29.27
		文化环境	失去原真性		75.61
			保持原真性		24.39
		空间环境	游客过多		39.02
			游客不过多		60.98

资料来源：笔者自制。

由表4-7可知，从经济效益层面来说，企业间"竞争激烈"所占比重仅占16.67%；从事其他工作（主要是在外务工）的人员比重为82.93%，而与资源转化相关的产业，如餐饮、住宿、小商品等仅占很小比重；投资吸引力指标中"投资意愿低"占比达67.67%。以上数据表明，中国傩城的旅游开发尚处于初级阶段，对当地经济发展的带动力不强。从社会效益层面来说，受访者对古寨民族文化资源基本上都不了解；受访者对古寨民族文化资源转化方式的认同度偏低，较为认同的仅占33.33%；43.90%的受访者认为自己在产业开发过程中获得的收益较少；63.41%的受访者认为政府的作用没有变化。这四个方面数据表明，在对当地文化资源进行转化的过程中，没有充分考虑到当地居民的意见，且深厚的历史文化底蕴不为人所知，网络营销渠道有待加强。在可持续效益层面，51.22%的受访者认为每年旅游旺季时长为"1个月以下"和"1—3个月"，75.61%的受访者认为古镇民族文化资源转化失去了原真性，60.98%的受访者认为旺季游客量并不过多。由此可见，中国傩城民族文化资源化的可持续效益较低，这可能是由于中国傩城开放的时间较短，相应地对外产生的影响不明显。

四 文化资源陷阱成因分析

（一）管理体制相对分散且低效

道真自治县文化旅游的管理部门涉及旅游局与文体局，两个部门的职能涉及面广泛且侧重点不同。旅游局侧重于从旅游视角对民族文化资源进行开发，但不关注是否充分体现民族文化内涵；而文体局侧重于从文化视角进行文化建设，不关注文化建设是否充分发挥旅游带动功能。因此，在工作中两者往往各司其职、各自为政，难以对文化资源进行统一挖掘、整理和开发。例如，道真自治县文化馆等文化单位归隶文体局，缺少与市场接轨的有效机制，融入旅游的积极性不高。[1]

（二）非物质文化遗产面临着失传风险

道真自治县非物质文化遗产是当地社会历史的沉淀物。随着外在文化因素的渗透，县内非物质文化遗产持续受到冲击，原有的文化差异在缩小，使得非物质文化遗产面临失传风险。例如，道真自治县仡佬族的哭嫁歌文化与包办婚姻紧密联系，但在婚恋自由的时代下，哭嫁歌文化失去了它赖以维系的土壤，如今在县内婚嫁环节中很少出现。[2] 傩文化的传承组织——傩班，在鼎盛时期有100多个，在傩班就业的有上千人，但由于收入保障偏低，如今傩班零散地分布在县内各地，仅剩下50余个。

---

[1] 王琴、黄大勇：《贵州民族地区文旅融合发展研究——以黔北道真仡佬族苗族自治县为例》，《贵州商学院学报》2019年第32卷第1期，第14—19页。

[2] 王琴、黄大勇：《贵州民族地区文旅融合发展研究——以黔北道真仡佬族苗族自治县为例》，《贵州商学院学报》2019年第32卷第1期，第14—19页。

(三) 文化旅游产品的精品不突出

尽管道真自治县拥有深厚的文化底蕴和丰富的文化资源，但是开发的文旅产品整体上仍处于浅层观光阶段，尚未形成集旅游观光、避暑养生、会展商务及文化体验于一体的文旅精品。例如，在中国傩城景区内，绝大多数商店售卖的都不是当地的特色产品，而是市面上常常能看见的一些产品，如火锅、烧烤、干锅、奶茶等，因此，中国傩城对文旅融合发展的定位较为低级。[①] 与此同时，邻县务川仡佬文化之源景区已经被评为国家4A级旅游景区，其发挥的吸引力与影响力也会对县内打造的文旅景区产生一定程度的遮盖效应。

(四) 旅游基础设施建设相对滞后

在交通方面，虽然道真自治县在大力推进交通基础设施建设，但是以中国傩城为代表的文旅景区大部分处于"深山老林"之中，交通闭塞，旅游可进入性较差，且公路沿线旅游标识标牌体系不健全。在住宿接待方面，旅馆、民宿等基本上是由当地村民的住宅简单改建而成的，住宿接待能力较弱，因此绝大部分游客会选择在白天前往中国傩城景区游玩，在晚上又返回县城休息。在游客服务中心方面，中国傩城景区内的游客服务中心功能不健全，旅游服务质量低，不能达到游客的期望。

五 对策建议

文旅产业正在逐步成为道真自治县经济发展新引擎。因此，需针对其文旅融合发展过程中存在的突出问题，提出针对性强、务实可操作的措施。

(一) 破除管理体制壁垒

破除体制壁垒和管理围墙，积极推进道真自治县文旅管理体制一体化进程。一方面，要整合文旅管理机制。在旅游发展实践中，旅游与文化的重合度越来越高，两部门的工作联系越来越紧密。因此，应整合文化管理部门与旅游管理部门的职能作用，克服文化资源开发当中易出现的多头管理、权责不清等问题，形成统一领导、部门联合的协调推进机制，合力推

[①] 王琴、黄大勇：《贵州民族地区文旅融合发展研究——以黔北道真仡佬族苗族自治县为例》，《贵州商学院学报》2019年第32卷第1期，第14—19页。

进文旅深度融合发展。另一方面，要健全文旅规划体系，结合道真旅游经济发展的新阶段、新要求，编制"道真自治县文旅融合发展总体规划"，建设一批符合自身实际、符合长远发展目标的优质项目，避免项目同质化竞争，开发管理好各类资源，采取先自下而上报资源、提意向，再自上而下抓统筹、促协同的方式，健全文旅规划体系，从而形成重点带动、各具特色、差异发展的文旅发展格局。

（二）共享文化旅游发展红利

要打破文旅企业单打独享局面，进一步带动村民参与文化旅游发展，使村民共享文化旅游发展红利。一方面，要增强村民主人翁意识，支持引导县内文旅企业由单打独享向带动周围村民共建共享转变，不断提升村民的获得感、幸福感和安全感，并引导村民把自己作为文旅融合发展的一分子。由此，让村民真正树立起主人翁的意识，提升整体旅游意识和文明素质。另一方面，进一步推动文旅扶贫。文旅扶贫是落实民族地区精准扶贫的一项重要举措，道真自治县要以扶贫重点村为主战场，加大力度整合文化旅游资源，积极推行"公司＋专业社＋农户"等旅游扶贫新模式，力争做到开发一个景点、富裕一方百姓，把道真自治县建设成为贵州省文化旅游扶贫示范区，甚至全国文化旅游扶贫示范区。

（三）强化文化创意设计

把文化创意融入旅游业是必然的发展趋势，也是旅游业创造经济价值的重要手段。一方面，要用创意挖掘文旅资源。对县内濒临消失的文化资源应加大抢救力度，对正在开发的文化资源应进行更深层次的探索和创造性整合。在此基础上，要运用创意促进文化资源的可视化展现、可互动性呈现。比如，对于徘徊于消失边缘的哭嫁歌，可对原真性的哭嫁场面进行实景录制，毕竟，现场的意境是纸版歌词难以体现的。[1] 另一方面，要用创意设计文旅产品。县内文化资源丰富独特、种类繁多，可运用一定的创意手法和表现手段来设计文旅产品。以名人"尹珍"为例，可以设定尹珍文化主题，以东汉为时代背景，以仰道慕真、溯源追真、行道践真、大道归真为线索，融入儒学文化和相关历史人物，运用仿生机器人、缩微动

---

[1] 王琴、黄大勇：《贵州民族地区文旅融合发展研究——以黔北道真仡佬族苗族自治县为例》，《贵州商学院学报》2019年第32卷第1期，第14—19页。

态景观、新型演艺、幻影成像等创意手段满足不同文旅消费群体的现实需求。①

（四）加大旅游宣传促销力度

在区域旅游竞争愈益激烈的背景下，一系列具有凝聚性和导向性的营销方式就显得不可或缺。一方面，要加强与新闻媒体的有效合作。应积极与电视台展开合作，比如，在贵州电视台海内外频道黄金时段定期播放道真自治县旅游形象宣传片；应把握文化旅游消费动态，在《重庆日报》《贵州日报》开辟旅游专版、专题、专栏，介绍道真县旅游路线、景区以及文旅资源等动态。此外，县内旅游官方自媒体，如微博、微信公众号等要及时更新道真文旅信息。②另一方面，要积极举行异地推介会，组织县内文旅企业前往贵阳、重庆、成都等周边城市开展"道真文化旅游推介会"；努力加强道真与贵阳、重庆、成都等重要客源地旅行社的交流与合作，并建立长期、全面、务实、有效的战略合作关系；要充分利用这些城市的知名文旅集团的市场营销渠道和分销渠道，大力宣传和推广道真文旅产品，不断扩大道真文化旅游影响力。

（五）着力推进基础设施建设

旅游是一种感官体验活动，旅游基础设施和旅游公共服务都会直接影响游客感官认知度。一方面，要完善景区基础设施建设。应严格按照国家5A级旅游景区评定标准，完善中国傩城景区内的基础设施建设。要完善景区内的垃圾桶、灯光、观景台和观光步道等设施，并加强景区绿化、景观打造工作，不断完善景区功能；要根据不同的文化类型，设立丰富、灵活、美观的中英文双语解读标识，让游客能够更好地领略景区的文化内涵。③另一方面，要加大力度推进交通基础设施建设。应重点抓好景区内道路环线、景区与景区之间的公路以及各景区与高速、干线之间的道路建设，提高景区的可进入性，从而降低旅游交通成本；应规范旅游交通标示

---

① 王琴、黄大勇：《贵州民族地区文旅融合发展研究——以黔北道真仡佬族苗族自治县为例》，《贵州商学院学报》2019年第32卷第1期，第14—19页。
② 王琴、黄大勇：《贵州民族地区文旅融合发展研究——以黔北道真仡佬族苗族自治县为例》，《贵州商学院学报》2019年第32卷第1期，第14—19页。
③ 王琴、黄大勇：《贵州民族地区文旅融合发展研究——以黔北道真仡佬族苗族自治县为例》，《贵州商学院学报》2019年第32卷第1期，第14—19页。

牌的设置，以高速公路、国道和省道为重点，设立视觉效果鲜明和引导作用有效的交通旅游标识系统。①

第四节 安顺旧州古镇案例分析

近年来，古城镇旅游已成为我国具有发展前景的文化旅游。② 古镇旅游从最初只追求自然观光游、文化观光游逐渐转向深度游、休闲度假游，并追求旅游产品的真实性与差异化。在古镇文化旅游资源开发进程中，将文化旅游产业作为支柱产业对带动古镇的经济发展起到了非常重要的推动作用，但同时对古镇的文化旅游资源也带来了一定程度的负面影响。西南地区历史文化名镇众多，其中，贵州因悠久的历史文化和特殊的地理、地貌及气候特点而孕育的古镇富有魅力。安顺旧州是中国历史文化名镇、全国文明村镇、全国美丽宜居小镇、国家4A级旅游景区、全国新型城镇化综合试点镇、贵州省绿色低碳示范镇，称得上是贵州省古镇旅游开发的一个典型案例。因此，本节以安顺旧州古镇为例，对其文化资源开发过程中的成效和问题进行系统探索，并提出相应对策建议。这不仅有利于协调好文化资源保护与开发的关系，而且有利于为古镇旅游提供科学的发展模式并形成良好的示范效应，从而推动少数民族地区文旅融合可持续发展。

为了解文化资源开发过程中的实际情况，调查组采用随机抽样的调查方法，对安顺旧州古镇的游客和居民分别进行问卷调查。对游客共发出问卷100份，回收问卷80份，回收率80%，其中有效问卷63份，有效问卷率78.75%；对古镇居民共发出问卷67份，回收问卷52份，回收率77.61%，其中有效问卷50份，有效问卷率96.15%。参与问卷调查的游客与居民符合预定要求，具有较强的样本代表性和分布的均匀性。

---

① 王琴、黄大勇：《贵州民族地区文旅融合发展研究——以黔北道真仡佬族苗族自治县为例》，《贵州商学院学报》2019年第32卷第1期，第14—19页。

② 廖成林、王渝：《供应链协调：我国古城镇旅游供给侧改革的新视角》，《经济体制改革》2017年第2期，第43—49页。

一 文化资源基本情况

旧州古镇始建于元朝至正十一年（1351），素有"米粮仓""小江南"之美誉。西距安顺市区 37 公里，东北距平坝区 30 公里，东距省城贵阳 60 公里、东南距黔南自治州长顺县 40 公里，南距紫云自治县 70 公里，北距毕节市织金县 70 公里。① 全镇总面积 116 平方公里，总人口 4.4 万人，少数民族人口占 38.1%，平均海拔 1356 米，全年空气质量优良率为 100%。

旧州古镇生态环境优美、文化资源丰富，其中以屯堡文化表现最为突出。旧州古镇的屯堡文化是在特定时代背景下产生与发展起来的。② 14 世纪中叶，明太祖朱元璋为剿灭元朝残余势力，发动了史称"太祖平镇"的战争，1382 年任命傅友德为主帅，率兵 30 万出师征讨据守于云南、不肯臣服的元朝残部。③ 平息叛乱后，朱元璋认识到给养是"太祖平镇"战争取胜的一个重要环节，于是效法汉武帝的屯田制度，将驻军中的部分将士就地安家，令他们保持三分耕种七分操备，以耕养兵自给自足，这就是"屯堡"产生的根源。随着历史的推移，将士们及其家眷成为旧州所独有的特征。一方面，他们的传承保留了江南一带独特的文化内涵；另一方面，"屯兵制"以耕养兵的生产生活方式在这片地域长期存在。两者的融合使他们在建筑设计、服装设计等方面呈现出与本地不同的独有特征，经常被误认为是少数民族。经过六百多年的历史变迁，在这片神奇而古老的土地上，明代"调北征南、调北填南"的"屯堡人"仍保持"大明遗风"，原始的地戏演绎着久远的历史，大量文化遗存彰显出古镇厚重的历史文化底蕴。安顺旧州屯堡古镇文化资源如表 4-8 所示。

---

① "安顺旧州古镇简介"．http://www.xixiu.gov.cn，2018-05-16。
② 阮仪三、杨开：《遗珠拾粹——贵州安顺旧州古镇》，《城市规划》2009 年第 3 期，第 101—102 页。
③ 杨开：《贵州安顺市旧州古镇的特色分析与历史保护》，《中国城市规划学会：和谐城市规划——2007 中国城市规划年会论文集》，中国城市规划学会，2007 年，第 9 页。

表 4-8　　　　　　　　　旧州屯堡古镇文化资源

有形民族文化资源	建筑设施	民居建筑	土司庄园、谷氏旧居、曾氏老宅、鲁氏老宅、周之冕老宅、孙家大院、饶家大院、金家大院
		会馆建筑	万寿宫、清元宫
		寺庙教堂	城隍庙、施天主教堂、玉皇阁、五显庙、北极观、关岳庙、三元阁
		遗址遗迹	甲洞、猫猫洞、象鼻洞、古城墙、护城河、土司衙门、钟鼓楼
	传统服饰	屯堡银饰、屯堡绣花鞋	
	特色美食	麦芽糖、旧州辣子鸡、油炸小茨菇、清明粑	
无形民族文化资源	民间工艺	纺织、地戏脸子雕刻、挑花、刺绣、苗族芦笙、唢呐、弩射制作、布依族蜡染、苗族蜡染	
	民俗活动	传统节日与礼仪	迎神赛会、清明节
		现代节庆	花海面具节
	音乐舞蹈	地戏、花灯、山歌、说唱佛事	

资料来源：根据调研资料和赵世钊《旧州屯堡古镇文化体验旅游发展的路径》（刊于《贵州民族研究》2017 年第 5 期）整理。

二　文化资源化水平评价

作为一座拥有 600 年历史的古镇，旧州古镇自 2013 年以来依托厚重的历史文化资源坚持"保护与开发并重"原则，确保了古镇旅游的健康可持续性发展。

（一）对古镇中心保护区坚持修旧如旧打造

由于旧州古镇内拥有古寺、四合院、古驿道等大量文化古建遗存，早在 2003 年就被列入《旧州古城保护开发详规》。自 2012 年 9 月，以"贵州省 5 个 100 示范小城镇现场会"为契机，启动了旧州历史文化遗产保护项目，对古镇中心保护区坚持修旧如旧打造，先后对钟鼓楼、清元宫、万寿宫、城隍庙、周之冕老宅、孙家大院、饶家大院、金家大院等著名景点进行翻新修复加固。同时，对甲洞、猫猫洞、象鼻洞、古城墙、护城河、土司衙门、钟鼓楼等遗址遗迹进行了生态修复。这些"修复"举措的有效实施，进一步提升了古镇整体形象。

(二) 加强对传统文化的保护与传播

为彰显历史文化古镇文脉魅力，提炼和丰富旧州古镇文化元素，聘请省内著名作家编写出版了《旧州品旧——100个旅游小城镇读本》《旧州品旧——慢下来好好看》《安顺旧州》等书籍，并在此基础上，发掘整理普里文化、屯堡文化、饮食文化、建筑文化、民族文化等地方特色文化，全面提升古镇文化内涵。在文化传播方面，开通了旧州镇文化旅游官方自媒体，如微博、微信公众号等，以便更新文化旅游相关信息；结合微信、微博、手机App等自媒体，通过大众媒体的宣传造势圈定目标受众（游客），实现落地的目的。

(三) 多措并举夯实旅游基础设施建设

自2016年以来，旧州古镇借力安顺大屯堡旅游圈战略，多措并举夯实旅游基础设施建设。在景区内部，严格对照5A级景区的标准，在老街片区棚户区改造项目完成的基础上，建设一批绿道、慢行系统，提升景区水系、绿地、灯光等景观品质。在环境治理上，镇区大街小巷覆盖着300多个深绿色的垃圾桶，14个村居统一划线摆放着200多个垃圾拖斗，收运量约为每天30吨。[①] 在景区外部，双、旧黄公路贯穿镇区，花安大道、安紫高速穿境而过，连接贵安大道的屯堡大道直通安顺，并由黔中路连接赤望高速，旧州镇屯堡大道至安顺市区十分便利，对外交通道路等级均在二级以上。通过夯实景区内外旅游基础设施建设，能够让游客进得来、住得下、留得住，享受在古镇旧州的休闲时光。

(四) 文旅产业发展潜力和发展空间较大

近年来，旧州古镇获得了诸多国家级荣誉。2008年被评为中国第四批历史文化名镇；2012年被评为国家级绿色低碳重点小城镇；2016年被认定为第一批中国特色小镇；2017年被认定为第四批全国美丽宜居小镇；2018年被评为国家4A级旅游景区。这些荣誉为古镇的文旅产业发展增加了"砝码"，游客数量和旅游收入逐年攀升。[②] 鉴于2015年上半年才逐渐

[①] 吴学思：《旧州古镇：旅游产业 蒸蒸日上》，https://www.sohu.com/a/253779945_157031，2018-09-13。

[②] 吴学思：《旧州古镇：旅游产业 蒸蒸日上》，https://www.sohu.com/a/253779945_157031，2018-09-13。

对外开放，故选择 2015 年、2016 年"十一"黄金周旅游接待情况进行统计分析，统计结果如表 4-9 所示。由表 4-9 可知，虽然旧州古镇 2016 年接待游客人次同比增长 19.1%，较同期安顺市总增长水平低 21.6%，但是，19.1% 的增长表明了旧州文化旅游发展增速快，具有较大的发展潜力和发展空间。

表 4-9　　2015—2016 年"十一"黄金周安顺旧州旅游情况统计

	区域	安顺	旧州
2015 年	游客数量（万人次）	348.60	25.60
	增长率（%）	27.50	9.45
	旅游收入（亿元）	23.32	0.73
	增长率（%）	36.64	11.35
2016 年	游客数量（万人次）	490.50	30.50
	增长率（%）	40.70	19.10
	旅游收入（亿元）	32.89	1.05
	增长率（%）	41.04	44.70

资料来源：安顺市旅游局统计资料。

三　文化资源陷阱表现形式

经过调研了解到，旧州古镇景区的游客以安顺市、贵阳市的居民居多，他们中的绝大多数在参观古镇之后感到失望。[1] 为进一步了解文化资源开发过程中的实际情况，调研组结合游客视角与居民视角，从经济层面、社会层面、可持续发展层面等三个维度设置相关问卷选项，并整理出问卷调查结果统计表（见表 4-10）。结果表明，旧州古镇文旅产业在开发过程中，存在产品开发比较单一、旅游接待能力受限、旅游服务意识比较淡薄等问题。

---

[1] 安顺市人民政府：《安顺旧州古镇：旅游产业　蒸蒸日上》，http://www.anshun.gov.cn/，2018-09-13。

表 4-10　　安顺旧州古镇民族文化资源转化调查　　单位:%

目标层	一级指标	二级指标	指标说明		比重
民族文化资源化水平	经济效益	企业竞争度	竞争很小		26.98
			竞争一般		52.38
			竞争激烈		20.63
		关联产业	餐饮		6.00
			住宿		2.00
			运输		6.00
			导游		0.00
			小商品		6.00
			其他		80.00
		投资吸引力	投资意愿低		61.90
			投资意愿高		38.10
	社会效益	文化传播	文化资源知名度	不了解	39.68
				一般	52.38
				较了解	7.94
			资源转化认可度	不赞同	42.86
				一般	53.97
				较赞同	3.17
		居民受益度	受益较少		36.00
			受益一般		28.00
			受益较多		36.00
		政府作用	作用变小		6.00
			作用不变		26.00
			作用变大		68.00
	可持续效益	旅游接待（最大游客量持续时长）	1 个月以下		24.00
			1—3 个月		48.00
			半年以上		28.00
		文化环境	失去原真性		40.00
			保持原真性		60.00
		空间环境	游客过多		56.00
			游客不过多		44.00

资料来源：笔者自制。

由表4-10可知，从经济效益层面来说，企业间"竞争很小"所占比重仅占26.98%；从事其他工作（主要是在外务工）的人员比重为80.00%，而与资源转化相关的产业，如餐饮、住宿、小商品等比重为14.00%；投资吸引力指标中"投资意愿低"占比高达61.90%。以上数据表明，古镇缺乏外来投资和群众参与，没有很好地带动当地经济发展。从社会效益层面来说，受访者对古寨民族文化资源的了解偏低，较为了解的仅占7.94%；受访者对古寨民族文化资源转化方式的认同度也偏低，较为赞同的仅占3.17%；36%的受访者认为自己在产业开发过程中获得的收益较少；68%的受访者认为政府的作用变大了。这四个方面数据表明，古镇的文化产品不成熟、文化品牌不突出，对外的知名度比较低。在可持续效益层面，72.00%的受访者认为每年旅游旺季时长为"1个月以下""1—3个月"，60.00%的受访者认为古镇民族文化资源转化保持了原真性，44.00%的受访者认为旺季游客量并不过多。因此，古寨民族文化资源化的可持续效益较高，这主要是因为古镇严格按照"修旧如旧、建新如故"的原则进行保护性整治，较好地保持了古风古韵。

四　文化资源陷阱成因分析

（一）挖掘本地文化内涵不够深入，导致文旅产品类型比较单一

文旅产品是文旅产业发展的核心基础。但是，由于旧州古镇对本地文化内涵挖掘不够深入，在开发的过程中与当地特色的结合度比较单薄。比如，古镇景区主要以古街道观光、古民居观光、遗址遗迹观光等旅游观光产品为主，而以军帐宴、妇女服饰展、抬城隍菩萨游街等旅游体验产品为辅。因此，游客缺少与古镇之间的互动体验，难以感受到这座古镇厚重的历史文化，使得自身体验较为单调和乏味，游客体验缺乏独特性与趣味性。长此以往，必然使得当地旅游产品的吸引力与传播力下降，游客重游率也会越来越低。

（二）旅游接待服务设施薄弱，导致旅游接待能力有限

古镇景区旅游基础设施建设相对落后，尤其在餐饮服务、住宿接待等方面表现出的旅游接待能力低。在餐饮服务方面，为旅客提供餐饮服务的餐馆大多由当地居民利用自家的房屋添置餐饮设施设备改造而成，餐馆经营的菜品均大同小异，以当地特色辣子鸡、甜饭、油炸小茨菇、血豆腐为

主，缺乏多样性经营，而且部分环境卫生脏乱差、食品安全卫生不达标。在住宿接待方面，为旅客提供住宿服务的以民宿为主，大型民宿客栈较少，且多由当地居民现有房屋改建而成；民宿总床位数不到 100 张，且普遍较小；家庭旅馆档次普遍较低，特色不突出，服务不规范。尤其在旅游旺季或节假日，因古镇景点游客数量过多，经常会出现市场需求高于旅游接待能力的情况。

（三）景区管理缺乏规范性，导致旅游服务意识比较淡薄

作为国家 4A 级旅游景区，旧州古镇理应进行规范化管理。[1] 但是古镇的旅游服务与管理相当落后，可以用"脏、乱、差"来形容。一是在古镇街道随处可见摆摊设点、店外销售等经营活动，这些活动有碍古镇容貌和环境卫生。二是汽车、摩托车、电动车在古镇随意穿梭，并随时可能发出马达声和喇叭声，容易影响游客在古街漫步、远离城市喧嚣、享受一方宁静的心情。三是古镇景区没有配专职讲解员，阻碍了游客对古镇历史文化和古镇故事的进一步了解，进而导致游客对古镇的认识仅停留在观光层面。四是难以见到统一服装的景区工作人员。在旅游旺季或节假日游客大量涌入的情况下，如果没有工作人员引发疏散，易造成人为拥堵，降低游客满意度。以上问题的存在源于古镇管理疏漏、未能采取有效的规范性管理、古镇旅游服务意识比较淡薄。

五 对策建议

旧州古镇历史文化悠久，孕育的文化旅游资源独具特色，具有较好开发价值。为促进当地文化旅游产业的发展，在短期内要克服开发过程中较为明显的问题，长远要结合旅游市场对文旅产品的需求发展变化趋势发展体验旅游，让古镇文化旅游产业走得更远。

（一）以"生活在旧州"为旅游体验主题

发展体验旅游的前提是选准切入点并提炼出体验旅游主题。对于旧州古镇来说，可提炼出"旧州镇里的慢时光"体验旅游主题，并紧紧围绕主题开发文旅产品，从广度和深度这两个方面同时进行。"旧州镇里的慢

---

[1] 赵世钊：《旧州屯堡古镇文化体验旅游发展的路径》，《贵州民族研究》2017 年第 38 卷第 5 期，第 182—186 页。

时光"这一体验旅游主题主要来源于三个方面的思考。一是独特的屯堡文化。旧州古镇不仅山清水秀，还是一个典型的屯堡村落。屯堡人的祖先是明朝"调北征南"扫除元朝残余势力之后驻守于此地的屯军。经过世世代代的传承与演变，独特的屯堡文化（屯堡建筑、地戏等）在特定的地域空间上经不断积淀和融合而形成。二是旅游是人们一种短暂的生活方式和生存状态。随着现代生活节奏不断加快、生活压力加大，人们在旅游时已经不满足于游山玩水，更多的是想通过旅游丰富自己的生活，选择一种与往常不同的生活方式，去体验异样的生存状态。三是感悟文化所蕴含的人文精神。旅游也是一种分享体验目的地文化遗产和体验当地居民生活理念与生活态度的方式。在旧州古镇，有着众多的文化遗产，比如遗址遗迹、屯堡建筑景观等，如果不经过深入的生活体验，就难以分辨它们之间的差异。

（二）构建体验旅游产品体系思路

"旧州镇里的慢时光"这一旅游体验主题的内涵就是要让游客进得来、住得下、留得住，享受在古镇旧州的休闲时光。其中，体验旅游产品是吸引游客留下来的制胜法宝。构建体验旅游产品体系要融入当地文化旅游资源特色、游客的现实需求与潜在需求以及旅游体验空间。具体可从四个方面着手，构建体验旅游产品体系：一是发展农旅融合体验旅游产品，可依托古镇秀美的田园风光、深厚的农耕文化，促进农业开发与旅游发展的融合、农耕文化与智慧乡村的结合，开发一系列农旅融合体验旅游产品。二是发展休闲度假体验旅游产品，可在旧州古镇开发登山远足、森林养生、野外露营、垂钓、划船、骑马或骑自行车漫游屯堡古驿道、观赏屯堡建筑、欣赏民风民俗、享受屯堡特色饮食等一系列休闲度假体验旅游产品。三是发展屯堡民俗文化体验旅游。民俗文化体验旅游的意义与价值在于体验文化情调，并尊重、理解民俗文化，将其充分融入民俗活动当中。可围绕古镇"屯堡文化现象"的内在特质，进行"旧州镇里的慢时光"文化主题营造，让游客走进当地生活。四是构建时空节事活动体验。旧州古镇节庆节事活动相对较多，主要表现为各种节庆活动和特殊事件。在开发节事活动旅游体验时，应加强宏观调控和指导，使节事活动时空分布和类型合理化。[1]

(三) 构建引导体验的路径

旅游景区标识有助于旅游者在旅游景区完成旅游体验过程，增加旅游者对景区的了解。因此，在构建好体验旅游产品体系的基础上，旧州古镇要重视引导游客参与体验。可从四个方面进行：一是健全完善古镇旅游景区的标志系统。旧州古镇的街巷异常狭小，建筑异常密集，身处其中犹如走进迷宫一般。因此，完善旅游标识系统能够有效实现游客游览、休憩、求知、审美等需要，使游客得到高质量的旅游体验。二是增强当地居民对于游客的亲和力。[2] 作为当地的东道主，居民表现出的热情好客会带给外来游客强烈的亲切感和归属感。因此，居民看到游客时要主动打招呼问好，邀请游客到家里歇脚、喝茶、聊天，并愿意津津有味地给游客讲述"屯堡人家"的故事。[3] 三是提升旅游从业者的综合服务素质，为游客提供高质量的服务。应提高古镇旅游从业人员的职业礼仪形象，让所有的人员仪表端庄、精神饱满、举止得体、微笑服务。[4] 四是推动智慧旅游信息服务体系建设。在古镇里建设智慧旅游信息系统，使游客通过智慧旅游信息系统可快速方便地获得古镇景区游览示意图，获得相关旅游产品信息和服务信息。[5]

第五节　黄平县旧州古镇案例分析

一　文化资源基本情况

黄平县旧州古镇位于贵州省黔东南自治州黄平县西北部，是一个多民

---

[1] 赵世钊：《旧州屯堡古镇文化体验旅游发展的路径》，《贵州民族研究》2017 年第 38 卷第 5 期，第 182—186 页。

[2] 赵世钊：《旧州屯堡古镇文化体验旅游发展的路径》，《贵州民族研究》2017 年第 38 卷第 5 期，第 182—186 页。

[3] 赵世钊：《旧州屯堡古镇文化体验旅游发展的路径》，《贵州民族研究》2017 年第 38 卷第 5 期，第 182—186 页。

[4] 卿莉：《甘孜州创建国家全域旅游示范区，"三选举措"提升旅游服务人员综合素养，让游客来甘孜如归家般舒心》，http：//gz.newssc.org/system/20180926/002517275.html，2018 - 09 - 26。

[5] 赵世钊：《旧州屯堡古镇文化体验旅游发展的路径》，《贵州民族研究》2017 年第 38 卷第 5 期，第 182—186 页。

族聚居地，古镇现有5.2万余人，其中苗族等少数民族约占62%。旧州古镇历史悠久，可追溯到春秋战国时期，旧州是当时且兰古国的都邑。从汉至明清，历代王朝相继在此建立郡、州、府、卫等治所，中华人民共和国成立后设为旧州镇。旧州镇由于地处水陆交汇点，历代以来商贸繁忙，一直是黔东南的商贸重镇。①

悠久的历史文化造就了黄平旧州古镇丰富的民族文化资源（如表4-11所示），古镇集建筑、生态、宗教文化等为一体，素有金盆（万亩良田大坝）、银碗（集旅游、发电、灌溉为一体的舞阳湖）、玉带（舞阳河源头一带）、明珠（明清建筑特色古镇）之称。②

表4-11　　　　　　　　黄平旧州古镇民族文化资源

有形民族文化资源	建筑设施	民居建筑	卢氏宅院、朱氏宅院、杨氏宅院、罗氏宅院等
		会馆建筑	万寿宫、天后宫、仁寿宫、禹王宫、江南阁、川主庙、文昌宫等
		寺庙教堂	宝相寺、宝珠寺、福智观、太平寺、黑神庙、轩辕庙、玉皇阁、观音阁、广长庵、归元庵、天主教堂等
		街巷古桥	北门街、西大街、十字街、马镫街、木匠街、郭家巷、马家巷、刘家巷、褚家巷、财神巷、中全巷、福众桥、平播桥等
		历史遗迹	铜鼓山、十万营、古城垣等
		旧州机场	第二次世界大战时期西南地区的中心机场，"飞虎队"曾驻扎于此
	传统服饰	苗族传统服饰	苗族衣服、帽子、配饰；
	特色美食		旧州鸡辣子、甜饭、山药、旧州醇香牛肉干、旧州豆腐干、酸汤鱼、鸡稀饭、腌菜、螺丝鱼等

---

① 周坚：《新旧文化碰撞下的小城镇外部空间设计研究——以贵州黄平旧州镇为例》，《昆明理工大学学报》（社会科学版）2009年第9卷第12期，第108—112页。

② 廖朝圣：《且兰古国　旧州新韵》，《当代贵州》2014年第14期，第15页。

续表

无形民族文化资源	民间工艺	黄平泥哨	由旧州古镇苗族老艺人吴国清始创，形式多样、朴实美观，旧州古镇因此有"泥哨艺术之乡"的美誉
		现代民间绘画	典型作品有唐文敏的《鸡满圈、蛋满筐》《龙年欢》《月亮饭》等
		其他工艺	挑花、刺绣、蜡染、编织、陶器、瓷器、雕刻等
	民俗活动	传统节庆	端午节、龙船节、正月灯彩、打闹草等
		庙会	文庙庙会、城隍庙会、五显庙会、二郎庙会、鼓台山庙会等
	名人事迹	史可法：南明兵部尚书，著《鼓台山赋》	
		石赞清：视死如归，独赴夷营怒斥英军统帅	
		勃沙特：为红军提供和翻译法文地图并参加红军长征，著《神灵之手》	
		郭沫若生母	
	故事传说	且兰古国	

资料来源：笔者整理。

（一）全国重点文物保护单位——黄平旧州古建筑群

建筑文化是黄平旧州古镇文化的精髓所在。现在的黄平旧州古镇始建于明代，在千户所的基础上发展成为一个古商业城镇，镇上特色民居、商业会馆、教堂庙宇数量众多，在仅1.4平方公里的城区内，就有"九宫、八庙、三阁、四堂"。如今旧州古镇建筑保存最为完好的是古色古香的西大街，临街的民居建筑融合了湘、粤、赣等地建筑风格，多为一楼一底砖木结构建筑，装修典雅、雕刻精美，封火墙印子屋极具旧州特色。其中，位于西下街的朱氏居宅，建造设计独具特色、保存完好，被载入《中国传统民居大全》。黄平旧州古镇曾是商贸重镇，镇上商贾云集，来自各地财力雄厚的客商都以家乡风格建立会馆，如江西会馆万寿宫、福建会馆天后宫、临江会馆仁寿宫、两湖会馆禹王宫等，通过会馆团结同乡，以控制某一行业，会馆之间又相互竞争。[①] 此外，还有集欧式建筑风格和贵州民间建筑风格于一体的天主教堂，建于明代、造型独特的福众桥和平播桥，以及各古驿道、古街巷等共同构成了旧州古镇的古建筑群。2006年，黄

---

① 史继忠：《黄平旧州古建筑群》，《当代贵州》2007年第11期，第51页。

平旧州古镇古建筑群被评为"全国重点文物保护单位"。

（二）中美联盟反法西斯的历史见证——旧州机场

旧州机场是抗日战争时期的中国重要军用机场之一，1941年由美国出资、中国出人建成，供同盟军使用，是西南地区的中心机场。抗日战争时期，由陈纳德将军领导的美国"飞虎队"第十四航空大队驻扎于此，无数战机从旧州机场起飞抗击日寇，为抗日战争的胜利立下赫赫战功，是中国与美国盟军联合抗击日本法西斯的历史见证。2015年，当地政府与飞虎雄鹰（北京）通用航空有限公司签订合作开发协议，在旧州机场原址上投资10亿元将其打造成飞行小镇，并成功举办了飞行大会。

（三）"泥哨艺术之乡"的美誉源泉——黄平泥哨

黄平泥哨又名"泥叫叫"，由苗族老人吴清国在传统泥俑、陶俑的基础上创新发展而来。黄平泥哨以旧州当地的优质黄泥作为原料，经过搓捏、煅烧、上色等工序纯手工制作完成，形式涵盖飞鸟走兽、蝶虫蛙鱼等，其中以十二生肖为题材的泥哨最负盛名。黄平泥哨发展至今已有七十多年的历史，品种多达100余种，其样式美观、特色鲜明，具有极高的收藏价值。每年有大量的黄平泥哨销往省内外并多次出国展出，黄平旧州古镇因此享有"泥哨艺术之乡"的美誉。

二 文化资源化水平评价

贵州黄平旧州古镇民族文化资源丰富多样，正处于资源开发利用的初级阶段。近年来，当地政府采取了一系列措施发展古镇旅游经济，提高旧州古镇民族文化资源化水平。2011年，黄平县首次提出了"一县两城"的战略构想，即在经营黄平新州的同时提升旧州古镇的地位和作用。黄平旧州古镇的开发打造正式被纳入议事日程。2015年，黄平县争取到了黔东南第四届旅游产业发展大会的举办权，当地政府借此契机投入巨资对旧州古镇进行了全方位的提升和打造。

（一）以本民族独占资源为重心，着力打造文化品牌

当地政府根据旧州古镇的文化资源禀赋，对旧州古镇进行了一系列的打造。首先，旧州古镇借助古且兰国的历史底蕴打造了且兰广场，广场由民族文化展览馆、牌坊、南城门等设施组成，目前是黔东南最大的广场，并在此举办了黔东南第四届旅游产业发展大会的开幕式，为弘扬且兰文化

打下坚实的基础。其次,以旧州机场的抗战历史为背景,借助红色文化的优势,在旧州机场原址上建设飞行小镇,大大提升了旧州古镇的品位,弘扬了旧州古镇的抗战文化,也为古镇旅游增加了一个全新的项目。此外,旧州古镇东城门、且兰王宫酒店、舞阳河滨江景观带、旧州精品一条街的打造充分依托了旧州的文化资源优势,以彰显古镇独特的民族文化魅力。

(二)依托自然资源优势,形成农旅文一体化发展模式

农旅文一体化发展是旧州古镇对民族文化资源化的另一重大举措。旧州当地政府利用旧州古镇的生态与人文资源优势,建立了五洋生态农业观光园,相继开发了农业观光、休闲、QQ农场体验、田园风光赏析等旅游项目,并举办猜字谜、且兰文化知识抢答等活动,让游客在体验生态旅游的同时感受古镇传统文化。五洋生态农业观光园的建立大大促进了古镇旅游业的发展和民族文化的弘扬。农旅文一体化逐渐成为旧州古镇的新亮点。

(三)改进宣传营销策略,打造古镇旅游综合体

2018年7月10日,黄平旧州古镇且兰王国景区正式签约移交专业团队——贵州旅投景区管理有限公司管理运营,并开展一系列营销活动。8月10日,为期16天的"2018黔东南州首届国际灯海狂欢夜"活动正式开幕;8月12日,"且兰古国水上乐园"活动在旧州古镇盛大开园。一系列活动吸引了大量游客前来,取得了短期的"轰动效应"。2018年国庆长假期间,《武林风》全国海选争霸赛——"决战黄平"在旧州古镇的且兰广场举行,大赛精彩纷呈,有力推动了旧州古镇的旅游。据统计,10月1日至7日,旧州古镇共接待游客17.8万人次,实现旅游综合收入1.2亿元。①

为了更为客观地了解和评价黄平县旧州古镇的民族文化资源化水平,从此次调研所收回的有效调查问卷(游客12份,居民34份)中筛选出一些问题,结合民族文化资源的独特性质,从经济效益、社会效益、可持续效益三个方面对黄平旧州古镇的民族文化资源化水平进行整理和评价。评价结果如表4-12所示。

---

① 赵军、罗茜:《国庆长假迎客17.8万人 黄平旧州古镇火了一把》,http://gz.sina.com.cn/news/2018-10-10/detail-ifxeuwws2667206.shtml,2018-10-10。

表 4-12　　　　黄平旧州古镇民族文化资源化水平评价　　　　单位:%

评价内容	一级指标	二级指标	指标说明		比重
民族文化资源化水平	经济效益	企业竞争度	竞争很小		8.33
			竞争一般		75.00
			竞争激烈		16.67
		关联产业	餐饮		8.11
			住宿		2.70
			运输		2.70
			导游		2.70
			小商品		2.70
			其他		81.08
		投资吸引力	投资意愿低		50.00
			投资意愿高		50.00
	社会效益	文化传播	文化资源知名度	不了解	8.33
				一般	66.67
				较了解	25.00
			资源转化认可度	不赞同	8.33
				一般	41.67
				较赞同	50.00
		居民受益度	受益较少		52.94
			受益一般		23.53
			受益较多		23.53
		政府作用	作用变小		14.71
			作用不变		26.47
			作用变大		58.82
	可持续效益	旅游接待（最大游客量持续时长）	1个月以下		14.71
			1—3个月		55.88
			半年以上		29.41
		文化环境	失去原真性		58.33
			保持原真性		41.67
		空间环境	游客过多		41.18
			游客不过多		58.82

资料来源：笔者自制。

从表4-12可以看出，在经济效益方面，企业间"竞争一般"所占比重高达75.00%；关联产业中，从事其他工作（主要是在外务工）的人员比重为81.08%，而与资源转化相关的产业，如餐饮、住宿、小商品等仅占很小比重；投资意愿高的和低的各占50.00%。这三方面数据说明，目前黄平旧州古镇民族文化资源化尚未带来足够明显的经济效益。表中数据表明，58.82%的受访者认为，古镇开发后政府作用有所增强，但人们对古镇的民族文化资源及其转化方式的了解度和认同度都不高，当地居民收益较少，民族文化资源化的社会效益总体不高。从可持续效益来看，有55.88%的受访者认为每年旅游旺季时长为"1—3个月"，58.82%的受访者认为旺季游客量并不过多，58.33%的受访者认为古镇民族文化资源转化失去了原真性，这三个数据反映出黄平旧州古镇民族文化资源化的可持续效益有一定的提升空间。

从总体来看，黄平旧州古镇民族文化资源的开发尚处于初级阶段。古镇民族文化资源化水平不高主要有以下几方面的原因：首先，对于旧州特色古镇的打造主要是政府出资、政府主导，缺乏外来投资和群众参与，没有很好地带动当地经济发展；其次，文化产品不成熟、文化品牌不突出，使得黄平旧州古镇的知名度在短期内难以提高，除旅游旺季外游客数量稀少。但值得肯定的是，古镇人文资源丰富，有很大的发展潜力，近年来黄平县对于旧州古镇的打造也非常注重原真性，遵循"修旧如旧"的原则进行，保持旧州古镇的古风古韵，这是一个良好的开端。现在的黄平旧州古镇，正依托丰富优质的民族文化资源，借助交通优势，大力发展历史文化、民族文化、红色文化、农耕文化为一体的全域旅游，逐渐形成民族风情浓郁、旅游经济发展的新格局。

三 文化资源陷阱表现形式

黄平旧州古镇如今正处于民族文化资源化的初级阶段，虽势头良好，但在旅游开发的过程中也出现种种问题，文化资源陷阱十分突出，主要表现在以下几个方面：

（一）部分古建筑遭到破坏，失去文化原真性

独具特色的建筑文化是旧州古镇文化的精华所在，古老的民居建筑展示着古镇丰厚的历史人文底蕴。然而，近几十年来，由于各种原因，旧州

古镇的房屋建筑发生了很大的变化，不少传统民居建筑被拆除或者重建，重建后的房屋风格与古镇的传统建筑大不相同，以致破坏了古镇原汁原味的建筑文化。再加上商业开发的影响，如今在旧州古镇的街道上经常会看到处于拆建中的房屋，由于没有科学的规划和保护措施，古建筑受到了一定程度的破坏。虽然政府部门出台了相关的政策法规，但是，在商业化的影响下，一些建设项目仍存在忽视环境和人性化的问题。[①] 在本次实地调研所收回的居民问卷中，34位受访者中有28位都认为本地特色建筑和民族发生了相应变化，根据调查数据整理占比情况见表4-13。

表4-13　　　黄平旧州古镇特色建筑和民居各变化占比情况　　　单位：%

无变化	改造包装	仿建	创新设计
17.65	41.18	23.53	17.65

资料来源：笔者自制。

从表4-13中数据可以看出，黄平旧州古镇的特色建筑和民居发生了很大变化，变化源于改造包装、仿建、创新设计等，其中改造包装所占比例最高。无论哪种形式的变化，都在一定程度上破坏了古镇的传统民居建筑，使旧州古镇的建筑文化丢失了一部分原真性。

（二）文化产品质量低，核心品牌不突出

黄平旧州古镇历史悠久，有着古老的且兰文化，又曾是黔东南地区的商贸重镇，再加上近代红色抗战文化，使得旧州古镇的历史文化底蕴越发浓厚。然而，由于古镇资源开发起步较晚，当地政府在规划管理方面多有不合理之处，尚未探索出有利于古镇长期发展的开发策略。旧州古镇可开发利用的民族文化资源很多，但目前却没有形成成熟的旅游文化产品。目前古镇旅游市场上工艺品、纪念品、小商品等大多是模仿其他景区或从外地批量进货，毫无黄平旧州古镇地方特色，且做工粗糙、质量低下。此外，古镇旅游文化市场在文化核心品牌的定位、塑造、提升和保护等方面的工作很不成熟，因此旧州古镇的知名度的扩大受到限制，外界对古镇丰

---

① 孟祥雨：《新常态下绿色小城镇人居环境探析——以贵州省旧州古镇为例》，《城市管理与科技》2016年第18卷第5期，第41—43页。

厚的文化资源还处于不了解的状态。

（三）基础设施和旅游配套服务不健全，古镇美誉度低

要跟上现代社会发展，传统古镇就必须加强基础设施建设；要搞旅游开发，传统古镇就必须强化配套服务。黄平政府通过投入巨资打造了如今的旧州古镇，但旅游配套设施不足，管理和服务也严重滞后。在古城中放眼望去，只能看到高大的房屋建筑，缺乏发展旅游经济所必需的游、购、娱等设施，因此难以很好地展现出古镇特色，也导致外来游客对旧州古镇的美誉度较低。除了旅游旺季，黄平旧州古镇经常出现"万人空巷"的尴尬景象，从而影响了古镇经济发展。

（四）文化保护意识欠缺，传统文化濒临消逝

在对旧州古镇开发打造的过程中，黄平当地政府将重心放在古镇建筑的修复和改建上，却忽略了对古镇的文化及其资源的保护和传承。比如，在复建之前，当地居民为增加收入曾将旧州机场挖成鱼塘养鱼，在机场复建后部分居民认为，除了举办飞行大会，机场毫无用处，反而减少了当地居民的收入。这充分说明当地居民对旧州古镇的红色文化缺乏深度了解，文化保护意识十分淡薄。此外，由于缺少对当地居民的发动和引导，且当地旅游经济目前并未很好地发展起来，部分民间活动、传统手工艺出现了后继乏人、濒临消失的局面。

四 文化资源陷阱成因分析

（一）新文化的冲击和商业开发的影响

如今黄平旧州古镇的部分民居建筑与传统建筑风格有着很大不同，在视觉上难免造成突兀之感。新文化的冲击是造成古镇建筑变化的原因之一。"文化大革命"期间，很多传统的思想文化被当作"四旧"遭到遗弃和铲除，而作为传统文化的物质载体的外部空间和古建筑自然也遭到了一定的破坏，很多传统建筑被拆除、改建或者征用。① 经过改革开放，新思想文化涌入旧州古镇。对于现代化的片面理解和文化保护认知的缺乏，使得古镇在建筑形式上盲目地向大城市看齐。宽阔的马路和现代主义的建筑

---

① 周坚：《新旧文化碰撞下的小城镇外部空间设计研究——以贵州黄平旧州镇为例》，《昆明理工大学学报》（社会科学版）2009年第9卷第12期，第108—112页。

风格被当作经济进步的象征，白瓷砖贴面的楼房被看作致富的标志。在这种浪潮的冲击下，旧州古镇的外部环境又发生了新一轮的变化[①]，不少古街道被改换成水泥路，传统民居建筑被拆除，换以现代化的样式和材料。近年来，受到商业开发的影响，旧州古镇传统文化资源尤其古建筑没有得到很好的保护，古镇原有风貌受损，部分传统文化逐渐消失。

（二）文化资源开发深度不够

目前，旧州古镇的文化资源开发水平还处于比较初级的阶段，各方面都很不完善。古镇的旅游开发停留在观光水平上，没有打造出完整的旅游服务体系。对于一些民族文化资源的转化利用只是停留在表层，旅游文化产品缺乏地方特色，与其他旅游地区所售卖的旅游纪念品大同小异，节目表演没有彰显出文化内涵，难以给游客留下深刻印象。黄平旧州古镇底蕴丰厚，有着独一无二的且兰文化和旧州机场抗战历史，但这两方面的优势并没有被很好地发挥出来。虽然古镇修建了且兰广场和飞行小镇，但缺少相关文化产品和活动的推动，所以黄平旧州古镇文化品牌形象不突出，只能"名噪一时"，难以长久地吸引游客和投资者，也影响了自身知名度的提升。

（三）政府规划管理不协调

当地政府对旧州古镇的开发和打造缺乏科学的指导和合理的规划管理。首先，虽然当地政府斥巨资开发古镇，但对资金的运用不尽合理，将重心放在了古镇建筑的重修改造上，却没有加强基础设施和旅游配套服务的建设；其次，黄平旧州古镇在开发和建设中没有加强对传统民族文化资源的利用和发展，没有很好地整合资源，忽视了民间活动、传统手工艺的保护和传承，使得古镇的传统文化氛围大打折扣；最后，没有加大对品牌文化的投入力度，没有打好"且兰古国"和"旧州机场"这两张历史名片，对文化内涵的挖掘深度不够。

（四）文化建设缺乏民众参与

在传统文化资源的开发和保护上，由于各方利益的纠葛，旧州古镇当地居民的参与度严重不足。与此相关的宣传和引导不到位，很多当地居民

---

① 周坚：《新旧文化碰撞下的小城镇外部空间设计研究——以贵州黄平旧州镇为例》，《昆明理工大学学报》（社会科学版）2009年第9卷第12期，第108—112页。

认为，古镇的开发建设是政府的职责，所以将自己置身事外；认为民族文化的保护是经济发展的负担，不愿意配合古镇的保护开发工作，在一定程度上影响了古镇民族文化资源化的进程。当地居民是传统文化最重要的载体，是传统文化、手工艺得以传承和发展的关键所在，如果缺乏当地居民的参与和配合，对古镇的资源开发和文化建设就难以很好地进行下去。

五 对策建议

（一）重视传统文化资源保护

传统文化是历史的积淀，宝贵的民族文化资源是旧州古镇持续发展的活力源泉。随着社会的快速发展，传统文化受到新文化和市场经济的严重冲击，古镇传统建筑遭到一定程度破坏，民间活动、手工艺等其他民族传统文化也面临着后继无人、几近消失的窘境。保护古镇是发展古镇的基础，在开发初期就要制定科学有效的保护和发展规划，完善保护和监管机制，避免大拆大建"掠夺式"开发，严格控制违规建设行为，合理保留古镇的原有风貌。同时，政府应该加强对民族传统文化和资源保护的宣传，让当地居民和外来游客充分认识到传统活动、手工艺的文化价值、经济价值和科学价值，从而强化他们对保护古镇的自觉意识。

（二）加大旅游文化资源的开发和利用，突出特色品牌

从黄平旧州古镇目前状况来看，应当将加强旅游文化资源的开发和文化产品的打造放在古镇开发工作的重要位置上。第一，在合理把握原真性的基础上，进行文化产品和文化节目的设计和开发，避免传统文化受到商业旅游的过度冲击和破坏。第二，要根据游客的不同层次的需求特点，开发出游览观光、度假休闲、参与体验、学术教育等多种类型的文化旅游产品。第三，开发黄平旧州古镇特色文化产品，力求与其他旅游地的旅游产品区别开来。着力打造古镇文化品牌，如且兰古国文化和旧州机场。第四，充分挖掘古镇文化内涵，并合理地将其体现在文化产品和文化表演节目中，注重旅游文化产品的质量，避免肤浅化和符号化。同时，要注重旅游文化产品的档次和规模，加大宣传力度，改善促销模式，提升古镇传统文化及产品的影响力。

（三）合理规划管理，完善基础设施建设

对于传统古镇的保护和开发应优先进行科学规划，黄平旧州古镇的

建设应充分考虑原住居民的需求和旅游开发的需要。首先，在古镇的整体规划上应该加强专业指导。科学合理的规划可以减少失误，避免因决策失误导致的重拆重建、资源浪费、生态破坏，在保护传统文化的同时可以节约建设成本。其次，充分考虑当地居民的生活需要。加强基础设施的建设和完善，以适应现代社会发展的需要，提高当地居民的生活质量。再次，完善旅游配套设施和服务。黄平旧州古镇的旅游开发尚处于初级阶段，可以借鉴其他古镇或古城旅游开发的成功经验，提高旅游设施和服务的水准。

（四）鼓励引导当地群众积极参与文化资源的开发和保护

保护和传承民族文化必须要有当地居民的积极参与。在旧州古镇文化资源的开发和保护工作中，应该充分鼓励和保证当地群众的参与度。对于古镇传统民族文化资源的保护，当地政府应该加强宣传、教育和引导。可以举办相关民族文化活动或教育讲座，增强当地居民对民族文化的理解和对传统文化价值的充分认知，增强居民对民族文化的认同感、自豪感、责任感和民族凝聚力，促使其自觉维护古镇民族文化资源[1]，实现对传统文化的传承。对于古镇的建设开发工作，首先，要尊重古镇当地居民的传统生活方式和文化习俗，关注居民的愿望和实际需求，耐心听取群众意见和建议，优先建设开发群众最需要的项目。其次，要保证当地居民充分参与到古城建设的规划、管理和经营等各项工作中，使其自身能力得到发挥和发展。最后，要建立一套合理的成本利益分配机制，并使其公开化、透明化，使居民在参与过程中得到公平合理的利润分配。[2]

本章小结

本章采用案例分析法对文化资源陷阱展开具体分析。分析的逻辑是：首先分析民族文化资源基本情况，然后定性评价民族文化资源化水平，再

---

[1] 王志标、黄大勇：《民族文化资源化陷阱的表现、症结及应对策略——以大研古城和喜洲古镇为例》，《云南民族大学学报》（哲学社会科学版）2019年第36卷第5期，第29—36页。

[2] 王志标、黄大勇：《民族文化资源化陷阱的表现、症结及应对策略——以大研古城和喜洲古镇为例》，《云南民族大学学报》（哲学社会科学版）2019年第36卷第5期，第29—36页。

讨论民族文化资源陷阱的表现形式，最后分析造成民族文化资源陷阱的成因。选取案例包括丽江大研古城、大理喜洲古镇、道真中国傩城、安顺旧州古镇、黄平旧州古镇。

从丽江大研古城来看，其文化资源包括：木府等建筑古迹，古街、古桥，纳西族传统服饰，丽江粑粑等特色美食，热巴鼓等古城特产，以东巴文和丽江壁画为代表的古文字画，民间工艺，纳西古乐等音乐舞蹈，宗教信仰，婚嫁习俗，占卜文化。其民族文化资源化水平体现在：坚持"文化立市"战略，以文化促发展；重视优秀民族文化，恢复古城原有风貌；全面改造升级，创建国际特色城镇。其民族文化资源陷阱表现形式是：景区开发过度，游客数量超负荷；古城"空心化"严重，文化失去原真性；传统文化过度商业化，丧失文化内涵；旅游文化产品质量低，同质化现象突出。造成民族文化资源陷阱的成因是：民政府职能的缺陷、旅游业的过度开发、缺乏专家指导、对文化内涵的片面解读。在此基础上，提出了树立正确的开发与保护观念，转变政府职能，强化监督管理机制，改善古城内部环境，缓解"空心化"现象，提高古城服务管理的水平，注重民族文化内涵等政策建议。

从大理喜洲古镇来看，其文化旅游资源包括：七尺书楼等传统民居，四方街等古街，白族传统服饰，牛舌头粑粑等特色美食，扎染等民间工艺，绕三灵、吹吹腔等民俗活动，本主等宗教信仰，婚嫁习俗，"喜洲商帮"等故事传说。其民族文化资源化水平体现在：紧抓本地文化优势，突出喜洲民族特色；积极引进商业投资，推动经济文化共同发展；大力推进改造工程，提升古镇整体风貌。其民族文化资源陷阱的表现形式为：古镇生态环境恶化，声誉受损；传统民居遭到破坏，民族建筑风格逐渐消失；生活条件落后，古城"空心化"严重；民族传统弱化，文化产品失去原真性。造成民族文化资源陷阱的成因是：民族文化资源保护传承意识薄弱；基础设施不健全，难以满足游客需求和居民生活需要；缺少资金支持；规划管理体系不健全，缺乏有效监管。在此基础上，提出了加强生态环境保护和民族文化保护意识、完善古镇基础设施及旅游配套服务、充分利用民族资源调整产业结构、合理规划、科学管理等政策建议。

从道真中国傩城来看，其文化旅游资源包括：傩戏、三幺台、高台舞狮。其民族文化资源化水平体现在：文旅融合助推脱贫攻坚、文旅产业集群效应渐显、文旅产业招商引资加速。其民族文化资源陷阱表现形式为：文化资源优势向文化旅游优势的转化率不高、文化旅游特色不明显、竞争力不强。在此基础上，提出了破除管理体制壁垒、共享文化旅游发展红利、强化文化创意设计、加大旅游宣传促销力度、着力推进基础设施建设等政策建议。

从安顺旧州古镇来看，其文化旅游资源包括：土司庄园等民居建筑，会馆、寺庙、教堂、遗址遗迹，屯堡银饰等传统服饰，旧州辣子鸡等特色美食，地戏脸子雕刻等民间工艺，迎神赛会等民俗，地戏等音乐舞蹈。其民族文化资源化水平体现在：对古镇中心保护区坚持修旧如旧、加强对传统文化的保护与传播、多措并举夯实旅游基础设施建设、文旅产业发展潜力和发展空间较大等方面。其民族文化资源陷阱表现在：产品开发比较单一、旅游接待能力受限、旅游服务意识比较淡薄等方面。造成安顺旧州古镇民族文化资源陷阱的原因是：挖掘本地文化内涵不够深入，导致文旅产品类型比较单一；旅游接待服务设施薄弱，导致旅游接待能力有限；景区管理缺乏规范性，导致旅游服务意识比较淡薄。在此基础上，提出了以"生活在旧州"为旅游体验主题、构建体验旅游产品体系思路、构建引导体验的路径等政策建议。

从黄平旧州古镇来看，其文化旅游资源包括传统：民居、会馆、寺庙、教堂、街巷、古桥、历史遗迹，旧州机场，苗族传统服饰，旧州鸡辣子等特色美食，黄平泥哨等民间工艺，民俗、名人事迹、故事传说等。其民族文化资源化水平体现为：以本民族独占资源为重心，着力打造文化品牌；依托自然资源优势，形成农旅文一体化发展模式；改进宣传营销策略，打造古镇旅游综合体。其民族文化资源陷阱表现形式为：部分古建筑遭到破坏，失去文化原真性；文化产品质量低，核心品牌不突出；基础设施和旅游配套服务不健全，古镇美誉度低；文化保护意识欠缺，传统民族文化濒临消逝。造成黄平旧州古镇民族文化资源陷阱的成因是：新文化的冲击和商业开发的影响、文化资源开发深度不够、政府规划管理不协调、文化建设缺乏民众参与。在此基础上，提出了重视传统文化资源保护，加大旅游文化资源的开发和利用，突出特色品牌，合理规划管理，完善基础设施建设，鼓励引导当地群众积极参与文化资源的开发和保护等政策建议。

第五章

西南地区文化资源陷阱的预警体系

第一节 文化资源陷阱预警体系构建

一 预警体系目标

民族文化资源陷阱预警体系是指,在民族文化资源受到冲击之前提前发出紧急信号,告知旅游目的地危险情况,以便于旅游目的地可以及时采取应对性措施,防患于未然。因此,构建预警体系应具有一定的针对性和保护性,其优势在于可以提前向利益相关方发出预警通知,以便利益相关方能够针对警情及时处理。[①]

在对民族文化资源陷阱预警体系的研究中,首先要确定的问题是预警体系应达到怎样的目标?在整个预警体系的研究中,预警体系的目标决定了预警思路、方法、指标选择、基本框架的构建等。[②] 根据近年来我国民族文化资源的管理现状和相关产业成功的预警模型,结合西南地区民族文化资源陷阱的具体表现,将预警体系的目标分为以下几个方面:

(一)加强民族地区景区综合治理能力,提高旅游质量

加强民族地区景区综合治理能力、提高旅游质量是预警体系的最基础目标。从狭义的角度看,旅游质量指的是旅游从业人员为游客提供的服务质量;从广义的角度看,旅游服务质量还包含旅游企业提供的有形设备、

---

① 张玉敏、吴婷:《鼓浪屿世界文化遗产监测预警体系建设与实践》,《中国文化遗产》2018年第1期,第51—56页。

② 中国银监会银行风险早期预警综合系统课题组:《单体银行风险预警体系的构建》,《金融研究》2009年第3期,第39—53页。

设立的具体设施、实物产品及无形劳动服务的质量。[①] 近年来，在旅游业的发展过程中，服务质量已经成为增加旅游竞争力、吸引力的重要因素，旅游服务质量在加快旅游业提档升级的过程中具有重要作用。该体系通过游客对景区服务、住宿服务、交通服务、饮食服务方面的态度指标反映民族地区旅游质量；通过景点门票价格、交通、住宿、饮食、手工艺品、纪念品的价格判断民族地区景区综合治理能力。

（二）深度挖掘民族地区文化资源的内涵，强塑景区优质品牌

对民族地区文化资源的内涵深度挖掘、强塑景区优质品牌是预警体系的关键目标。国家旅游局政策法规司司长魏小安曾说过：旅游市场第一层次的竞争，也是最普遍、最低层次的竞争，是价格竞争，第二层次的竞争是质量竞争，最高级别的竞争是文化竞争。[②] 由此可见，丰富文化内涵可以更好地促进旅游业的发展。在一次抽样调查中旅游研究专家曾证实，在外国游客的眼中，中国的旅游吸引物中民族文化资源占 70%，山水风光的吸引力仅占 30%，所以，追求文化内容和文化含量已经成为中外游客的共同行为。[③] 另外，在知识经济时代，人们更加重视自身的阅历和修养。所以，在旅游过程中，游客已经不再仅仅满足于自然造型的欣赏，而是更加注重在这个过程中获得的大量知识和灵感。民族文化资源的内涵越丰富，人们获取其信息的欲望就越强烈，从而会吸引更多的游客，会有利于旅游业的发展。由此可见，知识经济时代赋予旅游业更高的文化使命。因此，我们需要加强对民族文化资源内涵的挖掘，打造特色景点。该体系通过居民在民族文化资源转化过程中的受益情况、作息时间的变化指标来透视文化资源的价值及其影响，以便能够在研究基础上深度挖掘文化资源内涵，强化景区优质品牌。

（三）最大限度地保护民族文化资源的完整性和真实性

最大限度地保护民族文化资源的完整性和真实性是预警体系的核心目

---

① 万芝伶：《缙云山自然保护区生态旅游服务质量提升路径研究》，硕士学位论文，西南大学，2017年。

② 向延振：《把丰富的民族文化资源转化成为旅游产业优势——以张家界市土家族文化的开发利用为例》，《湖南社会科学》2002 年第 2 期，第 86—88 页。

③ 向延振：《把丰富的民族文化资源转化成为旅游产业优势——以张家界市土家族文化的开发利用为例》，《湖南社会科学》2002 年第 2 期，第 86—88 页。

标。在市场经济条件下,很多地区在开发过程中对民族文化资源的保护意识都不够强,片面追求民族文化资源的经济利益,篡改、歪曲、改造、伪造民族传统文化,将民族传统文化资源商业化,改变民族传统文化用途,破坏民族传统文化的神圣性,甚至使其受到濒临灭绝的威胁。而该预警体系可以对民族文化资源进行最早和最低程度的干预,以最大程度保护民族文化资源的完整性和真实性。该体系通过居民及游客在民族文化资源转化利用方式、利用程度、传统文化表演仪式的变化程度等指标来反映民族文化资源的完整性和真实性。

总的来说,我们需要构建一个民族文化资源陷阱预警体系,以此加强民族地区景区综合治理能力、提高民族地区旅游服务质量,深度挖掘民族文化资源的内涵、强塑民族地区景区优质品牌,最大程度地保护民族文化资源的完整性和真实性。另外,由于民族文化资源具有一定的复杂性,因此,要构建民族文化资源陷阱预警体系,就需要充分发挥各地方政府部门、科研部门、民族文化企业、行业协会等的作用,使他们分工合作,对民族文化资源的发展进行科学有效的管理,共同提高对民族文化资源的保护意识和应对能力,维护民族文化资源的发展安全和利益。

二 预警体系内容

构建西南地区民族文化资源陷阱预警体系,是要建立一套体系,用来检测西南地区的民族文化资源是否处于安全状态,可以从事前、事中、事后来分析。[1] 首先,在民族文化资源陷阱发生之前,要对该地区的民族文化资源现状进行全面了解,具体要考虑:该地区居民在对民族文化资源开发的影响、感知、转化利用程度以及原真性的保持方面态度如何;游客对价格、服务、民族文化资源转化利用及未来建设的态度如何。根据居民和游客的感知和态度,对民族文化资源进行准确的分析预警,在即将触及警戒线时,相关部门和民族旅游目的地可以采取措施及时制止风险的发生,从而阻止民族文化资源落入陷阱状态。其次,在事中要做好对民族文化资源陷阱的实时控制,掌握该地区民族文化资源陷阱的预警等级,把控该预

---

[1] 肖聪:《新预算法下地方政府债务风险预警指标体系的构建研究》,硕士学位论文,江西财经大学,2017年。

警风险的波动趋势，做出合理的预测。再次，根据该地区民族文化资源陷阱所处的等级，制定一定的措施，以便于及时有效地解除该警情，以保护民族文化资源的安全。

具体来说，民族文化资源陷阱预警体系的构建主要包括预警指标的选取、预警体系框架的构建、预警方法的选取、预警评价模型的确立、典型案例文化资源陷阱所处预警阶段的分析五个方面。

第一，预警指标的选取。预警指标的选取是构建西南地区民族文化资源陷阱预警体系的基础。指标的选取要从不同的层面、不同的角度进行分析，根据民族文化资源在开发过程中可能遇到的问题进行确定，同时需要遵循可操作性、灵活性、全面性及代表性原则，下文中会有详细介绍。另外，在调查时分别针对游客、居民开展调查，所以指标的确定要在游客与居民之间有所区分。

第二，预警体系框架的构建。预警体系框架的构建是在预警指标确定的基础上进一步对预警状态的分析。通过明确警义—寻找警源—分析警兆—预报警度—排除警患这一系列过程[①]，对民族文化资源陷阱预警情况及时监测，预测其未来的发展趋势，并对诱发陷阱的原因做出及时的分析，然后针对其原因做出决策调整，以避免民族文化资源陷阱进一步加深。

第三，预警方法的选取。预警方法的选取是构建西南地区民族文化资源陷阱预警体系的关键。在预警体系分析中，常用的预警方法有功效系数法、熵权法、层次分析法、模糊综合评价法、模糊网络分析法等，具体采用哪种方法需要根据所确定指标的特点及所研究问题的复杂程度来确定。本书所确定的指标都为定性指标，而且所研究问题的整个系统并不复杂，因此采用模糊综合评价法较为合适。

第四，预警评价模型的确立。[②] 预警评价模型的确立是构建西南地区民族文化资源陷阱预警体系的核心。首先根据民族文化资源陷阱预警的各个指标确定因素集；其次对警度进行划分，确定评价集；再根据调查问卷所得到的数据与因素集、评价集相结合，进而确定指标的模糊隶属关系；

[①] 李丹丹：《河南省水资源安全预警指标体系的构建》，硕士学位论文，河南大学，2019年。
[②] 宋琳、刘洪强：《小贷公司信贷风险评估与预警研究——基于模糊数学方法的视角》，《公司金融研究》2015年第3期，第105—117页。

然后利用专家评分法计算出各个指标的权重；最后根据模糊隶属关系和权重确定模糊综合评价集。

第五，典型案例文化资源陷阱所处预警阶段的分析。利用上述预警评价模型，依据最大隶属度原则确定所选择案例的预警阶段，然后，在进入不同警情区间后，应采取不同的调控措施，以使得民族文化资源可以得到更好的开发与利用，或者得到保护。

若要进行有效的预警、得到有效的数据，就需要对西南地区有关人员进行深入访谈，对当地居民和游客进行调查，并处理这些信息，量化指标，从而形成正确的预警体系。为开展民族地区文旅融合研究，本次调研收集了丰富的资料，发放并成功回收问卷1187份，深度访谈100多个案例，与各典型少数民族旅游景区的管理者、经营者、游客、东道主居民进行了深入交流，就民族文化研究与保护、民族文化资源转化开发与利用、民族旅游景区建设、民族地区精准扶贫、游客满意度等问题进行了探讨。本章中所分析的典型案例有大理古城、丽江古城、泸沽湖洛水村、道真中国傩城、云南光禄古镇。

第二节　民族文化资源陷阱预警指标选取

一　指标体系的选取原则

评价的本质是一个判断的处理过程，评价的程序包括确立评价标准、设计评价手段以及利用评价结果。[1] 由于民族文化资源陷阱的复杂性和多元性，指标体系的选取需要遵循一定的原则，设计时要保证可操作性、灵活性、全面性及代表性。

第一，可操作性原则。民族文化资源陷阱的研究是以数据为基础的，可通过设计并进行关于指标体系的问卷调查获得所需要的数据。因为问卷调查需要投入大量的人力和物力，所以指标体系的选取必须具有可操作性，所设计的指标体系既不能过于烦琐，从而增加被调查者的时间成本，也不能过于简单，以致被调查者无法理解。

第二，灵活性原则。构建指标体系是为了对西南地区民族文化资源陷阱有一个基本探索。但由于信息不对称，居民和游客对当地民族文化资源

---

[1] 丁丽：《河南省农业信息化水平测度及省际比较》，硕士学位论文，河南农业大学，2010年。

的了解程度并不一样。有鉴于此，在指标体系的构建上要遵循灵活性原则，针对居民和游客的实际情况设计不同的指标体系。

第三，全面性原则。全面性指的是所选取的指标应能够基本概括所研究问题的信息，并没有遗漏关键问题。一般来说，指标体系越完善，说明整体框架越完整。

第四，代表性原则。指标的代表性意味着其可以反映研究对象某方面的特征，并且特征因素之间没有交叉行为。指标的代表性越强，说明指标体系越简练，反映的信息越精简。

二　指标体系的设计思路

根据上文确定的指标选取原则，以全面性和代表性作为重要考量因素，在充分考虑各因素的影响效果基础之上，应保证各指标能概括民族文化资源陷阱的重要信息，避免内容的遗漏。因此，指标体系的设计思路如下：确定民族文化资源陷阱的内容，明确预警的总体目标和子目标；在上一步骤的基础上，对每一个子目标进行分解、延伸，直至对于每一个子目标都可以用一个或几个指标进行概括；最后，设计每一个子层次的指标。

三　指标体系的构成

民族文化资源陷阱主要包括文化资源过度开发、文化资源过度转化利用及文化失真等几个方面。由于居民和游客对民族文化资源的了解程度、角度不一，在上文所述的指标设计思路的前提下，根据民族文化资源自身的特点，针对居民和游客分别构建了民族文化资源陷阱的指标体系，具体如表5-1和表5-2所示。

表5-1　　　　基于居民的民族文化资源陷阱预警指标体系

A层	B层	C层
基于居民的民族文化资源陷阱预警指标体系	开发影响 B_1	作息时间是否改变 B_{11}
		资源转化中受益如何 B_{12}
	居民感知 B_2	游客的语言是否文明 B_{21}
		游客的行为是否文明 B_{22}
		与游客的交流是否愉快 B_{23}

续表

A层	B层	C层
基于居民的民族文化资源陷阱预警指标体系	转化利用 B_3	文化资源转化利用途径 B_{31}
		文化资源转化利用程度 B_{32}
	原真性 B_4	传统民族文化的保持程度 B_{41}
		民族文化表演仪式的变化程度 B_{42}

资料来源：笔者自制。

表 5-2　基于游客的民族文化资源陷阱预警指标体系

A层	B层	C层
基于游客的民族文化资源陷阱预警指标体系	价格 B_1	景区门票价格 B_{11}
		住宿价格 B_{12}
		交通价格 B_{13}
		饮食价格 B_{14}
		手工艺品价格 B_{15}
		纪念品价格 B_{16}
	游客态度 B_2	对景区服务是否满意 B_{21}
		对住宿服务是否满意 B_{22}
		对交通服务是否满意 B_{23}
		对饮食服务是否满意 B_{24}
	转化利用 B_3	文化资源转化利用方式 B_{31}
		文化资源转化利用程度 B_{32}
	游客信心 B_4	是否愿意投资当地的民族文化资源转化 B_{41}

资料来源：笔者自制。

在表5-1和表5-2中，将基于居民和游客的民族文化资源陷阱的预警指标体系均分为三层。其中，A层为总体目标层，即民族文化资源陷阱预警指标体系。B层为指标体系的结构性指标，亦即子目标。基于居民的预警子目标包括开发影响、居民感知、转化利用以及原真性等。基于游客的预警子目标包括价格、游客态度、文化资源转化利用以及游客信心等。C层为子目标对应的各个指标。根据居民和游客的实际情况，最终对基于居民的预警体系设计了9个指标，对基于游客的预警体系设计了13个指标。下面对这些指标进行详细说明。

（一）居民预警指标的说明

文化资源是否过度开发的一个衡量指标是对当地居民的影响，表现为居民的作息时间是否改变和在资源转化中是否获得相关收益，即 $B_{11}—B_{12}$ 两个指标。除此之外，居民对游客的感知指标也可以在某种程度上反映出当地民族文化资源开发转化问题，具体表现为 $B_{21}—B_{23}$ 指标。文化资源的转化利用问题，主要用转化利用途径是否适合和利用程度是否充分来衡量，这两个指标都在一定程度上反映了资源开发是否过度。文化的原真性用传统文化的保持程度和表演仪式的变化程度来反映。

（二）游客预警指标的说明

从游客的角度看，可以通过价格、游客态度、转化利用以及游客信心等几个指标反映文化资源的开发问题。文化资源是否过度开发的一个关键衡量标准是价格，价格指标可通过景点门票价格、住宿价格、交通价格、饮食价格、手工艺品价格、纪念品价格等6个指标加以衡量。游客态度指标主要用游客对景区、住宿、交通及饮食等服务的满意度来衡量。文化资源的转化利用问题用文化资源的转化利用方式和文化资源转化利用程度等指标来衡量。信心指标主要由游客是否愿意投资当地的民族文化资源转化来衡量。

第三节 民族文化资源陷阱预警

一 预警系统的基本框架

前面已经详细介绍关于预警体系的目标和内容，在此不做赘述，仅仅概括民族文化资源陷阱预警的基本框架。预警系统的基本框架包括明确警义、寻找警源、分析警兆、预报警度及排除警患5个方面。其中，明确警义、寻找警源是根本，分析警兆是关键，预报警度和排除警患是目标。[1] 具体如图5-1所示。

---

[1] 冷泠：《历史文化村镇外部空间保护预警方法研究》，硕士学位论文，重庆大学，2011年。

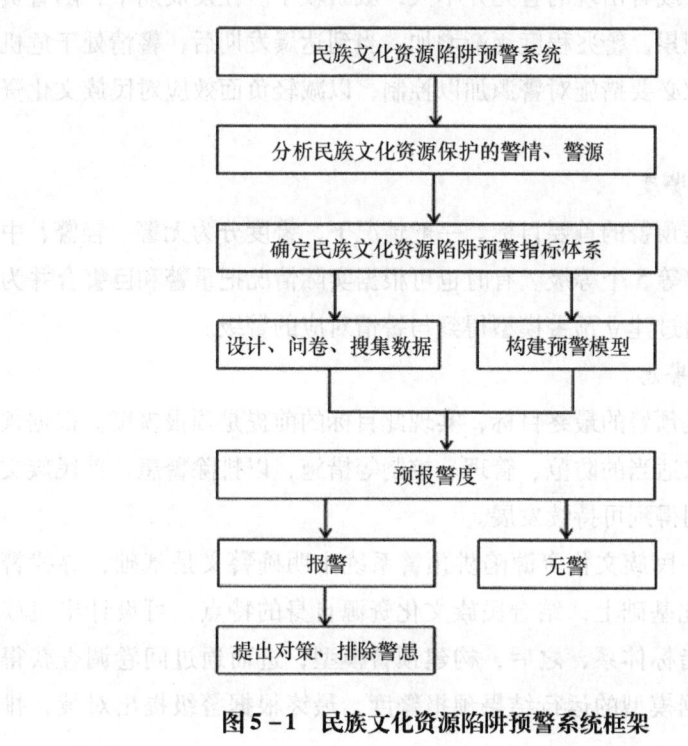

```
┌─────────────────────────┐
│  民族文化资源陷阱预警系统  │
└───────────┬─────────────┘
            ↓
┌─────────────────────────────┐
│ 分析民族文化资源保护的警情、警源 │
└───────────┬─────────────────┘
            ↓
┌─────────────────────────────┐
│  确定民族文化资源陷阱预警指标体系 │
└───────┬───────────────┬─────┘
        ↓               ↓
┌──────────────┐  ┌──────────┐
│设计、问卷、搜集数据│  │构建预警模型│
└───────┬──────┘  └────┬─────┘
        └────────┬─────┘
                 ↓
        ┌──────────────┐
        │   预报警度    │
        └──┬────────┬──┘
           ↓        ↓
        ┌─────┐  ┌─────┐
        │ 报警 │  │ 无警 │
        └──┬──┘  └─────┘
           ↓
   ┌──────────────┐
   │提出对策、排除警患│
   └──────────────┘
```

图 5-1　民族文化资源陷阱预警系统框架

资料来源：笔者自制。

(一) 明确警义

明确警义即确定警素的划分。警素有自然警素和社会警素之分，前者主要指气候、水文等，后者主要指开发时规划不合理、开发后过度使用、缺乏维护等。由于很难把控民族文化资源自然警素，所以仅仅从社会警素角度出发选取指标。

(二) 寻找警源

警源即警情发生的源头，包括内源和外源两个方面。内源是由于自然条件的变化而引起警情发生的客观因素。外源是由于社会、经济等外部因素的变化而诱发警情的根源。寻找警源是排除警患的根本，在预警系统里扮演着至关重要的角色。

(三) 分析警兆

警兆是警情爆发的先兆。警情的产生一般会经历孕育期、潜伏期、发展期及爆发期等时期。孕育期和潜伏期的负面效应较少，在这两个时期，警兆并不存在，或者出现的警兆并不大，威胁较小。在发展期中，随着负面效应的逐渐积累，警兆程度逐渐增加。当到达爆发期后，警情处于危机状态，必须采取必要措施对警源加以控制，以减轻负面效应对民族文化资源的破坏。

（四）预报警度

预报警度是预警的首要目标。一般情况下，警度分为无警、轻警、中警、重警和巨警等5个等级。有时也可根据实际情况把重警和巨警合并为一个等级。可通过建立预警模型得到与警情对应的警级。

（五）排除警患

排除警患是预警的最终目标，实现此目标的前提是预报警度。根据预报的警度，采取适当的防范、管理、控制等措施，以排除警患，使民族文化资源开发利用得到可持续发展。

综上所述，民族文化资源陷阱预警系统中明确警义是基础，寻找警源是根本。在此基础上，结合民族文化资源自身的特点，可设计出民族文化资源预警指标体系，之后，构建预警模型，进而通过问卷调查获得相关数据，根据模型的运行结果预报警度，最终根据警级提出对策，排除警患。

二 预警方法的选取

关于预警方法的研究，学者主要采用层次分析法、模糊综合评价法及模糊网络分析法等方法。层次分析法的优点主要表现在层次性、简洁性和实用性等方面，但是其缺点也很明显，即不能处理相对复杂的预警问题。模糊综合评价法的优点主要有系统性、层次性和模糊性，其中模糊性指的是此种方法更适用于处理预警指标为定性指标的模型。比如，民族文化资源的转化利用程度有很不充分、不够充分、一般化、比较高、过高之分，这样的指标即为定性指标。模糊评价法的缺点同层次分析法一样。模糊网络分析法的优点在于结合了模糊综合分析法和网络分析法的优点，可处理繁复的预警问题，但其缺点在于太过复杂、烦琐、不利于把握。具体如表5-3所示。

表5-3　　　　　　三种预警方法的优缺点比较

方法	层次分析法	模糊综合评价法	模糊网络分析法
优点	层次性、简洁性、实用性	系统性、层次性、模糊性	可处理繁复的预警问题
缺点	无法处理相对复杂的预警问题	无法处理相对复杂的决策性预警问题	方法复杂、烦琐，不易把握

资料来源：笔者整理。

由以上的分析可以看出，三种方法各有优缺点。从前文建立的预警指标体系来看，无论居民还是游客，民族文化资源陷阱预警系统都分为三层。居民预警系统包含了9个指标，游客预警系统包含了13个指标。很显然，整个系统并不复杂，所以模糊网络分析法并不适用西南地区文化资源陷阱预警研究。而从指标的具体表现来看，这些指标都为定性指标。模糊综合评价法比较适合于处理定性指标问题，因而在此可采用模糊综合评价法进行预警。

三　预警评价模型

虽然居民和游客的民族文化资源陷阱预警指标不一样，但是预警评价模型应是一致的。因此，本部分所建立的预警模型不区分居民和游客。在进行案例分析时，再运用模型和数据分别分析居民和游客的民族文化资源陷阱预警情况。本书采用的预警方法为模糊综合评价法，具体包括六个步骤：第一，确定模糊评价指标集；第二，确定模糊评价等级集；第三，确定指标的模糊隶属矩阵；第四，按层次确定各指标的权重；第五，确定模糊综合评价集；第六，确定评价结果。

（一）确定模糊评价指标集

评价指标集是各种影响民族文化资源陷阱预警的元素。由表5-1和表5-2可知，无论居民还是游客，民族文化资源陷阱预警的指标均分为 B、C 两层。

B 层指标有4个，表示为 $B = (B_1, B_2, B_3, B_4)$。其中，第 i 个指标为 B_i，$i = 1, \cdots, 4$。

B_i 对应的 C 层指标集为 $B_i = (B_{i1}, B_{i2}, \cdots, B_{in})$，其中，$n$ 为 B_i 对应的 C 层指标个数。

(二) 确定模糊评价等级集

如前文所述，警度一般分为无警、轻警、中警、重警和巨警五个等级，在此设模糊评价等级值为 V＝（无警，轻警，中警，重警，巨警）＝（V_1，V_2，V_3，V_4，V_5）。

(三) 确定模糊隶属矩阵

模糊隶属矩阵表示评价指标和评价等级之间的模糊关系，设为 R，具体表示如下：

$$R = \begin{bmatrix} R_{11} & R_{12} & \cdots & R_{1j} \\ R_{21} & R_{22} & \cdots & R_{2j} \\ \vdots & \vdots & & \vdots \\ R_{q1} & R_{q2} & \cdots & R_{qj} \end{bmatrix} \quad (5-1)$$

其中，q 代表 C 层总共的指标个数，j 为评价等级数，即 j = 1，2，…，5。R 为从 B 到 V 的映射，R_{qj} 代表隶属度。若有 30% 的被调查者认为 C 层中的第一个指标属于 V_1，则 R_{11} = 30%，即该指标相对于 V_1 的隶属度为 0.3。

(四) 按层次确定各指标的权重

权重的确定有多种方法，大体上分为两类：主观赋权法和客观赋权法。主观赋权法一般是由专家根据自身经验对指标进行主观打分，进而确定权重的研究方法，主要有层次分析法、专家评分法等。客观赋权法主要是根据实际数据运用数学或统计知识来研究指标之间的相关关系，进而得到权重的一种研究方法。学界比较常用的客观赋权法主要有熵值法、变异系数法及主成分分析法等。

主观赋权法的优点是专家可以根据现实情况，依据自身经验，按照指标的重要程度予以赋权，缺点是主观性较大。客观赋权法的优点是不具有主观性，仅仅依靠数学或统计知识进行评价，缺点是没有考虑实际情况且计算烦琐。两种方法各有千秋，但因为本书预警指标均为定性指标，不太适合用数学方法进行处理。除此之外，收集数据采用的是问卷调查法。总体而言，主观赋权法更适用。在此，拟采用专家评分法确定权重，但为了避免此方法的缺点，以专家评分法得到各个调研地点每个指标的权重，最终以各调研地点指标权重的平均值作为此指标的最终权重。详细步骤如下：

第一步，设权重集合 W = (W_1, W_2, ⋯, W_j)。其中，W_j 为 B 层中第 j 个指标的权重。第 j 个指标对应的 C 层权重为 W_j = (W_{j1}, W_{j2}, ⋯, W_{jn})，其中 n 为对应的 C 层指标的个数，$\sum W_j = 1$，$\sum W_{jn} = 1$。

第二步，专家依据自身经验对各个指标打分，由此算出的权重为 S_{ij}，其中 i 为 B 层指标的个数，j 为调研地点数。

第三步，各项指标的权重 $W_i = \sum S_{ij}/j$，其中 i 为 B 层指标的个数，j 为调研地点数。

第四步，C 层指标权重的计算方法同第二步、第三步。

（五）确定模糊综合评价等级集

模糊综合评价等级集是评价等级的隶属度。设模糊综合评价等级集为 E = (E_1, E_2, ⋯, E_5)。其中，将 B 层中每一个指标对应的 C 层指标权重乘以相应的隶属度矩阵可以得到 B 层中每一个指标的隶属度矩阵。最终的综合评价等级集 E 即为 B 层中每一个指标的权重乘以相应的隶属度矩阵。

（六）确定评价结果

根据计算得出的模糊综合评价等级集是由 5 个值组成的集合，这 5 个值依次对应的是无警、轻警、中警、重警和巨警等 5 种由低到高的警度。至于调研地点具体处在哪个警度，需要根据最大隶属度原则进行判断。最大隶属度原则是模糊数学中的基本原则之一，指的是在 n 个模糊集中可以选择集合中的最大值作为模型的"最优值"。换句话说，如果综合评价集中的第三个值最大，那么中警为这个调研地点所处的警度。

四 西南地区文化资源陷阱总体预警

（一）基于居民的预警

为了获得居民民族文化资源的相关数据，调研团队走访了云、贵、川三省各个具有代表性的古镇。其中，在重庆调研了郁山古镇和鞍子苗寨；在贵州主要走访了傩城、思渠古镇、洛龙古镇、道真县、龙潭古寨、红心村、黄平旧州古镇以及安顺旧州古镇等；在云南主要调查走访了鲁屯古镇、光禄古镇、泸沽湖、丽江古城以及大理古城等。最终，在重庆回收有效问卷48份，在贵州回收有效问卷276份，在云南回收有效问卷208份，共回收532份有效问卷。根据获得的问卷数据和所建立的预警评价模型，从居民角度出发对西南地区民族文化资源陷阱预警等级进行数值模拟。

1. 确定基于居民的模糊评价指标集

从居民角度评价民族文化资源陷阱的指标分为 B、C 两层。B 层指标有4个，表示为 B = (B_1, B_2, B_3, B_4)。B_1 对应的 C 层指标有两个，B_1 = (B_{11}, B_{12})。B_2 对应的 C 层指标有3个，B_2 = (B_{21}, B_{22}, B_{23})。B_3 对应的 C 层指标有两个，B_3 = (B_{31}, B_{32})。B_4 对应的 C 层指标有两个，B_4 = (B_{41}, B_{42})。

2. 确定基于居民的模糊评价等级集

警度分为无警、轻警、中警、重警和巨警五个等级。在此设模糊评价等级值为：

V = (无警，轻警，中警，重警，巨警) = (V_1, V_2, V_3, V_4, V_5)

在式中，V_1 代表无警，V_2 代表轻警，V_3 代表中警，V_4 代表重警，V_5 代表巨警。

3. 确定基于居民的预警指标的模糊隶属矩阵

由模糊隶属矩阵和搜集到的数据，得到基于居民的预警指标的模糊隶属矩阵如下：

$$R = \begin{bmatrix} R_{11} & R_{12} & \cdots & R_{15} \\ \vdots & \vdots & \ddots & \vdots \\ R_{91} & R_{92} & \cdots & R_{95} \end{bmatrix} = \begin{bmatrix} 0.440 & 0.344 & 0.179 & 0.038 & 0 \\ 0.079 & 0.206 & 0.310 & 0.263 & 0.143 \\ 0.094 & 0.392 & 0.408 & 0.083 & 0.023 \\ 0.073 & 0.374 & 0.457 & 0.073 & 0.023 \\ 0.090 & 0.427 & 0.408 & 0.055 & 0.021 \\ 0.178 & 0.456 & 0.266 & 0.079 & 0.021 \\ 0.045 & 0.170 & 0.579 & 0.193 & 0.013 \\ 0.073 & 0.359 & 0.368 & 0.160 & 0.039 \\ 0.231 & 0.521 & 0.205 & 0.043 & 0 \end{bmatrix}$$

其中，B_{11}、B_{12} 指标的隶属度用 R_1 表示，对应矩阵的前两行；B_{21}、B_{22}、B_{23} 指标的隶属度为 R_2，对应矩阵的第三行到第五行；B_{31}、B_{32} 指标

的隶属度是 R_3，对应的是矩阵的第六行和第七行；B_{41}、B_{42} 指标的隶属度为 R_4，对应的是矩阵的后两行。

4. 按层次确定基于居民的各预警指标的权重

由前文介绍的计算权重的方法得到基于居民的各预警指标的权重如表 5-4 所示。

表 5-4　　基于居民的西南地区民族文化资源陷阱预警指标权重

	B 层	权重	C 层	权重
基于居民的西南地区民族文化资源陷阱预警指标体系	开发影响 B_1	0.197	作息时间是否改变 B_{11}	0.361
			资源转化中受益如何 B_{12}	0.639
	居民感知 B_2	0.204	游客的语言是否文明 B_{21}	0.245
			游客的行为是否文明 B_{22}	0.394
			与游客的交流是否愉快 B_{23}	0.361
	转化利用 B_3	0.315	文化资源转化利用途径 B_{31}	0.569
			文化资源转化利用程度 B_{32}	0.431
	原真性 B_4	0.285	传统民族文化的保持程度 B_{41}	0.625
			民族文化表演仪式的变化程度 B_{42}	0.375

资料来源：笔者计算。

由表 5-4 可知，B 层指标的权重为：

$$W = (W_1\ W_2\ W_3\ W_4) = (0.197\ 0.204\ 0.315\ 0.285)$$

C 层指标的权重为：

$$W_{C1} = (W_{11}\ W_{12}) = (0.361\ 0.639)$$
$$W_{C2} = (W_{21}\ W_{22}\ W_{23}) = (0.245\ 0.394\ 0.361)$$
$$W_{C3} = (W_{31}\ W_{32}) = (0.569\ 0.431)$$
$$W_{C4} = (W_{41}\ W_{42}) = (0.625\ 0.375)$$

5. 确定居民模糊综合评价集

根据前文所述确定模糊综合评价集包括两个步骤：第一，根据 B 层中各指标对应的 C 层指标的隶属度和其权重得到 B 层指标的隶属度。第二，根据 B 层指标的隶属度和其权重，得到综合评价集。由第一步和相关数据得到 B 层各指标的隶属度。B_1 指标的隶属度向量：

$$L_1 = (W_{11}\ W_{12})R_1 = (0.361\ 0.639)\begin{bmatrix} 0.440 & 0.344 & 0.179 & 0.038 & 0 \\ 0.079 & 0.206 & 0.310 & 0.263 & 0.143 \end{bmatrix}$$

$$= (0.209\ 0.256\ 0.263\ 0.182\ 0.091)$$

以此类推可得：

B_2 指标的隶属度矩阵 $L_2 = (0.084\ 0.398\ 0.427\ 0.069\ 0.022)$；

B_3 指标的隶属度矩阵 $L_3 = (0.121\ 0.333\ 0.401\ 0.128\ 0.018)$；

B_4 指标的隶属度矩阵 $L_4 = (0.132\ 0.420\ 0.307\ 0.116\ 0.024)$。

由第二步和相关数据，最终得到模糊综合评价集

$$E = (E_1\ E_2\ E_3\ E_4\ E_5) = (0.134\ 0.356\ 0.353\ 0.123\ 0.035)$$

6. 确定评价结果

由前文所述，模糊综合评价集是评价等级的隶属度。从上一步的结果可知，其最大值为 0.356。因此，根据最大隶属度原则，西南地区民族文化资源陷阱处于轻警状态。这个结果跟调研团队走访的民族地区的实际情况相符。在调研团队所走访的民族地区中，除了大理和丽江之外，其他区域基本上都处于开发的初级阶段，且居民对未来当地民族文化资源的大力开发相当认可。

然而，因为 0.353 跟 0.356 相差并不大，不能简单地认为西南地区民族文化资源处于轻警状态。尤其从第九个指标来看，大部分居民认为，与原始仪式相比，现在的表演仪式已经变化太大，失去了民族地区的特色，对民族文化资源开发产生了不利影响。因此，为了避免落入民族文化资源开发陷阱，应该在一定程度上保持地方表演特色、保持表演的原真性。

（二）基于游客的预警

在对居民调研的同时对游客也开展了调研。在重庆回收有效问卷 51 份，在贵州回收有效问卷 89 份，在云南回收有效问卷 515 份，共回收 655 份有效问卷。根据获得的问卷数据和与居民相同的预警评价模型，从游客角度出发对西南地区民族文化资源陷阱预警指标进行测算。

1. 确定基于游客的模糊评价指标集

基于游客的民族文化资源陷阱预警指标分为 B、C 两层。B 层指标有 4 个，表示为 $B = (B_1, B_2, B_3, B_4)$。B_1 对应的 C 层指标有 6 个，$B_1 =$

(B_{11}, B_{12}, …, B_{16}); B_2对应的 C 层指标有 4 个, B_2 = (B_{21}, B_{22}, B_{23}, B_{24}); B_3对应的 C 层指标有 2 个, B_3 = (B_{31}, B_{32}); B_4对应的 C 层指标有 1 个, $B_4 = B_{41}$。

2. 确定基于游客的模糊评价等级集

警度分为无警、轻警、中警、重警和巨警 5 个等级, 在此设模糊评价等级值为:

V = (无警, 轻警, 中警, 重警, 巨警) = (V_1, V_2, V_3, V_4, V_5)

在式中, V_1代表无警, V_2代表轻警, V_3代表中警, V_4代表重警, V_5代表巨警。

3. 确定基于游客的预警指标的模糊隶属矩阵

根据前文定义的模糊隶属矩阵和搜集到的数据计算, 得到游客预警指标的模糊隶属矩阵:

$$R = \begin{bmatrix} R_{11} & R_{12} & \cdots & R_{15} \\ R_{21} & R_{22} & \cdots & R_{25} \\ \vdots & \vdots & \ddots & \vdots \\ R_{13,1} & R_{13,2} & \cdots & R_{13,5} \end{bmatrix} = \begin{bmatrix} 0.031 & 0.052 & 0.511 & 0.360 & 0.046 \\ 0.005 & 0.052 & 0.632 & 0.270 & 0.041 \\ 0.009 & 0.122 & 0.667 & 0.168 & 0.034 \\ 0.006 & 0.072 & 0.527 & 0.335 & 0.059 \\ 0.023 & 0.133 & 0.460 & 0.334 & 0.050 \\ 0.012 & 0.095 & 0.469 & 0.359 & 0.066 \\ 0.089 & 0.458 & 0.382 & 0.060 & 0.012 \\ 0.084 & 0.450 & 0.406 & 0.046 & 0.164 \\ 0.049 & 0.369 & 0.469 & 0.096 & 0.017 \\ 0.038 & 0.359 & 0.492 & 0.099 & 0.012 \\ 0.060 & 0.376 & 0.412 & 0.134 & 0.018 \\ 0.014 & 0.111 & 0.484 & 0.354 & 0.037 \\ 0.103 & 0.411 & 0.191 & 0.197 & 0.097 \end{bmatrix}$$

其中, B_{11}、B_{12}、B_{13}、B_{14}、B_{15}、B_{16}指标的隶属度用 R_1 表示, 对应矩阵的前六行; B_{21}、B_{22}、B_{23}、B_{24}指标的隶属度为 R_2, 对应矩阵的第七行到第十行; B_{31}、B_{32}指标的隶属度是 R_3, 对应的是矩阵的第十一行和第十二行; B_{41}指标的隶属度为 R_4, 对应的是矩阵的最后一行。

4. 按层次确定基于游客的各预警指标的权重

由前文介绍的计算权重的方法得到游客各预警指标的权重, 如表 5 – 5

所示。

表5-5　基于游客的西南地区民族文化资源陷阱预警指标权重

	B层	权重	C层	权重
基于游客的西南地区民族文化资源陷阱预警指标体系	价格 B_1	0.259	景点门票价格 B_{11}	0.197
			住宿价格 B_{12}	0.162
			交通价格 B_{13}	0.163
			饮食价格 B_{14}	0.170
			手工艺品价格 B_{15}	0.154
			纪念品价格 B_{16}	0.154
	游客态度 B_2	0.220	对景区服务是否满意 B_{21}	0.303
			对住宿服务是否满意 B_{22}	0.222
			对交通服务是否满意 B_{23}	0.220
			对饮食服务是否满意 B_{24}	0.255
	转化利用 B_3	0.245	文化资源转化利用方式 B_{31}	0.486
			文化资源转化利用程度 B_{32}	0.514
	游客信心 B_4	0.275	是否愿意投资当地的民族文化资源转化 B_{41}	1.000

资料来源：笔者计算。

由表5-5可知，B层指标的权重为：

$$W = (W_1\ W_2\ W_3\ W_4) = (0.259\ 0.220\ 0.245\ 0.275)$$

C层指标的权重集为：

$$W_1 = (W_{11}\ W_{12}\cdots W_{16}) = (0.197\ 0.162\ 0.163\ 0.170\ 0.154\ 0.154)$$

$$W_2 = (W_{21}\ W_{22}\ W_{23}\ W_{24}) = (0.303\ 0.222\ 0.220\ 0.255)$$

$$W_3 = (W_{31}\ W_{32}) = (0.486\ 0.514)$$

$$W_4 = W_{41} = 1.000$$

5. 确定居民模糊综合评价集

根据前文所述，确定模糊综合评价集包括两个步骤。由第一步和相关数据，得到B层各指标的隶属度。

B_1 指标的隶属度矩阵为：

$$L_1 = (W_{11}\ W_{12}\ W_{13}\ W_{14}\ W_{15}\ W_{16})\ R_1 = (0.015\ 0.086\ 0.544\ 0.306\ 0.049)$$

以此类推可得 B_2 指标的隶属度矩阵为：

$$L_2 = (0.066\ 0.411\ 0.435\ 0.075\ 0.047)$$

B_3 指标的隶属度矩阵为：

$$L_3 = (0.036\ 0.240\ 0.449\ 0.247\ 0.028)$$

B_4 指标的隶属度矩阵为：

$$L_4 = (0.103\ 0.411\ 0.191\ 0.197\ 0.097)$$

由第二步和相关数据，最终得到模糊综合评价集：

$$E = (E_1\ E_2\ E_3\ E_4\ E_5) = (0.056\ 0.285\ 0.399\ 0.210\ 0.057)$$

6. 确定评价结果

由前文介绍，模糊综合评价集是评价等级的隶属度。从上一步的结果可知，其最大值为0.399，因此根据最大隶属度原则，西南地区民族文化资源陷阱处于中警状态，这跟实际情况也相符。在调研过程中发现，有超过一半的游客认为当地民族文化资源转化之后丢失了原真性。这说明大部分游客认为，当地因开发过度失去了民族地区的特色，对民族文化资源的转化利用产生了不利影响。因此，为了避免落入民族文化资源开发陷阱，应该在一定程度上保持民族文化资源的原真性。

（三）基于居民与基于游客的预警结果比较

从居民的角度来看，西南地区民族文化资源开发处于轻警状态，而从游客角度来看，其处于中警状态。追其原因，大概是因为当地居民希望从开发中获得相关利益，所以居民倾向于开发；而游客大多数希望保持当地的民族特色，排斥过度开发。除此之外，由前文的分析可以看出，居民的模糊综合评价集中轻警和中警的值相差并不大，仅为0.003。所以，从某种程度上可以认为，基于居民的民族文化资源陷阱预警值处于中警状态。因此，当地政府在致力于开发、充分利用当地文化资源的同时，需要保持文化资源的原汁原味性，最大限度地保留当地的民族特色。

第四节 典型案例文化资源陷阱预警区间

根据第二节和第三节对预警指标的选取及总体预警测算，接下来选择对丽江古城、大理古城、泸沽湖洛水村、道真中国傩城、云南光禄古镇进行具体案例分析。

一 案例分析——丽江古城

本次调研在丽江古城共收集有效问卷251份，其中居民问卷48份，游客问卷203份，由于在确定预警区间时对游客和居民使用的指标不同，所以在分析的过程中应该将其区分开。

（一）基于居民的预警分析

1. 确定因素集U

因素集是各种影响评价对象集的元素，通常与评价结果相关。对于居民部分，影响预警评价的指标共有9个，所以因素集U＝（U_1，U_2，…，U_9），U_i表示第i个影响因素。

2. 确定评价集V

评价集是由各类评价结果组成的一组元素。通常假设有n个评价结果。在这里，可以将评价集表示为V＝（V_1，V_2，V_3，V_4，V_5）＝（5，4，3，2，1），其中V_1、V_2、V_3、V_4、V_5分别对应无警、轻警、中警、重警、巨警等警情。

3. 确定指标的模糊隶属关系R

评价集V中第j个元素V_j受因素集U的影响，n个评价结果对应了mn个评价因素，这些评价因素构成评价矩阵$m×n$矩阵R。

$$R = (R_1 R_2 R_3 R_4 R_5) = \begin{bmatrix} R_{11} & \cdots & R_{15} \\ \vdots & \ddots & \vdots \\ R_{91} & \cdots & R_{95} \end{bmatrix}$$

这里，R_{ij}代表将第i个指标赋值第j（j＝1，2，…，5）个等级的频率，即代表被调查者将第i个指标赋值第j个等级的数量占总样本数的比例。R是各个预警指标的集合，代表该地区被调查居民对各个指标的评价判断，例如R_{11}表示在指标C_1中对应"无警"的比例，R_{15}表示在指标C_1中对应"巨警"的比例。

在关于丽江古城的48份居民有效问卷中，以作息时间是否改变（C_1）指标为例。受访居民认为没变的有7份，认为有点变化的有22份，认为变化很大的有16份，认为全变样的有3份，所以得出：

$$R_1 = (R_{11}\ R_{12}\ R_{13}\ R_{14}\ R_{15}) = (7/48\ 22/48\ 16/48\ 3/48\ 0)$$

= (0.1458 0.4583 0.3333 0.0625 0)

按照上面的算法，得出其他指标的集合分别为：

$R_2 = (R_{21}\ R_{22}\ R_{23}\ R_{24}\ R_{25}) = (0.1667\ 0.1875\ 0.4583\ 0.1458\ 0.0417)$

$R_3 = (R_{31}\ R_{32}\ R_{33}\ R_{34}\ R_{35}) = (0.0625\ 0.2292\ 0.6042\ 0.3\ 0.0208)$

$R_4 = (R_{41}\ R_{42}\ R_{43}\ R_{44}\ R_{45}) = (0.0417\ 0.2083\ 0.6875\ 0.0417\ 0.0208)$

$R_5 = (R_{51}\ R_{52}\ R_{53}\ R_{54}\ R_{55}) = (0.0625,\ 0.3542,\ 0.5417,\ 0.0417,\ 0)$

$R_6 = (R_{61}\ R_{62}\ R_{63}\ R_{64}\ R_{65}) = (0.2083\ 0.4583\ 0.3125\ 0.0208\ 0)$

$R_7 = (R_{71}\ R_{72}\ R_{73}\ R_{74}\ R_{75}) = (0\ 0.1250\ 0.6667\ 0.2083\ 0)$

$R_8 = (R_{81}\ R_{82}\ R_{83}\ R_{84}\ R_{85}) = (0.0625\ 0.5\ 0.2708\ 0.1667\ 0)$

$R_9 = (R_{91}\ R_{92}\ R_{93}\ R_{94}\ R_{95}) = (0.0625\ 0.6458\ 0.25\ 0.0417\ 0)$

4. 确定指标权重 W

采用专家评分法来确定各项指标的权重，通过计算，得到各指标权重如表 5-6 所示。

表 5-6　　丽江古城基于居民的预警指标权重

B层指标名称	权重W	C层指标名称	权重W
开发影响 B_1	0.1759	作息时间是否改变 C_1	0.3333
		资源转化中受益如何 C_2	0.6667
居民感知 B_2	0.2222	游客的语言是否文明 C_3	0.2407
		游客的行为是否文明 C_4	0.3889
		与游客的交流是否愉快 C_5	0.3704
转化利用 B_3	0.3148	文化资源转化利用途径 C_6	0.5556
		文化资源转化利用程度 C_7	0.4444
原真性 B_4	0.287	传统民族文化的保持程度 C_8	0.6111
		民族文化表演仪式的变化程度 C_9	0.3889

资料来源：笔者计算。

5. 确定模糊综合评价集 B

在单因素评价矩阵 R 中，R_{ij} 表示第 i 个因素对第 j 个指标的影响。当已知权重 W 和评价矩阵 R 时，通过 W 和 R 的模糊转换可以得到综合评价集 B，然后根据最大隶属度原则可确定该地区所处的预警情况。

由上述可知，模糊综合评价为：

$$B_1 = (B_{11} \quad B_{12} \quad B_{13} \quad B_{14} \quad B_{15}) = (W_{C1} \quad W_{C2}) \begin{bmatrix} R_{11} & R_{12} & R_{13} & R_{14} & R_{15} \\ R_{21} & R_{22} & R_{23} & R_{24} & R_{25} \end{bmatrix}$$

$$= (0.3333 \quad 0.6667) \begin{bmatrix} 0.1458 & 0.4583 & 0.3333 & 0.0625 & 0.0000 \\ 0.1167 & 0.1857 & 0.4583 & 0.1458 & 0.0417 \end{bmatrix}$$

$$= (0.1597 \quad 0.2778 \quad 0.4166 \quad 0.1180 \quad 0.0278)$$

用同样方法计算得出：

$$B_2 = (B_{21} \quad B_{22} \quad B_{23} \quad B_{24} \quad B_{25}) = (W_{C3} \quad W_{C4} \quad W_{C5}) \begin{bmatrix} R_{31} & R_{32} & R_{33} & R_{34} & R_{35} \\ R_{41} & R_{42} & R_{43} & R_{44} & R_{45} \\ R_{51} & R_{52} & R_{53} & R_{54} & R_{55} \end{bmatrix}$$

$$= (0.2407 \quad 0.3889 \quad 0.3704) \begin{bmatrix} 0.0625 & 0.2292 & 0.6042 & 0.0833 & 0.0625 \\ 0.0417 & 0.2083 & 0.6875 & 0.0417 & 0.0208 \\ 0.0208 & 0.3542 & 0.5417 & 0.0417 & 0.0000 \end{bmatrix}$$

$$= (0.0544 \quad 0.2674 \quad 0.6134 \quad 0.0517 \quad 0.0131)$$

$$B_3 = (B_{31} \quad B_{32} \quad B_{33} \quad B_{34} \quad B_{35}) = (W_{C6} \quad W_{C7}) \begin{bmatrix} R_{61} & R_{62} & R_{63} & R_{64} & R_{65} \\ R_{71} & R_{72} & R_{73} & R_{74} & R_{75} \end{bmatrix}$$

$$= (0.5556 \quad 0.4444) \begin{bmatrix} 0.2083 & 0.3102 & 0.3125 & 0.0208 & 0.0000 \\ 0.0000 & 0.1250 & 0.6667 & 0.2083 & 0.0000 \end{bmatrix}$$

$$= (0.1157 \quad 0.3102 \quad 0.4699 \quad 0.1041 \quad 0.0000)$$

$$B_4 = (B_{41} \quad B_{42} \quad B_{43} \quad B_{44} \quad B_{45}) = (W_{C8} \quad W_{C9}) \begin{bmatrix} R_{81} & R_{82} & R_{83} & R_{84} & R_{85} \\ R_{91} & R_{92} & R_{93} & R_{94} & R_{95} \end{bmatrix}$$

$$= (0.6111 \quad 0.3889) \begin{bmatrix} 0.0625 & 0.5000 & 0.2708 & 0.1667 & 0.0000 \\ 0.0625 & 0.6458 & 0.2627 & 0.1181 & 0.0000 \end{bmatrix}$$

$$= (0.0625 \quad 0.5567 \quad 0.2627 \quad 0.1181 \quad 0.0000)$$

$$B = (W_{B1} \quad W_{B2} \quad W_{B3} \quad W_{B4}) \begin{bmatrix} B_{11} & B_{12} & B_{13} & B_{14} & B_{15} \\ B_{21} & B_{22} & B_{23} & B_{24} & B_{15} \\ B_{31} & B_{32} & B_{33} & B_{34} & B_{35} \\ B_{41} & B_{42} & B_{43} & B_{44} & B_{45} \end{bmatrix}$$

$= (0.1759\quad 0.2222\quad 0.3148\quad 0.2870)$

$$\begin{bmatrix} 0.1597 & 0.2778 & 0.4166 & 0.1180 & 0.0278 \\ 0.0544 & 0.2674 & 0.6134 & 0.0517 & 0.0131 \\ 0.1157 & 0.3102 & 0.4699 & 0.1041 & 0.0000 \\ 0.0625 & 0.5567 & 0.2627 & 0.1181 & 0.0000 \end{bmatrix}$$

$= (0.0945\quad 0.3657\quad 0.4329\quad 0.0989\quad 0.0078)$

根据以上计算结果，由最大隶属度原则可知，从居民角度来说，丽江古城的民族文化资源处于中警状态。

（二）基于游客的预警分析

1. 确定因素集 U

因素集是各种影响评价对象集的元素集，通常与评价结果相关。基于游客的预警评价指标共有 13 个，所以因素集 U $= (U_1\quad U_2\quad \cdots\quad U_i\quad \cdots\quad U_{13})$，$U_i$ 表示第 i 个影响因素。

2. 确定评价集 V

评价集是由各类评价结果组成的一组元素集。通常假设有 n 个评价结果。在这里，可以将评价集表示为 V $= (V_1\quad V_2\quad V_3\quad V_4\quad V_5) = (5\quad 4\quad 3\quad 2\quad 1)$，其中 V_1、V_2、V_3、V_4、V_5 分别对应无警、轻警、中警、重警、巨警等警情。

3. 确定指标的模糊隶属关系 R

评价集 V 中第 j 个元素 V_j 受因素集 U 的影响，n 个评价结果对应于 mn 个因素，这 mn 个单因素形成评价矩阵 R。

$$R = (R_1\quad R_2\quad R_3\quad R_4\quad R_5) = \begin{bmatrix} R_{11} & \cdots & R_{15} \\ \vdots & \ddots & \vdots \\ R_{13,1} & \cdots & R_{13,5} \end{bmatrix}$$

在丽江古城收集了 203 份有效的游客问卷。以景点门票价格 C1 指标为例，游客中认为很低的有 1 份，认为较低的有 4 份，认为一般的有 85 份，认为偏高的有 101 份，认为很高的有 12 份，所以

$R_1 = (R_{11}\quad R_{12}\quad R_{13}\quad R_{14}\quad R_{15}) = (1/203\quad 4/203\quad 85/203\quad 101/203\quad 12/203)$
$= (0.0049\quad 0.0197\quad 0.4187\quad 0.4975\quad 0.0591)$

按照上面的算法，得出其他指标的集合分别为：

$R_2 = (R_{21} \quad R_{22} \quad R_{23} \quad R_{24} \quad R_{25}) = (0.0049, 0.0345, 0.5714, 0.3251, 0.0640)$

$R_3 = (R_{31} \quad R_{32} \quad R_{33} \quad R_{34} \quad R_{35}) = (0.0148 \quad 0.0985 \quad 0.6256 \quad 0.2020 \quad 0.0591)$

$R_4 = (R_{41} \quad R_{42} \quad R_{43} \quad R_{44} \quad R_{45}) = (0 \quad 0.0394 \quad 0.4236 \quad 0.4335 \quad 0.1034)$

$R_5 = (R_{51} \quad R_{52} \quad R_{53} \quad R_{54} \quad R_{55}) = (0.0049 \quad 0.0049 \quad 0.5271 \quad 0.3941 \quad 0.0690)$

$R_6 = (R_{61} \quad R_{62} \quad R_{63} \quad R_{64} \quad R_{65}) = (0 \quad 0.0049 \quad 0.4778 \quad 0.4483 \quad 0.0690)$

$R_7 = (R_{71} \quad R_{72} \quad R_{73} \quad R_{74} \quad R_{75}) = (0.1182 \quad 0.4729 \quad 0.3547 \quad 0.0443 \quad 0.0099)$

$R_8 = (R_{81} \quad R_{82} \quad R_{83} \quad R_{84} \quad R_{85}) = (0.1034 \quad 0.4631 \quad 0.4089 \quad 0.0148 \quad 0.0099)$

$R_9 = (R_{91} \quad R_{92} \quad R_{93} \quad R_{94} \quad R_{95}) = (0.0493 \quad 0.4187 \quad 0.4335 \quad 0.0887 \quad 0.0099)$

$R_{10} = (R_{10,1} \quad R_{10,2} \quad R_{10,3} \quad R_{10,4} \quad R_{10,5}) = (0.0443 \quad 0.3842 \quad 0.4729 \quad 0.0837 \quad 0.0148)$

$R_{11} = (R_{11,1} \quad R_{11,2} \quad R_{11,3} \quad R_{11,4} \quad R_{11,5}) = (0.0936 \quad 0.3990 \quad 0.4138 \quad 0.0788 \quad 0.0148)$

$R_{12} = (R_{12,1} \quad R_{12,2} \quad R_{12,3} \quad R_{12,4} \quad R_{12,5}) = (0.0099 \quad 0.0936 \quad 0.4138 \quad 0.4286 \quad 0.0542)$

$R_{13} = (R_{13,1} \quad R_{13,2} \quad R_{13,3} \quad R_{13,4} \quad R_{13,5}) = (0.0887 \quad 0.4532 \quad 0.1330 \quad 0.1970 \quad 0.1281)$

4. 确定各指标权重 W

由专家评分法计算得出丽江古城基于游客的指标权重，如表 5-7 所示。

表 5-7　　　　　丽江古城基于游客的预警指标权重

B 层指标名称	权重 W	C 层指标名称	权重 W
价格 B_1	0.2407	景点门票价格 C_1	0.2000
		住宿价格 C_2	0.1630
		交通价格 C_3	0.1593
		饮食价格 C_4	0.1593
		手工艺品价格 C_5	0.1593
		纪念品价格 C_6	0.1593
游客态度 B_2	0.25	对景区服务是否满意 C_7	0.3148
		对住宿服务是否满意 C_8	0.2315
		对交通服务是否满意 C_9	0.2037
		对饮食服务是否满意 C_{10}	0.2500
转化利用 B_3	0.2315	文化资源转化利用方式 C_{11}	0.5556
		文化资源转化利用程度 C_{12}	0.4444
游客信心 B_4	0.2778	是否愿意投资当地的民族文化资源转化 C_{13}	1.0000

资料来源：笔者计算。

5. 确定模糊综合评价集 B

在单因素评价矩阵 R 中，R_{ij} 表示第 i 个因素对第 j 个指标的影响，当权重 W 和 R 已知时，通过 W 和 R 的模糊转换可以得到综合评价集 W，然后根据最大隶属度原则可确定该地区所处的预警情况。

根据前述计算公式得到：

$$B_1 = \begin{pmatrix} B_{11} & B_{12} & B_{13} & B_{14} & B_{15} \end{pmatrix}$$

$$= \begin{pmatrix} W_{C1} & W_{C2} & W_{C3} & W_{C4} & W_{C5} & W_{C6} \end{pmatrix} \begin{bmatrix} R_{11} & R_{12} & R_{13} & R_{14} & R_{15} \\ R_{21} & R_{22} & R_{23} & R_{24} & R_{25} \\ R_{31} & R_{32} & R_{33} & R_{34} & R_{35} \\ R_{41} & R_{42} & R_{43} & R_{44} & R_{45} \\ R_{51} & R_{52} & R_{53} & R_{54} & R_{55} \\ R_{61} & R_{62} & R_{63} & R_{64} & R_{65} \end{bmatrix}$$

$$= \begin{pmatrix} 0.2000 & 0.1630 & 0.1593 & 0.1593 & 0.1593 & 0.1593 \end{pmatrix}$$

$$\begin{bmatrix} 0.0049 & 0.0197 & 0.4187 & 0.4975 & 0.0591 \\ 0.0049 & 0.0345 & 0.5714 & 0.3251 & 0.0640 \\ 0.0148 & 0.0985 & 0.6256 & 0.2020 & 0.0591 \\ 0.0000 & 0.0394 & 0.4236 & 0.4335 & 0.1034 \\ 0.0049 & 0.0049 & 0.5271 & 0.3941 & 0.0690 \\ 0.0000 & 0.0049 & 0.4778 & 0.4483 & 0.0690 \end{bmatrix}$$

$= (0.0049 \ 0.0331 \ 0.5041 \ 0.3879 \ 0.0701)$

类似地，可以算出：

$B_2 = (B_{21} \ B_{22} \ B_{23} \ B_{24} \ B_{25})$

$= (W_{C7} \ W_{C8} \ W_{C9} \ W_{C10}) \begin{bmatrix} R_{71} & R_{72} & R_{73} & R_{74} & R_{75} \\ R_{81} & R_{82} & R_{83} & R_{84} & R_{85} \\ R_{91} & R_{92} & R_{93} & R_{94} & R_{95} \\ R_{10,1} & R_{10,2} & R_{10,3} & R_{10,4} & R_{10,5} \end{bmatrix}$

$= (0.3148 \ 0.2315 \ 0.2037 \ 0.2500)$

$$\begin{bmatrix} 0.1182 & 0.4729 & 0.3547 & 0.0443 & 0.0099 \\ 0.1034 & 0.4631 & 0.4089 & 0.0148 & 0.0099 \\ 0.0493 & 0.4187 & 0.4335 & 0.0887 & 0.0099 \\ 0.0443 & 0.3842 & 0.4729 & 0.0837 & 0.0148 \end{bmatrix}$$

$= (0.0823 \ 0.4374 \ 0.4128 \ 0.0564 \ 0.0111)$

$B_3 = (B_{31} \ B_{32} \ B_{33} \ B_{34} \ B_{35})$

$= (W_{C11} \ W_{C12}) \begin{bmatrix} R_{11,1} & R_{11,2} & R_{11,3} & R_{11,4} & R_{11,5} \\ R_{12,1} & R_{12,2} & R_{12,3} & R_{12,4} & R_{12,5} \end{bmatrix}$

$= (0.5556 \ 0.4444) \begin{bmatrix} 0.0936 & 0.3990 & 0.4138 & 0.0788 & 0.0148 \\ 0.0099 & 0.0936 & 0.4138 & 0.4286 & 0.0542 \end{bmatrix}$

$= (0.0564 \ 0.2633 \ 0.4138 \ 0.2342 \ 0.0323)$

$B_4 = (B_{41} \ B_{42} \ B_{43} \ B_{44} \ B_{45})$

$= W_{C13}(R_{13,1} \ R_{13,2} \ R_{13,3} \ R_{13,4} \ R_{13,5})$

$= (0.0887 \ 0.4532 \ 0.1330 \ 0.1970 \ 0.1281)$

第五章 西南地区文化资源陷阱的预警体系 169

$$B = (W_{B1} \quad W_{B2} \quad W_{B3} \quad W_{B4}) \begin{bmatrix} B_{11} & B_{12} & B_{13} & B_{14} & B_{15} \\ B_{21} & B_{22} & B_{23} & B_{24} & B_{25} \\ B_{31} & B_{32} & B_{33} & B_{34} & B_{35} \\ B_{41} & B_{42} & B_{43} & B_{44} & B_{45} \end{bmatrix}$$

$$= (0.2407 \quad 0.2500 \quad 0.2315 \quad 0.2778)$$

$$\begin{bmatrix} 0.0049 & 0.0331 & 0.5041 & 0.3879 & 0.0701 \\ 0.0823 & 0.4374 & 0.4128 & 0.0564 & 0.0111 \\ 0.0564 & 0.2633 & 0.4138 & 0.2342 & 0.0323 \\ 0.0887 & 0.4532 & 0.1330 & 0.1970 & 0.1281 \end{bmatrix}$$

$$= (0.0594 \quad 0.3042 \quad 0.3573 \quad 0.2164 \quad 0.0627)$$

根据以上计算结果，由最大隶属度原则可知，从游客角度来说，丽江古城的民族文化资源陷阱处于中警状态。

二 案例分析——大理古城

在大理古城共收集有效问卷280份，其中居民问卷22份，游客问卷258份。按照上述思路，接下来将分别从居民和游客角度进行预警分析。

（一）基于居民的预警分析

1. 确定因素集 U

对于居民，影响预警评价的指标共有9个，所以因素集 U = (U_1 ⋯ U_i ⋯ U_9)，U_i表示第 i 个影响因素。

2. 确定评价集 V

在这里，可以将评价集表示为 V = (V_1 V_2 V_3 V_4 V_5) = (5 4 3 2 1)，其中 V_1、V_2、V_3、V_4、V_5分别对应无警、轻警、中警、重警、巨警等警情。

3. 确定指标的模糊隶属关系 R

评价集 V 中第 j 个元素 V_j 受因素集 U 的影响，n 个评价结果对应于 mn 个评价因素，这些评价因素形成评价矩阵 R。

$$R = (R_1 \quad R_2 \quad R_3 \quad R_4 \quad R_5) = \begin{bmatrix} R_{11} & \cdots & R_{15} \\ \vdots & \ddots & \vdots \\ R_{91} & \cdots & R_{95} \end{bmatrix}$$

在大理古城调研了 22 份居民问卷。以作息时间是否改变（C_1）指标为例，居民中认为没变的有 6 份，认为有点变化的有 9 份，认为变化很大的有 4 份，认为全变样的有 3 份，所以得出：

$R_1 = (R_{11}\ R_{12}\ R_{13}\ R_{14}\ R_{15}) = (6/22\ \ 9/22\ \ 4/22\ \ 3/22\ \ 0)$
$= (0.2727\ \ 0.4091\ \ 0.1818\ \ 0.1364\ \ 0.0000)$

类似地，得到其他指标的评价集合分别为：

$R_2 = (R_{21}\ R_{22}\ R_{23}\ R_{24}\ R_{25}) = (0.0000\ \ 0.1364\ \ 0.3636\ \ 0.2273\ \ 0.2727)$

$R_3 = (R_{31}\ R_{32}\ R_{33}\ R_{34}\ R_{35}) = (0.0000\ \ 0.2727\ \ 0.5000\ \ 0.1818\ \ 0.0455)$

$R_4 = (R_{41}\ R_{42}\ R_{43}\ R_{44}\ R_{45}) = (0.0000\ \ 0.2273\ \ 0.5000\ \ 0.2273\ \ 0.0455)$

$R_5 = (R_{51}\ R_{52}\ R_{53}\ R_{54}\ R_{55}) = (0.0000\ \ 0.3182\ \ 0.4545\ \ 0.2273\ \ 0.0000)$

$R_6 = (R_{61}\ R_{62}\ R_{63}\ R_{64}\ R_{65}) = (0.3182\ \ 0.2727\ \ 0.3636\ \ 0.0455\ \ 0.0000)$

$R_7 = (R_{71}\ R_{72}\ R_{73}\ R_{74}\ R_{75}) = (0.1364\ \ 0.1364\ \ 0.5909\ \ 0.1364\ \ 0.0000)$

$R_8 = (R_{81}\ R_{82}\ R_{83}\ R_{84}\ R_{85}) = (0.0000\ \ 0.2273\ \ 0.5000\ \ 0.2273\ \ 0.0455)$

$R_9 = (R_{91}\ R_{92}\ R_{93}\ R_{94}\ R_{95}) = (0.1364\ \ 0.5909\ \ 0.2273\ \ 0.0455\ \ 0.0000)$

4. 确定各指标权重 W

采用专家评分法来确定各项指标的权重，通过计算得到的各指标权重如表 5-8 所示。

表 5-8　　　　　　大理古城基于居民的预警指标权重

B 层指标名称	权重 W	C 层指标名称	权重 W
开发影响 B_1	0.1852	作息时间是否改变 C_1	0.3333
		资源转化中受益如何 C_2	0.6667

续表

B层指标名称	权重W	C层指标名称	权重W
居民感知 B_2	0.2037	游客的语言是否文明 C_3	0.2407
		游客的行为是否文明 C_4	0.3889
		与游客的交流是否愉快 C_5	0.3704
转化利用 B_3	0.3241	文化资源转化利用途径 C_6	0.5556
		文化资源转化利用程度 C_7	0.4444
原真性 B_4	0.287	传统民族文化的保持程度 C_8	0.6667
		民族文化表演仪式的变化程度 C_9	0.3333

资料来源：笔者计算。

5. 确定模糊综合评价集 B

在单因素评价矩阵 R 中，R_{ij} 表示第 i 个因素对第 j 个指标的影响，当权重 W 和 R 已知时，通过 W 和 R 的模糊转换可以得到综合评价集 W，然后根据最大隶属度原则可确定该地区所处的预警情况。

根据前述计算公式得到：

$$B_1 = (B_{11} \quad B_{12} \quad B_{13} \quad B_{14} \quad B_{15})$$

$$= (W_{C1} \quad W_{C2}) \begin{bmatrix} R_{11} & R_{12} & R_{13} & R_{14} & R_{15} \\ R_{21} & R_{22} & R_{23} & R_{24} & R_{25} \end{bmatrix}$$

$$= (0.3333 \quad 0.6667) \begin{bmatrix} 0.2727 & 0.4091 & 0.1818 & 0.1364 & 0.0000 \\ 0.0000 & 0.1364 & 0.3636 & 0.2273 & 0.2727 \end{bmatrix}$$

$$= (0.0909 \quad 0.2273 \quad 0.3030 \quad 0.1970 \quad 0.1818)$$

类似地，可以算出：

$$B_2 = (B_{21} \quad B_{22} \quad B_{23} \quad B_{24} \quad B_{25})$$

$$= (W_{C3} \quad W_{C4} \quad W_{C5}) \begin{bmatrix} R_{31} & R_{32} & R_{33} & R_{34} & R_{35} \\ R_{41} & R_{42} & R_{43} & R_{44} & R_{45} \\ R_{51} & R_{52} & R_{53} & R_{54} & R_{55} \end{bmatrix}$$

$$= (0.2407 \quad 0.3889 \quad 0.3704) \begin{bmatrix} 0.0000 & 0.2727 & 0.5000 & 0.1818 & 0.0455 \\ 0.0000 & 0.2273 & 0.5000 & 0.2273 & 0.0455 \\ 0.0000 & 0.3182 & 0.4545 & 0.2273 & 0.0000 \end{bmatrix}$$

$$= (0.0000 \quad 0.2719 \quad 0.4832 \quad 0.2163 \quad 0.0286)$$

$$B_3 = (B_{31} \quad B_{32} \quad B_{33} \quad B_{34} \quad B_{35})$$

$$= (W_{C6} \quad W_{C7}) \begin{bmatrix} R_{61} & R_{62} & R_{63} & R_{64} & R_{65} \\ R_{71} & R_{72} & R_{73} & R_{74} & R_{75} \end{bmatrix}$$

$$= (0.5556, 0.4444) \begin{bmatrix} 0.3182 & 0.2727 & 0.3636 & 0.0455 & 0.0000 \\ 0.1364 & 0.1364 & 0.5909 & 0.1364 & 0.0000 \end{bmatrix}$$

$$= (0.2374 \quad 0.2121 \quad 0.4646 \quad 0.0859 \quad 0)$$

$$B_4 = (B_{41} \quad B_{42} \quad B_{43} \quad B_{44} \quad B_{45})$$

$$= (W_{C8} \quad W_{C9}) \begin{bmatrix} R_{81} & R_{82} & R_{83} & R_{84} & R_{85} \\ R_{91} & R_{92} & R_{93} & R_{94} & R_{95} \end{bmatrix}$$

$$= (0.6667 \quad 0.3333) \begin{bmatrix} 0.0000 & 0.2273 & 0.5000 & 0.2273 & 0.0455 \\ 0.1364 & 0.5909 & 0.2273 & 0.0455 & 0.0000 \end{bmatrix}$$

$$= (0.0455 \quad 0.3485 \quad 0.4091 \quad 0.1667 \quad 0.0303)$$

$$B = (W_{B1} \quad W_{B2} \quad W_{B3} \quad W_{B4}) \begin{bmatrix} B_{11} & B_{12} & B_{13} & B_{14} & B_{15} \\ B_{21} & B_{22} & B_{23} & B_{24} & B_{25} \\ B_{31} & B_{32} & B_{33} & B_{34} & B_{35} \\ B_{41} & B_{42} & B_{43} & B_{44} & B_{45} \end{bmatrix}$$

$$= (0.1068, 0.2662, 0.4225, 0.1562, 0.0482)$$

根据以上计算结果，由最大隶属度原则可知，从居民角度来说，大理古城的民族文化资源陷阱处于中警状态。

(二) 基于游客的预警分析

1. 确定因素集 U

因素集是各种影响评价对象集的元素集，通常与评价结果相关。基于游客的预警评价指标共有 13 个，所以因素集 U = (U_1 U_2 … U_i … U_{13})，U_i 表示第 i 个影响因素。

2. 确定评价集 V

评价集是由各类评价结果组成的一组元素集。通常假设有 n 个评价结果。在这里，可以将评价集表示为 V = (V_1 V_2 V_3 V_4 V_5) = (5 4 3 2 1)，其中 V_1、V_2、V_3、V_4、V_5 分别对应无警、轻警、中警、重警、巨警等警情。

第五章 西南地区文化资源陷阱的预警体系　173

3. 确定指标的模糊隶属关系 R

评价集 V 中第 j 个元素 V_j 受因素集 U 的影响，n 个评价结果对应于 mn 个因素，这 mn 个单因素形成评价矩阵 R。

$$R = (R_1 \ R_2 \ R_3 \ R_4 \ R_5) = \begin{bmatrix} R_{11} & \cdots & R_{15} \\ \vdots & \ddots & \vdots \\ R_{13,1} & \cdots & R_{13,5} \end{bmatrix}$$

在大理古城调研了 258 份游客问卷。以景点门票价格（C_1）指标为例，认为价格很低的有 4 份，较低的有 9 份，一般的有 140 份，偏高的有 94 份，很高的有 11 份。

根据前述公式计算，得到：

$R_1 = (R_{11} \ R_{12} \ R_{13} \ R_{14} \ R_{15})$
　　 $= (4/258 \ \ 9/258 \ \ 140/258 \ \ 94/258 \ \ 11/258)$
　　 $= (0.0155 \ \ 0.0349 \ \ 0.5426 \ \ 0.3643 \ \ 0.0426)$

类似地，其他评价集分别为：

$R_2 = (R_{21} \ R_{22} \ R_{23} \ R_{24} \ R_{25}) = (0.0000 \ \ 0.0349 \ \ 0.6589 \ \ 0.2713 \ \ 0.0349)$

$R_3 = (R_{31} \ R_{32} \ R_{33} \ R_{34} \ R_{35}) = (0.0039 \ \ 0.0891 \ \ 0.6822 \ \ 0.1977 \ \ 0.0271)$

$R_4 = (R_{41} \ R_{42} \ R_{43} \ R_{44} \ R_{45}) = (0.0039 \ \ 0.0465 \ \ 0.5736 \ \ 0.3217 \ \ 0.0543)$

$R_5 = (R_{51} \ R_{52} \ R_{53} \ R_{54} \ R_{55}) = (0.0116 \ \ 0.0620 \ \ 0.4961 \ \ 0.3760 \ \ 0.0543)$

$R_6 = (R_{61} \ R_{62} \ R_{63} \ R_{64} \ R_{65}) = (0.0078 \ \ 0.0426 \ \ 0.5000 \ \ 0.3682 \ \ 0.0841)$

$R_7 = (R_{71} \ R_{72} \ R_{73} \ R_{74} \ R_{75}) = (0.0659 \ \ 0.4496 \ \ 0.3915 \ \ 0.0736 \ \ 0.0194)$

$R_8 = (R_{81} \ R_{82} \ R_{83} \ R_{84} \ R_{85}) = (0.0969 \ \ 0.5078 \ \ 0.3217 \ \ 0.0543 \ \ 0.0194)$

$R_9 = (R_{91} \ R_{92} \ R_{93} \ R_{94} \ R_{95}) = (0.0504 \ \ 0.3682 \ \ 0.4612 \ \ 0.1047 \ \ 0.0155)$

$R_{10} = (R_{10,1} \quad R_{10,2} \quad R_{10,3} \quad R_{10,4} \quad R_{10,5}) = (0.0349 \quad 0.3721 \quad 0.4612 \quad 0.1163 \quad 0.0155)$

$R_{11} = (R_{11,1} \quad R_{11,2} \quad R_{11,3} \quad R_{11,4} \quad R_{11,5}) = (0.0504 \quad 0.4186 \quad 0.4070 \quad 0.1008 \quad 0.0233)$

$R_{12} = (R_{12,1} \quad R_{12,2} \quad R_{12,3} \quad R_{12,4} \quad R_{12,5}) = (0.0155 \quad 0.1124 \quad 0.4535 \quad 0.3760 \quad 0.0426)$

$R_{13} = (R_{13,1} \quad R_{13,2} \quad R_{13,3} \quad R_{13,4} \quad R_{13,5}) = (0.1357 \quad 0.4147 \quad 0.2054 \quad 0.1822 \quad 0.0620)$

4. 确定各指标权重 W

由专家评分法计算得出大理古城基于游客的预警指标权重如表 5-9 所示。

表 5-9　　　　　　　　大理古城基于游客的预警指标权重

B 层指标名称	权重 W	C 层指标名称	权重 W
价格 B_1	0.25	景点门票价格 C_1	0.2074
		住宿价格 C_2	0.1556
		交通价格 C_3	0.1518
		饮食价格 C_4	0.1666
		手工艺品价格 C_5	0.1593
		纪念品价格 C_6	0.1593
游客态度 B_2	0.25	对景区服务是否满意 C_7	0.2963
		对住宿服务是否满意 C_8	0.2129
		对交通服务是否满意 C_9	0.2222
		对饮食服务是否满意 C_{10}	0.2685
转化利用 B_3	0.2037	文化资源转化利用方式 C_{11}	0.5556
		文化资源转化利用程度 C_{12}	0.4444
游客信心 B_4	0.2963	是否愿意投资当地的民族文化资源转化 C_{13}	1.0000

资料来源：笔者计算。

5. 确定模糊综合评价集 B

在单因素评价矩阵 R 中，R_{ij} 表示第 i 个因素对第 j 个指标的影响，当权重 W 和 R 已知时，通过 W 和 R 的模糊转换可以得到综合评价集 W，然后根据最大隶属度原则可确定该地区所处的预警情况。

根据前述计算公式得到：

$B_1 = (B_{11} \quad B_{12} \quad B_{13} \quad B_{14} \quad B_{15})$

$= (W_{C1} \quad W_{C2} \quad W_{C3} \quad W_{C4} \quad W_{C5} \quad W_{C6}) \begin{bmatrix} R_{11} & R_{12} & R_{13} & R_{14} & R_{15} \\ R_{21} & R_{22} & R_{23} & R_{24} & R_{25} \\ R_{31} & R_{32} & R_{33} & R_{34} & R_{35} \\ R_{41} & R_{42} & R_{43} & R_{44} & R_{45} \\ R_{51} & R_{52} & R_{53} & R_{54} & R_{55} \\ R_{61} & R_{62} & R_{63} & R_{64} & R_{65} \end{bmatrix}$

$= (0.2074 \quad 0.1556 \quad 0.1518 \quad 0.1666 \quad 0.1593 \quad 0.1593) \times$

$\begin{bmatrix} 0.0155 & 0.0349 & 0.5426 & 0.3643 & 0.0426 \\ 0.0000 & 0.0349 & 0.6589 & 0.2713 & 0.0349 \\ 0.0039 & 0.0891 & 0.6822 & 0.1977 & 0.0271 \\ 0.0039 & 0.0465 & 0.5736 & 0.3217 & 0.0543 \\ 0.0116 & 0.0620 & 0.4961 & 0.3760 & 0.0543 \\ 0.0078 & 0.0426 & 0.5000 & 0.3682 & 0.0841 \end{bmatrix}$

$= (0.0075 \quad 0.0506 \quad 0.5729 \quad 0.3199 \quad 0.0490)$

类似地，可以算出：

$B_2 = (B_{21} \quad B_{22} \quad B_{23} \quad B_{24} \quad B_{25})$

$= (W_{C7} \quad W_{C8} \quad W_{C9} \quad W_{C10}) \begin{bmatrix} R_{71} & R_{72} & R_{73} & R_{74} & R_{75} \\ R_{81} & R_{82} & R_{83} & R_{84} & R_{85} \\ R_{91} & R_{92} & R_{93} & R_{94} & R_{95} \\ R_{10,1} & R_{10,2} & R_{10,3} & R_{10,4} & R_{10,5} \end{bmatrix}$

$= (0.2963 \quad 0.2129 \quad 0.2222 \quad 0.2685)$

$\begin{bmatrix} 0.0659 & 0.4496 & 0.3915 & 0.0736 & 0.0194 \\ 0.0969 & 0.5078 & 0.3217 & 0.0543 & 0.0194 \\ 0.0504 & 0.3682 & 0.4612 & 0.1047 & 0.0155 \\ 0.0349 & 0.3721 & 0.4612 & 0.1163 & 0.0155 \end{bmatrix}$

$= (0.0607 \quad 0.4230 \quad 0.4108 \quad 0.0878 \quad 0.0175)$

$B_3 = (B_{31} \quad B_{32} \quad B_{33} \quad B_{34} \quad B_{35})$

$$= \begin{pmatrix} W_{C11} & W_{C12} \end{pmatrix} \begin{bmatrix} R_{11,1} & R_{11,2} & R_{11,3} & R_{11,4} & R_{11,5} \\ R_{12,1} & R_{12,2} & R_{12,3} & R_{12,4} & R_{12,5} \end{bmatrix}$$

$$= \begin{pmatrix} 0.5556 & 0.4444 \end{pmatrix} \begin{bmatrix} 0.0504 & 0.4186 & 0.4070 & 0.1008 & 0.0233 \\ 0.0155 & 0.1124 & 0.4535 & 0.3760 & 0.0426 \end{bmatrix}$$

$$= (0.0349 \quad 0.2825 \quad 0.4276 \quad 0.2231 \quad 0.0319)$$

$$B_4 = (B_{41} \quad B_{42} \quad B_{43} \quad B_{44} \quad B_{45})$$

$$= W_{C13}(R_{13,1} \quad R_{13,2} \quad R_{13,3} \quad R_{13,4} \quad R_{13,5})$$

$$= (0.1357 \quad 0.4147 \quad 0.2054 \quad 0.1822 \quad 0.0620)$$

$$B = (W_{B1} \quad W_{B2} \quad W_{B3} \quad W_{B4}) \begin{bmatrix} B_{11} & B_{12} & B_{13} & B_{14} & B_{15} \\ B_{21} & B_{22} & B_{23} & B_{24} & B_{25} \\ B_{31} & B_{32} & B_{33} & B_{34} & B_{35} \\ B_{41} & B_{42} & B_{43} & B_{44} & B_{45} \end{bmatrix}$$

$$= (0.2500 \quad 0.2500 \quad 0.2037 \quad 0.2963)$$

$$\begin{bmatrix} 0.0075 & 0.0506 & 0.5729 & 0.3199 & 0.0490 \\ 0.0607 & 0.4230 & 0.4108 & 0.0878 & 0.0175 \\ 0.0349 & 0.2825 & 0.4276 & 0.2231 & 0.0319 \\ 0.1357 & 0.4147 & 0.2054 & 0.1822 & 0.0620 \end{bmatrix}$$

$$= (0.0644 \quad 0.2989 \quad 0.3939 \quad 0.2014 \quad 0.0415)$$

根据以上计算结果，由最大隶属度原则可知，从游客角度来说，大理古城的民族文化资源陷阱处于中警状态。

三 案例分析——泸沽湖洛水村

本次调研在泸沽湖洛水村共收集有效问卷94份，其中居民问卷72份，游客问卷22份，下面将分别对这两部分进行分析。

（一）基于居民的预警分析

1. 确定因素集U

对于居民，影响预警评价的指标共有9个，所以因素集$U = (U_1 \cdots U_i \cdots U_9)$，$U_i$表示第$i$个影响因素。

2. 确定评价集V

在这里，可以将评价集表示为$V = (V_1 \quad V_2 \quad V_3 \quad V_4 \quad V_5) = (5 \quad 4 \quad 3$

2 1),其中 V_1、V_2、V_3、V_4、V_5 分别对应无警、轻警、中警、重警、巨警等警情。

3. 确定指标的模糊隶属关系 R

评价集 V 中第 j 个元素 V_j 受因素集 U 的影响，n 个评价结果对应于 mn 个评价因素，这些评价因素形成评价矩阵 R。

$$R = (R_1 \quad R_2 \quad R_3 \quad R_4 \quad R_5) = \begin{bmatrix} R_{11} & \cdots & R_{15} \\ \vdots & \ddots & \vdots \\ R_{91} & \cdots & R_{95} \end{bmatrix}$$

在泸沽湖洛水村调研 72 份居民问卷。以作息时间是否改变（C_1）指标为例，居民中认为没变的有 14 份，认为有点变化的有 29 份，认为变化很大的有 22 份，认为全变样的有 7 份，所以得出：

$R_1 = (R_{11} \quad R_{12} \quad R_{13} \quad R_{14} \quad R_{15}) = (14/72 \quad 29/72 \quad 22/72 \quad 7/72 \quad 0)$
$= (0.1944 \quad 0.4028 \quad 0.3056 \quad 0.0972 \quad 0.0000)$

按照上面的算法，得出其他评价因素集分别为：

$R_2 = (R_{21} \quad R_{22} \quad R_{23} \quad R_{24} \quad R_{25}) = (0.1806 \quad 0.1667 \quad 0.2639 \quad 0.2361 \quad 0.1528)$

$R_3 = (R_{31} \quad R_{32} \quad R_{33} \quad R_{34} \quad R_{35}) = (0.0556 \quad 0.2917 \quad 0.5278 \quad 0.1111 \quad 0.0139)$

$R_4 = (R_{41} \quad R_{42} \quad R_{43} \quad R_{44} \quad R_{45}) = (0.0556 \quad 0.2778 \quad 0.5139 \quad 0.1111 \quad 0.0417)$

$R_5 = (R_{51} \quad R_{52} \quad R_{53} \quad R_{54} \quad R_{55}) = (0.0972 \quad 0.3750 \quad 0.4167 \quad 0.0972 \quad 0.0139)$

$R_6 = (R_{61} \quad R_{62} \quad R_{63} \quad R_{64} \quad R_{65}) = (0.1528 \quad 0.4028 \quad 0.3750 \quad 0.0417 \quad 0.0278)$

$R_7 = (R_{71} \quad R_{72} \quad R_{73} \quad R_{74} \quad R_{75}) = (0.1111 \quad 0.1806 \quad 0.5000 \quad 0.1944 \quad 0.0139)$

$R_8 = (R_{81} \quad R_{82} \quad R_{83} \quad R_{84} \quad R_{85}) = (0.0833 \quad 0.3194 \quad 0.2778 \quad 0.2639 \quad 0.0556)$

$R_9 = (R_{91} \quad R_{92} \quad R_{93} \quad R_{94} \quad R_{95}) = (0.2361 \quad 0.5000 \quad 0.1389 \quad 0.1250 \quad 0.0000)$

4. 确定各指标权重 W

采用专家评分法来确定各项指标的权重，通过计算得到各指标权重如表 5-10 所示。

表 5-10　　　　泸沽湖洛水村基于居民的预警指标权重

B 层指标名称	权重 W	C 层指标名称	权重 W
开发影响 B_1	0.2037	作息时间是否改变 C_1	0.3889
		资源转化中受益如何 C_2	0.6111
居民感知 B_2	0.2037	游客的语言是否文明 C_3	0.2407
		游客的行为是否文明 C_4	0.3889
		与游客的交流是否愉快 C_5	0.3704
转化利用 B_3	0.3056	文化资源转化利用途径 C_6	0.6111
		文化资源转化利用程度 C_7	0.3889
原真性 B_4	0.2870	传统民族文化的保持程度 C_8	0.6111
		民族文化表演仪式的变化程度 C_9	0.3889

资料来源：笔者计算。

5. 确定模糊综合评价集 B

在单因素评价矩阵 R 中，R_{ij} 表示第 i 个因素对第 j 个指标的影响，当权重 W 和 R 已知时，通过 W 和 R 的模糊转换可以得到综合评价集 W，然后根据最大隶属度原则可确定该地区所处的预警情况。

根据前述计算公式得到：

$$B_1 = (B_{11} \quad B_{12} \quad B_{13} \quad B_{14} \quad B_{15})$$

$$= (W_{C1} \quad W_{C2}) \begin{bmatrix} R_{11} & R_{12} & R_{13} & R_{14} & R_{15} \\ R_{21} & R_{22} & R_{23} & R_{24} & R_{25} \end{bmatrix}$$

$$= (0.3889 \quad 0.6111) \begin{bmatrix} 0.1944 & 0.4028 & 0.3056 & 0.0972 & 0.0000 \\ 0.1806 & 0.1667 & 0.2639 & 0.2361 & 0.1528 \end{bmatrix}$$

$$= (0.1860 \quad 0.2585 \quad 0.2801 \quad 0.1821 \quad 0.0934)$$

类似地，可以算出：

$$B_2 = (B_{21} \quad B_{22} \quad B_{23} \quad B_{24} \quad B_{25})$$

第五章 西南地区文化资源陷阱的预警体系 179

$$= (W_{C3} \quad W_{C4} \quad W_{C5}) \begin{bmatrix} R_{31} & R_{32} & R_{33} & R_{34} & R_{35} \\ R_{41} & R_{42} & R_{43} & R_{44} & R_{45} \\ R_{51} & R_{52} & R_{53} & R_{54} & R_{55} \end{bmatrix}$$

$$= (0.2407 \quad 0.3889 \quad 0.3704)\begin{bmatrix} 0.0556 & 0.2917 & 0.5278 & 0.1111 & 0.0139 \\ 0.0556 & 0.2778 & 0.5139 & 0.1111 & 0.0417 \\ 0.0972 & 0.3750 & 0.4167 & 0.0972 & 0.0139 \end{bmatrix}$$

$$= (0.0710 \quad 0.3171 \quad 0.4812 \quad 0.1060 \quad 0.0247)$$

$$B_3 = (B_{31} \quad B_{32} \quad B_{33} \quad B_{34} \quad B_{35})$$

$$= (W_{C6} \quad W_{C7})\begin{bmatrix} R_{61} & R_{62} & R_{63} & R_{64} & R_{65} \\ R_{71} & R_{72} & R_{73} & R_{74} & R_{75} \end{bmatrix}$$

$$= (0.6111 \quad 0.3889)\begin{bmatrix} 0.1528 & 0.4028 & 0.3750 & 0.0417 & 0.0278 \\ 0.1111 & 0.1806 & 0.5000 & 0.1944 & 0.0139 \end{bmatrix}$$

$$= (0.1366, 0.3164, 0.4236, 0.1011, 0.0224)$$

$$B_4 = (B_{41} \quad B_{42} \quad B_{43} \quad B_{44} \quad B_{45})$$

$$= (W_{C8} \quad W_{C9})\begin{bmatrix} R_{81} & R_{82} & R_{83} & R_{84} & R_{85} \\ R_{91} & R_{92} & R_{93} & R_{94} & R_{95} \end{bmatrix}$$

$$= (0.6111 \quad 0.3889)\begin{bmatrix} 0.0833 & 0.3194 & 0.2778 & 0.2639 & 0.0556 \\ 0.2361 & 0.5000 & 0.1389 & 0.1250 & 0.0000 \end{bmatrix}$$

$$= (0.1427, 0.3897, 0.2238, 0.2099, 0.0340)$$

$$B = (W_{B1} \quad W_{B2} \quad W_{B3} \quad W_{B4})\begin{bmatrix} B_{11} & B_{12} & B_{13} & B_{14} & B_{15} \\ B_{21} & B_{22} & B_{23} & B_{24} & B_{25} \\ B_{31} & B_{32} & B_{33} & B_{34} & B_{35} \\ B_{41} & B_{42} & B_{43} & B_{44} & B_{45} \end{bmatrix}$$

$$= (0.2037 \quad 0.2037 \quad 0.3056 \quad 0.2870)\begin{bmatrix} 0.1860 & 0.2585 & 0.2801 & 0.1821 & 0.0934 \\ 0.0710 & 0.3171 & 0.4812 & 0.1060 & 0.0247 \\ 0.1366 & 0.3164 & 0.4236 & 0.1011 & 0.0224 \\ 0.1427 & 0.3897 & 0.2238 & 0.2099 & 0.0340 \end{bmatrix}$$

$$= (0.1196, 0.2939, 0.3246, 0.1421, 0.0406)$$

根据以上计算结果，由最大隶属度原则可知，从居民角度来说，泸沽湖洛水村的民族文化资源陷阱处于中警状态。

（二）基于游客的预警分析

1. 确定因素集 U

因素集是各种影响评价对象集的元素集，通常与评价结果相关。基于游客的预警评价指标共有 13 个，所以因素集 U = (U_1 U_2 ⋯ U_i ⋯ U_{13})，U_i 表示第 i 个影响因素。

2. 确定评价集 V

评价集是由各类评价结果组成的一组元素集。通常假设有 n 个评价结果。在这里，可以将评价集表示为 V = (V_1 V_2 V_3 V_4 V_5) = (5 4 3 2 1)，其中 V_1、V_2、V_3、V_4、V_5 分别对应无警、轻警、中警、重警、巨警等警情。

3. 确定指标的模糊隶属关系 R

评价集 V 中第 j 个元素 V_j 受因素集 U 的影响，n 个评价结果对应于 mn 个因素，这 mn 个单因素形成评价矩阵 R。

$$R = (R_1 \quad R_2 \quad R_3 \quad R_4 \quad R_5) = \begin{bmatrix} R_{11} & \cdots & R_{15} \\ \vdots & \ddots & \vdots \\ R_{13,1} & \cdots & R_{13,5} \end{bmatrix}$$

在泸沽湖洛水村调研了 22 份游客问卷。以景点门票价格（C_1）指标为例，游客中认为价格很低的有 0 份，较低的有 1 份，一般的有 10 份，偏高的有 11 份，很高的有 0 份。

因此计算得出：

R1 = (R_{11} R_{12} R_{13} R_{14} R_{15}) = (0 1/22 10/22 11/22 0)
    = (0 0.0455 0.4545 0.5000 0)

按照上面的算法，得出其他评价因素集分别为：

R_2 = (R_{21} R_{22} R_{23} R_{24} R_{25}) = (0.0455 0.2273 0.7273 0 0)

R_3 = (R_{31} R_{32} R_{33} R_{34} R_{35}) = (0.0455 0.4545 0.5000 0 0)

R_4 = (R_{41} R_{42} R_{43} R_{44} R_{45}) = (0.0455 0.2727 0.6364 0.0455 0)

R_5 = (R_{51} R_{52} R_{53} R_{54} R_{55}) = (0 0 0.6364 0.3636 0)

第五章　西南地区文化资源陷阱的预警体系　181

$R_6 = (R_{61} \quad R_{62} \quad R_{63} \quad R_{64} \quad R_{65}) = (0 \quad 0 \quad 0.6364 \quad 0.3636 \quad 0)$

$R_7 = (R_{71} \quad R_{72} \quad R_{73} \quad R_{74} \quad R_{75}) = (0 \quad 0.4091 \quad 0.5 \quad 0.0455 \quad 0.0455)$

$R_8 = (R_{81} \quad R_{82} \quad R_{83} \quad R_{84} \quad R_{85}) = (0.0455 \quad 0.2273 \quad 0.6364 \quad 0.0455 \quad 0.0455)$

$R_9 = (R_{91} \quad R_{92} \quad R_{93} \quad R_{94} \quad R_{95}) = (0 \quad 0.3636 \quad 0.4545 \quad 0.0909 \quad 0.0909)$

$R_{10} = (R_{10,1} \quad R_{10,2} \quad R_{10,3} \quad R_{10,4} \quad R_{10,5}) = (0 \quad 0.1818 \quad 0.7273 \quad 0.0455 \quad 0.0455)$

$R_{11} = (R_{11,1} \quad R_{11,2} \quad R_{11,3} \quad R_{11,4} \quad R_{11,5}) = (0.3182 \quad 0.5909 \quad 0.0909 \quad 0 \quad 0)$

$R_{12} = (R_{12,1} \quad R_{12,2} \quad R_{12,3} \quad R_{12,4} \quad R_{12,5}) = (0.0909 \quad 0.0909 \quad 0.4545 \quad 0.3182 \quad 0.0455)$

$R_{13} = (R_{13,1} \quad R_{13,2} \quad R_{13,3} \quad R_{13,4} \quad R_{13,5}) = (0 \quad 0.2727 \quad 0.3636 \quad 0.2273 \quad 0.1364)$

4. 确定各指标权重 W

由专家评分法计算得出泸沽湖洛水村游客的预警指标权重如表 5 - 11 所示。

表 5 - 11　　　泸沽湖洛水村基于游客的预警指标权重

B 层指标名称	权重 W	C 层指标名称	权重 W
价格 B_1	0.2685	景点门票价格 C_1	0.2037
		住宿价格 C_2	0.1444
		交通价格 C_3	0.163
		饮食价格 C_4	0.1778
		手工艺品价格 C_5	0.1556
		纪念品价格 C_6	0.1556
游客态度 B_2	0.1852	对景区服务是否满意 C_7	0.3056
		对住宿服务是否满意 C_8	0.2407
		对交通服务是否满意 C_9	0.2222
		对饮食服务是否满意 C_{10}	0.2315

续表

B 层指标名称	权重 W	C 层指标名称	权重 W
转化利用 B_3	0.2685	文化资源转化利用方式 C_{11}	0.4444
		文化资源转化利用程度 C_{12}	0.5556
游客信心 B_4	0.2778	是否愿意投资当地的民族文化资源转化 C_{13}	1

资料来源：笔者计算。

5. 确定模糊综合评价集 B

在单因素评价矩阵 R 中，R_{ij} 表示第 i 个因素对第 j 个指标的影响，当权重 W 和 R 已知时，通过 W 和 R 的模糊转换可以得到综合评价集 W，然后根据最大隶属度原则可确定该地区所处的预警情况。

根据前述计算公式得到：

$$B_1 = (B_{11} \quad B_{12} \quad B_{13} \quad B_{14} \quad B_{15})$$

$$= (W_{C1} \quad W_{C2} \quad W_{C3} \quad W_{C4} \quad W_{C5} \quad W_{C6}) \begin{bmatrix} R_{11} & R_{12} & R_{13} & R_{14} & R_{15} \\ R_{21} & R_{22} & R_{23} & R_{24} & R_{25} \\ R_{31} & R_{32} & R_{33} & R_{34} & R_{35} \\ R_{41} & R_{42} & R_{43} & R_{44} & R_{45} \\ R_{51} & R_{52} & R_{53} & R_{54} & R_{55} \\ R_{61} & R_{62} & R_{63} & R_{64} & R_{65} \end{bmatrix}$$

$$= (0.2037 \quad 0.1444 \quad 0.163 \quad 0.1778 \quad 0.1556 \quad 0.1556) \times$$

$$\begin{bmatrix} 0.0000 & 0.0455 & 0.4545 & 0.5000 & 0.0000 \\ 0.0455 & 0.2273 & 0.7273 & 0.0000 & 0.0000 \\ 0.0455 & 0.4545 & 0.5000 & 0.0000 & 0.0000 \\ 0.0455 & 0.2727 & 0.6364 & 0.0455 & 0.0000 \\ 0.0000 & 0.0000 & 0.6364 & 0.3636 & 0.0000 \\ 0.0000 & 0.0000 & 0.6364 & 0.3636 & 0.0000 \end{bmatrix}$$

$$= (0.0221 \quad 0.1647 \quad 0.5903 \quad 0.2231 \quad 0)$$

类似地，可以算出：

$$B_2 = (B_{21} \quad B_{22} \quad B_{23} \quad B_{24} \quad B_{25})$$

第五章 西南地区文化资源陷阱的预警体系　183

$$= (W_{C7} \quad W_{C8} \quad W_{C9} \quad W_{C10}) \begin{bmatrix} R_{71} & R_{72} & R_{73} & R_{74} & R_{75} \\ R_{81} & R_{82} & R_{83} & R_{84} & R_{85} \\ R_{91} & R_{92} & R_{93} & R_{94} & R_{95} \\ R_{10,1} & R_{10,2} & R_{10,3} & R_{10,4} & R_{10,5} \end{bmatrix}$$

$$= (0.3056 \quad 0.2407 \quad 0.2222 \quad 0.2315)$$

$$\begin{bmatrix} 0.0000 & 0.4091 & 0.5000 & 0.0455 & 0.0455 \\ 0.0455 & 0.2273 & 0.6364 & 0.0455 & 0.0455 \\ 0.0000 & 0.3636 & 0.4545 & 0.0909 & 0.0909 \\ 0.0000 & 0.1818 & 0.7273 & 0.0455 & 0.0455 \end{bmatrix}$$

$$= (0.0109 \quad 0.3026 \quad 0.5753 \quad 0.0556 \quad 0.0556)$$

$B_3 = (B_{31} \quad B_{32} \quad B_{33} \quad B_{34} \quad B_{35})$

$$= (W_{C11} \quad W_{C12}) \begin{bmatrix} R_{11,1} & R_{11,2} & R_{11,3} & R_{11,4} & R_{11,5} \\ R_{12,1} & R_{12,2} & R_{12,3} & R_{12,4} & R_{12,5} \end{bmatrix}$$

$$= (0.4444 \quad 0.5556) \begin{bmatrix} 0.3182 & 0.5909 & 0.0909 & 0.0000 & 0.0000 \\ 0.0909 & 0.0909 & 0.4545 & 0.3182 & 0.0455 \end{bmatrix}$$

$$= (0.1919 \quad 0.3131 \quad 0.2929 \quad 0.1768 \quad 0.0253)$$

$B_4 = (B_{41} \quad B_{42} \quad B_{43} \quad B_{44} \quad B_{45})$

$$= W_{C13}(R_{13,1} \quad R_{13,2} \quad R_{13,3} \quad R_{13,4} \quad R_{13,5})$$

$$= (0 \quad 0.2727 \quad 0.3636 \quad 0.2273 \quad 0.1364)$$

$$B = (W_{B1} \quad W_{B2} \quad W_{B3} \quad W_{B4}) \begin{bmatrix} B_{11} & B_{12} & B_{13} & B_{14} & B_{15} \\ B_{21} & B_{22} & B_{23} & B_{24} & B_{25} \\ B_{31} & B_{32} & B_{33} & B_{34} & B_{35} \\ B_{41} & B_{42} & B_{43} & B_{44} & B_{45} \end{bmatrix}$$

$$= (0.2685 \quad 0.1852 \quad 0.2685 \quad 0.2778)$$

$$\begin{bmatrix} 0.0221 & 0.1647 & 0.5903 & 0.2231 & 0.0000 \\ 0.0109 & 0.3026 & 0.5753 & 0.0556 & 0.0556 \\ 0.1919 & 0.3131 & 0.2929 & 0.1768 & 0.0253 \\ 0.0595 & 0.2601 & 0.4447 & 0.1808 & 0.0550 \end{bmatrix}$$

$$= (0.0595 \quad 0.2601 \quad 0.4447 \quad 0.1808 \quad 0.0550)$$

根据以上计算结果，由最大隶属度原则可知，从游客角度来说，泸沽湖洛水村的民族文化资源陷阱处于中警状态。

四 案例分析——道真中国傩城

本次调研在道真中国傩城共收集有效问卷47份，其中居民问卷41份，游客问卷6份，因游客问卷过少，故仅对居民进行预警分析。

（一）确定因素集U

对于居民，影响预警评价的指标共有9个，所以因素集U＝(U_1 … U_i … U_9），U_i表示第i个影响因素。

（二）确定评价集V

在这里，可以将评价集表示为V＝（V_1 V_2 V_3 V_4 V_5）＝（5 4 3 2 1），其中V_1、V_2、V_3、V_4、V_5分别对应无警、轻警、中警、重警、巨警等警情。

（三）确定指标的模糊隶属关系R

评价集V中第j个元素V_j受因素集U的影响，n个评价结果对应于mn个评价因素，这些评价因素形成评价矩阵R。

$$R = (R_1\ R_2\ R_3\ R_4\ R_5) = \begin{bmatrix} R_{11} & \cdots & R_{15} \\ \vdots & \ddots & \vdots \\ R_{91} & \cdots & R_{95} \end{bmatrix}$$

在道真中国傩城调研41份居民有效问卷。以作息时间是否改变（C_1）指标为例，居民中认为没变的有11份，认为有点变化的有15份，认为变化很大的有13份，认为全变样的有2份，所以得出：

R_1 ＝ (R_{11} R_{12} R_{13} R_{14} R_{15}) ＝ (1/41 15/41 13/41 2/41 0)
　　＝ (0.2683 0.3659 0.3171 0.0488 0)

按照上面的算法，得出其他指标的集合分别为：

R_2 ＝ (R_{21} R_{22} R_{23} R_{24} R_{25}) ＝ (0.0244 0.1951 0.3415 0.3659 0.0732)

R_3 ＝ (R_{31} R_{32} R_{33} R_{34} R_{35}) ＝ (0.0488 0.5610 0.2683 0.0732 0.0488)

R_4 ＝ (R_{41} R_{42} R_{43} R_{44} R_{45}) ＝ (0.0488 0.4878 0.3415 0.0732 0.0488)

第五章 西南地区文化资源陷阱的预警体系 185

$R_5 = (R_{51} \quad R_{52} \quad R_{53} \quad R_{54} \quad R_{55}) = (0.0244 \quad 0.5122 \quad 0.2683 \quad 0.1220 \quad 0.0732)$

$R_6 = (R_{61} \quad R_{62} \quad R_{63} \quad R_{64} \quad R_{65}) = (0.0976 \quad 0.5610 \quad 0.1951 \quad 0.1463 \quad 0)$

$R_7 = (R_{71} \quad R_{72} \quad R_{73} \quad R_{74} \quad R_{75}) = (0.0488 \quad 0.0976 \quad 0.6829 \quad 0.1707 \quad 0)$

$R_8 = (R_{81} \quad R_{82} \quad R_{83} \quad R_{84} \quad R_{85}) = (0.0244 \quad 0.2195 \quad 0.6341 \quad 0.0732 \quad 0.0488)$

$R_9 = (R_{91} \quad R_{92} \quad R_{93} \quad R_{94} \quad R_{95}) = (0.2195 \quad 0.3659 \quad 0.3902 \quad 0.0244 \quad 0)$

（四）确定各指标权重 W

由第三小节可知，本文采用专家评分法来确定各项指标的权重，通过计算，得到各指标权重如表5-12所示。

表5-12　道真中国傩城基于居民的预警指标权重

B层指标名称	权重W	C层指标名称	权重W
开发影响 B_1	0.2222	作息时间是否改变 C_1	0.3889
		资源转化中受益如何 C_2	0.6111
居民感知 B_2	0.1852	游客的语言是否文明 C_3	0.2593
		游客的行为是否文明 C_4	0.4074
		与游客的交流是否愉快 C_5	0.3333
转化利用 B_3	0.3148	文化资源转化利用途径 C_6	0.5556
		文化资源转化利用程度 C_7	0.4444
原真性 B_4	0.2778	传统民族文化的保持程度 C_8	0.6111
		民族文化表演仪式的变化程度 C_9	0.3889

资料来源：笔者计算。

（五）确定模糊综合评价集 B

在单因素评价矩阵 R 中，R_{ij} 表示第 i 个因素对第 j 个指标的影响，当权重 W 和 R 已知时，通过 W 和 R 的模糊转换可以得到综合评价集 W，然后根据最大隶属度原则可确定该地区所处的预警情况。

根据前述计算公式得到:

$B_1 = (B_{11} \quad B_{12} \quad B_{13} \quad B_{14} \quad B_{15})$

$= (W_{C1} \quad W_{C2}) \begin{bmatrix} R_{11} & R_{12} & R_{13} & R_{14} & R_{15} \\ R_{21} & R_{22} & R_{23} & R_{24} & R_{25} \end{bmatrix}$

$= (0.3889 \quad 0.6111) \begin{bmatrix} 0.2683 & 0.3659 & 0.3171 & 0.0488 & 0.0000 \\ 0.0244 & 0.1951 & 0.3415 & 0.3659 & 0.0732 \end{bmatrix}$

$= (0.1192 \quad 0.2615 \quad 0.3320 \quad 0.2425 \quad 0.0447)$

类似地,可以算出:

$B_2 = (B_{21} \quad B_{22} \quad B_{23} \quad B_{24} \quad B_{25})$

$= (W_{C3} \quad W_{C4} \quad W_{C5}) \begin{bmatrix} R_{31} & R_{32} & R_{33} & R_{34} & R_{35} \\ R_{41} & R_{42} & R_{43} & R_{44} & R_{45} \\ R_{51} & R_{52} & R_{53} & R_{54} & R_{55} \end{bmatrix}$

$= (0.2593 \quad 0.4074 \quad 0.3333)$
$\begin{bmatrix} 0.0488 & 0.5610 & 0.2683 & 0.0732 & 0.0488 \\ 0.0488 & 0.4878 & 0.3415 & 0.0732 & 0.0488 \\ 0.0244 & 0.5122 & 0.2683 & 0.1220 & 0.0732 \end{bmatrix}$

$= (0.0407 \quad 0.5149 \quad 0.2981 \quad 0.0894 \quad 0.0569)$

$B_3 = (B_{31} \quad B_{32} \quad B_{33} \quad B_{34} \quad B_{35})$

$= (W_{C6} \quad W_{C7}) \begin{bmatrix} R_{61} & R_{62} & R_{63} & R_{64} & R_{65} \\ R_{71} & R_{72} & R_{73} & R_{74} & R_{75} \end{bmatrix}$

$= (0.5556 \quad 0.4444) \begin{bmatrix} 0.0976 & 0.5610 & 0.1951 & 0.1463 & 0.0000 \\ 0.0488 & 0.0976 & 0.6829 & 0.1707 & 0.0000 \end{bmatrix}$

$= (0.0759 \quad 0.3550 \quad 0.4119 \quad 0.1572 \quad 0)$

$B_4 = (B_{41} \quad B_{42} \quad B_{43} \quad B_{44} \quad B_{45})$

$= (W_{C8} \quad W_{C9}) \begin{bmatrix} R_{81} & R_{82} & R_{83} & R_{84} & R_{85} \\ R_{91} & R_{92} & R_{93} & R_{94} & R_{95} \end{bmatrix}$

$= (0.6111 \quad 0.3889) \begin{bmatrix} 0.0244 & 0.2195 & 0.6341 & 0.0732 & 0.0488 \\ 0.2195 & 0.3659 & 0.3902 & 0.0244 & 0.0000 \end{bmatrix}$

$= (0.1003 \quad 0.2764 \quad 0.5393 \quad 0.0542 \quad 0.0298)$

$$B = (W_{B1} \quad W_{B2} \quad W_{B3} \quad W_{B4}) \begin{bmatrix} B_{11} & B_{12} & B_{13} & B_{14} & B_{15} \\ B_{21} & B_{22} & B_{23} & B_{24} & B_{25} \\ B_{31} & B_{32} & B_{33} & B_{34} & B_{35} \\ B_{41} & B_{42} & B_{43} & B_{44} & B_{45} \end{bmatrix}$$

$$= (0.2222 \quad 0.1852 \quad 0.3148 \quad 0.2778)$$

$$\begin{bmatrix} 0.1192 & 0.2615 & 0.3320 & 0.2425 & 0.0447 \\ 0.0407 & 0.5149 & 0.2981 & 0.0894 & 0.0569 \\ 0.0759 & 0.3550 & 0.4119 & 0.1572 & 0.0000 \\ 0.1033 & 0.2764 & 0.5393 & 0.0542 & 0.0298 \end{bmatrix}$$

$$= (0.0858 \quad 0.3420 \quad 0.4085 \quad 0.1350 \quad 0.0288)$$

根据以上计算结果，由最大隶属度原则可知，从居民角度来说，道真中国傩城的民族文化资源陷阱处于中警状态。

五　案例分析——云南光禄古镇

本次调研在云南光禄古镇共收集有效问卷72份，其中居民有效问卷40份，游客有效问卷32份，接下来将分别对这两部分进行分析。

（一）基于居民的预警分析

1. 确定因素集 U

对于居民，影响预警评价的指标共有9个，所以因素集 U = (U_1 … U_i … U_9)，U_i表示第 i 个影响因素。

2. 确定评价集 V

在这里，可以将评价集表示为 V = (V_1　V_2　V_3　V_4　V_5) = (5　4　3　2　1)，其中 V_1、V_2、V_3、V_4、V_5分别对应无警、轻警、中警、重警、巨警等警情。

3. 确定指标的模糊隶属关系 R

评价集 V 中第 j 个元素 V_j 受因素集 U 的影响，n 个评价结果对应于 mn 个评价因素，这些评价因素形成评价矩阵 R。

$$R = (R_1 \quad R_2 \quad R_3 \quad R_4 \quad R_5) = \begin{bmatrix} R_{11} & \cdots & R_{15} \\ \vdots & \ddots & \vdots \\ R_{91} & \cdots & R_{95} \end{bmatrix}$$

在云南光禄古镇收集了 40 份居民有效问卷。以作息时间是否改变（C_1）指标为例，居民中认为没变的有 20 份，认为有点变化的有 10 份，认为变化很大的有 8 份，认为全变样的有 2 份。由此计算出：

$R_1 = (R_{11}\ R_{12}\ R_{13}\ R_{14}\ R_{15}) = (20/40\ 10/40\ 8/40\ 2/40\ 0)$
$= (0.5\ 0.25\ 0.2\ 0.05\ 0)$

按照上面的算法，得出其他评价因素集分别为：

$R_2 = (R_{21}\ R_{22}\ R_{23}\ R_{24}\ R_{25}) = (0.025\ 0.25\ 0.275\ 0.225\ 0.225)$

$R_3 = (R_{31}\ R_{32}\ R_{33}\ R_{34}\ R_{35}) = (0.05\ 0.425\ 0.475\ 0.05\ 0)$

$R_4 = (R_{41}\ R_{42}\ R_{43}\ R_{44}\ R_{45}) = (0.025\ 0.375\ 0.575\ 0.025\ 0)$

$R_5 = (R_{51}\ R_{52}\ R_{53}\ R_{54}\ R_{55}) = (0.05\ 0.475\ 0.45\ 0.025\ 0)$

$R_6 = (R_{61}\ R_{62}\ R_{63}\ R_{64}\ R_{65}) = (0.175\ 0.475\ 0.2\ 0.075\ 0.075)$

$R_7 = (R_{71}\ R_{72}\ R_{73}\ R_{74}\ R_{75}) = (0.1\ 0.125\ 0.55\ 0.2\ 0.025)$

$R_8 = (R_{81}\ R_{82}\ R_{83}\ R_{84}\ R_{85}) = (0.1\ 0.425\ 0.4\ 0.05\ 0.025)$

$R_9 = (R_{91}\ R_{92}\ R_{93}\ R_{94}\ R_{95}) = (0.2\ 0.55\ 0.225\ 0.025\ 0)$

4. 确定各指标权重 W

采用专家评分法来确定各项指标的权重，通过计算得到基于居民的预警指标权重如表 5-13 所示。

表 5-13　　　　云南光禄古镇基于居民的预警指标权重

B 层指标名称	权重 W	C 层指标名称	权重 W
开发影响 B_1	0.197	作息时间是否改变 C_1	0.361
		资源转化中受益如何 C_2	0.639
居民感知 B_2	0.204	游客的语言是否文明 C_3	0.245
		游客的行为是否文明 C_4	0.394
		与游客的交流是否愉快 C_5	0.361
转化利用 B_3	0.315	文化资源转化利用途径 C_6	0.569
		文化资源转化利用程度 C_7	0.431
原真性 B_4	0.285	传统民族文化的保持程度 C_8	0.625
		民族文化表演仪式的变化程度 C_9	0.375

资料来源：笔者计算。

第五章 西南地区文化资源陷阱的预警体系 189

5. 确定模糊综合评价集 B

在单因素评价矩阵 R 中，R_{ij} 表示第 i 个因素对第 j 个指标的影响，当权重 W 和 R 已知时，通过 W 和 R 的模糊转换可以得到综合评价集 W，然后根据最大隶属度原则可确定该地区所处的预警情况。

根据前述计算公式得到：

$$B_1 = (B_{11} \quad B_{12} \quad B_{13} \quad B_{14} \quad B_{15})$$

$$= (W_{C1} \quad W_{C2}) \begin{bmatrix} R_{11} & R_{12} & R_{13} & R_{14} & R_{15} \\ R_{21} & R_{22} & R_{23} & R_{24} & R_{25} \end{bmatrix}$$

$$= (0.361 \quad 0.639) \begin{bmatrix} 0.5000 & 0.2500 & 0.2000 & 0.0500 & 0.0000 \\ 0.0250 & 0.2500 & 0.2750 & 0.2250 & 0.2250 \end{bmatrix}$$

$$= (0.1965 \quad 0.2500 \quad 0.2479 \quad 0.1618 \quad 0.1438)$$

类似地，可以算出：

$$B_2 = (B_{21} \quad B_{22} \quad B_{23} \quad B_{24} \quad B_{25})$$

$$= (W_{C3} \quad W_{C4} \quad W_{C5}) \begin{bmatrix} R_{31} & R_{32} & R_{33} & R_{34} & R_{35} \\ R_{41} & R_{42} & R_{43} & R_{44} & R_{45} \\ R_{51} & R_{52} & R_{53} & R_{54} & R_{55} \end{bmatrix}$$

$$= (0.245 \quad 0.394 \quad 0.361) \begin{bmatrix} 0.0500 & 0.4250 & 0.4750 & 0.0500 & 0.0000 \\ 0.0250 & 0.3750 & 0.5750 & 0.0250 & 0.0000 \\ 0.0500 & 0.4750 & 0.4500 & 0.0250 & 0.0000 \end{bmatrix}$$

$$= (0.0402 \quad 0.4234 \quad 0.5054 \quad 0.0311 \quad 0)$$

$$B_3 = (B_{31} \quad B_{32} \quad B_{33} \quad B_{34} \quad B_{35})$$

$$= (W_{C6} \quad W_{C7}) \begin{bmatrix} R_{61} & R_{62} & R_{63} & R_{64} & R_{65} \\ R_{71} & R_{72} & R_{73} & R_{74} & R_{75} \end{bmatrix}$$

$$= (0.569 \quad 0.431) \begin{bmatrix} 0.1750 & 0.4750 & 0.2000 & 0.0750 & 0.0750 \\ 0.1000 & 0.1250 & 0.5500 & 0.2000 & 0.0250 \end{bmatrix}$$

$$= (0.1427 \quad 0.3242 \quad 0.3509 \quad 0.1289 \quad 0.0535)$$

$$B_4 = (B_{41} \quad B_{42} \quad B_{43} \quad B_{44} \quad B_{45})$$

$$= (W_{C8} \quad W_{C9}) \begin{bmatrix} R_{81} & R_{82} & R_{83} & R_{84} & R_{85} \\ R_{91} & R_{92} & R_{93} & R_{94} & R_{95} \end{bmatrix}$$

$$= (0.6250 \quad 0.3750) \begin{bmatrix} 0.1000 & 0.4250 & 0.4000 & 0.0500 & 0.0250 \\ 0.2000 & 0.5500 & 0.2250 & 0.0250 & 0.0000 \end{bmatrix}$$

$$= (0.1375 \quad 0.4719 \quad 0.3344 \quad 0.0406 \quad 0.0156)$$

$$B = (W_{B1} \quad W_{B2} \quad W_{B3} \quad W_{B4}) \begin{bmatrix} B_{11} & B_{12} & B_{13} & B_{14} & B_{15} \\ B_{21} & B_{22} & B_{23} & B_{24} & B_{25} \\ B_{31} & B_{32} & B_{33} & B_{34} & B_{35} \\ B_{41} & B_{42} & B_{43} & B_{44} & B_{45} \end{bmatrix}$$

$$= (0.197 \quad 0.204 \quad 0.315 \quad 0.285)$$

$$\begin{bmatrix} 0.1965 & 0.2500 & 0.2479 & 0.1618 & 0.1438 \\ 0.0402 & 0.4234 & 0.5054 & 0.0311 & 0.0000 \\ 0.1427 & 0.3242 & 0.3509 & 0.1289 & 0.0535 \\ 0.1375 & 0.4719 & 0.3344 & 0.0406 & 0.0156 \end{bmatrix}$$

$$= (0.1310 \quad 0.3722 \quad 0.3578 \quad 0.0904 \quad 0.0496)$$

根据以上计算结果，由最大隶属度原则可知，从居民角度来说，云南光禄古镇的民族文化资源陷阱处于轻警状态。

（二）基于游客的预警分析

1. 确定因素集 U

因素集是各种影响评价对象集的元素集，通常与评价结果相关。基于游客的预警评价指标共有 13 个，所以因素集 U = (U_1 U_2 … U_i … U_{13})，U_i 表示第 i 个影响因素。

2. 确定评价集 V

评价集是由各类评价结果组成的一组元素集。通常假设有 n 个评价结果。在这里，可以将评价集表示为 V = (V_1 V_2 V_3 V_4 V_5) = (5 4 3 2 1)，其中 V_1、V_2、V_3、V_4、V_5 分别对应无警、轻警、中警、重警、巨警等警情。

3. 确定指标的模糊隶属关系 R

评价集 V 中第 j 个元素 V_j 受因素集 U 的影响，n 个评价结果对应于 mn 个因素，这 mn 个单因素形成评价矩阵 R。

$$R = (R_1 \quad R_2 \quad R_3 \quad R_4 \quad R_5) = \begin{bmatrix} R_{11} & \cdots & R_{15} \\ \vdots & \ddots & \vdots \\ R_{13,1} & \cdots & R_{13,5} \end{bmatrix}$$

在云南光禄古镇收集了 32 份游客有效问卷。以景点门票价格（C_1）指标为例，游客中认为价格很低的有 3 份，认为较低的有 4 份，认为一般的有 17 份，认为偏高的有 6 份，认为很高的有 2 份。

由此计算得出：

$R_1 = (R_{11}\ R_{12}\ R_{13}\ R_{14}\ R_{15}) = (3/32\ 4/32\ 17/32\ 6/32\ 2/32)$
$\quad = (0.0938\ 0.1250\ 0.5313\ 0.1875\ 0.0625)$

按照上面的算法，得出其他评价元素集分别为：

$R_2 = (R_{21}\ R_{22}\ R_{23}\ R_{24}\ R_{25}) = (0\ 0.0938\ 0.75\ 0.0938\ 0.0625)$

$R_3 = (R_{31}\ R_{32}\ R_{33}\ R_{34}\ R_{35}) = (0\ 0.25\ 0.6563\ 0.0625\ 0.0313)$

$R_4 = (R_{41}\ R_{42}\ R_{43}\ R_{44}\ R_{45}) = (0.0313\ 0.1563\ 0.6875\ 0.0938\ 0.0313)$

$R_5 = (R_{51}\ R_{52}\ R_{53}\ R_{54}\ R_{55}) = (0.0625\ 0.7188\ 0.1875\ 0.0313\ 0)$

$R_6 = (R_{61}\ R_{62}\ R_{63}\ R_{64}\ R_{65}) = (0\ 0.0625\ 0.625\ 0.2813\ 0.0313)$

$R_7 = (R_{71}\ R_{72}\ R_{73}\ R_{74}\ R_{75}) = (0.1562\ 0.3125\ 0.4375\ 0.0937\ 0)$

$R_8 = (R_{81}\ R_{82}\ R_{83}\ R_{84}\ R_{85}) = (0.0937\ 0.2812\ 0.625\ 0\ 0)$

$R_9 = (R_{91}\ R_{92}\ R_{93}\ R_{94}\ R_{95}) = (0.125\ 0.2812\ 0.5\ 0.0937\ 0)$

$R_{10} = (R_{10,1}\ R_{10,2}\ R_{10,3}\ R_{10,4}\ R_{10,5}) = (0.125\ 0.25\ 0.5625\ 0.0625\ 0)$

$R_{11} = (R_{11,1}\ R_{11,2}\ R_{11,3}\ R_{11,4}\ R_{11,5}) = (0\ 0.125\ 0.375\ 0.4687\ 0.0312)$

$R_{12} = (R_{12,1}\ R_{12,2}\ R_{12,3}\ R_{12,4}\ R_{12,5}) = (0\ 0.0937\ 0.5625\ 0.3125\ 0.0312)$

$R_{13} = (R_{13,1}\ R_{13,2}\ R_{13,3}\ R_{13,4}\ R_{13,5}) = (0.125\ 0.375\ 0.2187\ 0.0937\ 0.1875)$

4. 确定各指标权重 W

由专家评分法计算得出云南光禄古镇基于游客的预警指标权重如表 5-14

所示。

表 5－14　　　云南光禄古镇基于游客的预警指标权重

B 层指标名称	权重 W	C 层指标名称	权重 W
价格 B_1	0.259	景点门票价格 C_1	0.197
		住宿价格 C_2	0.162
		交通价格 C_3	0.163
		饮食价格 C_4	0.170
		手工艺品价格 C_5	0.154
		纪念品价格 C_6	0.154
游客态度 B_2	0.220	对景区服务是否满意 C_7	0.303
		对住宿服务是否满意 C_8	0.222
		对交通服务是否满意 C_9	0.220
		对饮食服务是否满意 C_{10}	0.255
转化利用 B_3	0.245	文化资源转化利用方式 C_{11}	0.486
		文化资源转化利用程度 C_{12}	0.514
游客信心 B_4	0.275	是否愿意投资当地的民族文化资源转化 C_{13}	1

资料来源：笔者计算。

5. 确定模糊综合评价集 B

在单因素评价矩阵 R 中，R_{ij} 表示第 i 个因素对第 j 个指标的影响，当权重 W 和 R 已知时，通过 W 和 R 的模糊转换可以得到综合评价集 W，然后根据最大隶属度原则可确定该地区所处的预警情况。

根据前述计算公式得到：

$$B_1 = (B_{11} \quad B_{12} \quad B_{13} \quad B_{14} \quad B_{15})$$

$$= (W_{C1} \quad W_{C2} \quad W_{C3} \quad W_{C4} \quad W_{C5} \quad W_{C6}) \begin{bmatrix} R_{11} & R_{12} & R_{13} & R_{14} & R_{15} \\ R_{21} & R_{22} & R_{23} & R_{24} & R_{25} \\ R_{31} & R_{32} & R_{33} & R_{34} & R_{35} \\ R_{41} & R_{42} & R_{43} & R_{44} & R_{45} \\ R_{51} & R_{52} & R_{53} & R_{54} & R_{55} \\ R_{61} & R_{62} & R_{63} & R_{64} & R_{65} \end{bmatrix}$$

$$= (0.197 \quad 0.162 \quad 0.163 \quad 0.17 \quad 0.154)$$

$$\begin{bmatrix} 0.0938 & 0.1250 & 0.5313 & 0.1875 & 0.0625 \\ 0.0000 & 0.0938 & 0.7500 & 0.0938 & 0.0625 \\ 0.0000 & 0.2500 & 0.6563 & 0.0625 & 0.0313 \\ 0.0313 & 0.1563 & 0.6875 & 0.0938 & 0.0313 \\ 0.0625 & 0.7188 & 0.1875 & 0.0313 & 0.0000 \\ 0.0000 & 0.0625 & 0.6250 & 0.2813 & 0.0313 \end{bmatrix}$$

$$= (0.0334 \quad 0.2273 \quad 0.5753 \quad 0.1264 \quad 0.0377)$$

类似地，可以算出：

$$B_2 = (B_{21} \quad B_{22} \quad B_{23} \quad B_{24} \quad B_{25})$$

$$= (W_{C7} \quad W_{C8} \quad W_{C9} \quad W_{C10}) \begin{bmatrix} R_{71} & R_{72} & R_{73} & R_{74} & R_{75} \\ R_{81} & R_{82} & R_{83} & R_{84} & R_{85} \\ R_{91} & R_{92} & R_{93} & R_{94} & R_{95} \\ R_{10,1} & R_{10,2} & R_{10,3} & R_{10,4} & R_{10,5} \end{bmatrix}$$

$$= (0.303 \quad 0.222 \quad 0.220 \quad 0.255)$$

$$\begin{bmatrix} 0.1562 & 0.3125 & 0.4375 & 0.0937 & 0.0000 \\ 0.0937 & 0.2812 & 0.6250 & 0.0000 & 0.0000 \\ 0.1250 & 0.2812 & 0.5000 & 0.0937 & 0.0000 \\ 0.1250 & 0.2500 & 0.5625 & 0.0625 & 0.0000 \end{bmatrix}$$

$$= (0.1275 \quad 0.2828 \quad 0.5247 \quad 0.0650 \quad 0)$$

$$B_3 = (B_{31} \quad B_{32} \quad B_{33} \quad B_{34} \quad B_{35})$$

$$= (W_{C11} \quad W_{C12}) \begin{bmatrix} R_{11,1} & R_{11,2} & R_{11,3} & R_{11,4} & R_{11,5} \\ R_{12,1} & R_{12,2} & R_{12,3} & R_{12,4} & R_{12,5} \end{bmatrix}$$

$$= (0.486, 0.514) \begin{bmatrix} 0.0000 & 0.1250 & 0.3750 & 0.4687 & 0.0312 \\ 0.0000 & 0.0937 & 0.5625 & 0.3125 & 0.0312 \end{bmatrix}$$

$$= (0, 0.1089, 0.4714, 0.3885, 0.0313)$$

$$B_4 = (B_{41} \quad B_{42} \quad B_{43} \quad B_{44} \quad B_{45})$$

$$= W_{C13}(R_{13,1} \quad R_{13,2} \quad R_{13,3} \quad R_{13,4} \quad R_{13,5})$$

$$= (0.125, 0.375, 0.2187, 0.0937, 0.1875)$$

$$B = \begin{pmatrix} W_{B1} & W_{B2} & W_{B3} & W_{B4} \end{pmatrix} \begin{bmatrix} B_{11} & B_{12} & B_{13} & B_{14} & B_{15} \\ B_{21} & B_{22} & B_{23} & B_{24} & B_{25} \\ B_{31} & B_{32} & B_{33} & B_{34} & B_{35} \\ B_{41} & B_{42} & B_{43} & B_{44} & B_{45} \end{bmatrix}$$

$$= \begin{pmatrix} 0.259 & 0.220 & 0.245 & 0.275 \end{pmatrix}$$

$$\begin{bmatrix} 0.0334 & 0.2273 & 0.5753 & 0.1264 & 0.0377 \\ 0.1275 & 0.2828 & 0.5247 & 0.0650 & 0.0000 \\ 0.0000 & 0.1089 & 0.4714 & 0.3885 & 0.0313 \\ 0.1250 & 0.3750 & 0.2187 & 0.0937 & 0.1875 \end{bmatrix}$$

$$= \begin{pmatrix} 0.0711 & 0.2509 & 0.4401 & 0.1680 & 0.0690 \end{pmatrix}$$

根据以上计算结果，由最大隶属度原则可知，从游客角度来说，云南光禄古镇的民族文化资源陷阱处于中警状态。

本章小结

首先，构建了民族文化陷阱预警体系。该预警体系的目标是加强民族地区景区综合治理能力，提高旅游治理；深度挖掘民族地区文化资源的内涵，塑强景区优质品牌；最大限度地保留民族文化资源的完整性和真实性。预警分为五个阶段：选取预警指标；构建预警体系框架；选取预警方法；确立预警评价模型；分析典型案例文化资源陷阱所处预警阶段。

其次，选取了民族文化资源陷阱预警指标。选取原则是可操作性原则、灵活性原则、全面性原则和代表性原则。设计思路是采用分层分解的方法。预警指标体系分居民和游客两个维度。基于居民的民族文化资源陷阱预警指标体系包括开发影响、居民感知、转化利用、原真性等4个二级指标。通过作息时间、资源转化受益情况衡量开发影响；通过游客语言文明、游客行为文明、与游客的交流等衡量居民感知；通过文化资源转化利用途径、文化资源转化利用程度等衡量转化利用；通过传统民族文化的保持程度、民族文化表演仪式的变化程度衡量原真性。基于游客的民族文化资源陷阱预警指标体系包括价格、游客态度、转化利用和游客信心等4个维度。通过景区门票价格、住宿价格、交通价格、饮食价格、手工艺品价格、纪念品价格等衡量价格；通过对景区是否满意、对住宿服务是否满意、对饮食服务是否满意衡量游客态度；通过文化资源转化利用方式、文化资源转化利用程度衡量转化利用；通过投资意愿衡量游客信心。

再次，采用模糊综合评价法进行预警。这包括6个步骤：确定模糊评价指标集；确定模糊评价等级集；确定指标的模糊隶属矩阵；按层次确定指标的权重；确定模糊综合评价集；确定评价结果。居民预警评价隶属度最大值为0.356，这表明西南地区民族文化资源陷阱处于轻警状态。但在分项指标里，例如原真性指标里，大部分居民认为原真性已发生较大变化。游客预警评价隶属度最大值为0.399，这表明西南地区民族文化资源陷阱处于中警状态。在调研中发现，原真性的丧失是导致游客负面评价的主要原因。

最后，利用丽江古城、大理古城、泸沽湖洛水村、道真中国傩城、云南光禄古镇进行了文化资源陷阱的具体案例分析。对于丽江古城，其居民民族文化资源陷阱预警处于中警状态，游客民族文化资源陷阱预警也处于中警状态；对于大理古城，其居民民族文化资源陷阱预警处于中警状态，游客民族文化资源陷阱预警也处于中警状态；对于泸沽湖洛水村，其居民民族文化资源陷阱预警处于中警状态，游客民族文化资源陷阱预警也处于中警状态；对于道真中国傩城，其居民民族文化资源陷阱预警处于中警状态，游客民族文化资源陷阱预警也处于中警状态；对于云南光禄古镇，其居民民族文化资源陷阱预警处于轻警状态，游客民族文化资源陷阱预警处于中警状态。案例计算结果表明，这些热点民族旅游目的地的文化资源陷阱已初现端倪。

第六章

西南地区文旅融合中文化资源陷阱监测性调控对策

在文旅融合等相关理论的指导下,本书已经建立了比较成熟、全面的西南地区文旅融合中的文化资源化的综合测度体系以及文化资源陷阱评价体系。在此基础上,本书将从西南地区文旅融合中的文化资源陷阱监测性调控的可行性、主体功能发挥、组织实施、保障措施四位一体进行总体布局,构建起文旅融合中的文化资源陷阱监测性调控对策体系。

第一节 西南地区文旅融合中文化资源陷阱监测性调控的可行性

对西南地区文旅融合中的文化资源陷阱监测性调控研究,在民族文化保护、旅游产业发展、经济社会发展、民族团结进步事业发展等维度均具有重要的意义,而且通过充分论证,证明了综合测度体系和预警体系都具有完全的可行性。

一 西南地区文旅融合中文化资源陷阱监测性调控的意义

对西南地区文旅融合中的文化资源陷阱监测性调控具有多维的深远意义。从文化保护、产业发展、社会进步、民族团结和谐等角度分析研判,均可凸显其特有的多元正面效应。

(一)有利于保护民族文化的原真性和完整性

文化是旅游业的灵魂,已经得到各类旅游业利益相关者所认同。"文化是旅游的灵魂"这一观点常被视为旅游开发与管理中的常识,不少开发者也因此对文化旅游地开发付诸极大的热情。[1] 在文化旅游开发过程中,在没有逾越文旅融合发展的预警红线的前提下,将会促使旅游文化获得更好的保护,为旅游开发提供良好的文化生态环境,从而提升旅游的体验质量,也为东道主居民创设优良的文化生态生存条件,更是保护和发展文化生态多样性的重要步骤。一方土地造就一方文化,一方文化养护着一方的生态环境,并由此为世界生态多样性和文化多样性做出贡献。[2]

通过对西南地区文旅融合中的文化资源陷阱监测性调控进行定量研究和定性分析,为少数民族文化良性传承发展提供政策建议。本书能够为少数民族文化在与旅游产业融合发展中保持其独立性、文化内涵的真实性,以及为传承少数民族优秀传统提供理论上、政策上和实践上的指导和支持,促进少数民族文化可持续发展。文化并非静止不变的,而是在不断重构中动态发展。我们可以在文旅融合发展的预警红线以内的安全范围,借助全域旅游理论和多维拓展发展方法的指导[3],来推动少数民族文化的良性重构,实现旅游场域中的民族传统文化动态保护的目标。[4]

最大程度地保护民族文化的原真性和完整性是建立文旅融合中的文化资源陷阱预警体系的首要任务和核心目标。建立民族文化资源陷阱的预警体系,可以提前预知和研判民族文化可能受到的不利影响和负面发展倾向,提前预警并提前进行干预,引导文旅融合中的民族文化向着更加健康的方向发展,从而实现文化旅游文化开发与民族文化原真性、完整性保护的多赢局面。

(二)实现旅游产业可持续发展

文化是重要的旅游资源,保护文化是实现旅游业持续健康发展的重要前提。旅游资源划分为自然旅游和人文旅游两个大类,是较为普遍的划分

---

[1] 张朝枝、孙晓静、卢玉平:《"文化是旅游的灵魂":误解与反思——武夷山案例研究》,《旅游科学》2010年第24卷第1期,第61—68页。

[2] 李红杰:《尊重民族文化多样性与维护自然生态平衡的辩证关系》,《中南民族大学学报》(人文社会科学版)2003年第23卷第2期,第48—54页。

[3] 陶少华:《论全域旅游发展的拓展路径与动力机制——基于重庆石柱土家族自治县的实证研究》,《云南民族大学学报》(哲学社会科学版)2019年第1期,第31—36页。

[4] 王生鹏、钟晓焘:《全域旅游背景下民族文化重构与保护——以北川羌族自治县为例》,《西北民族大学学报》(哲学社会科学版)2018年第4期,第171—177页。

方法。① 人文旅游资源是指古今社会人类活动所创造的具有旅游价值的物质财富和精神财富，它是历史、现实与文化的结晶，其内容十分广泛，主要包括文物古迹、民俗风情、城乡风貌、文献艺术、宗教文化、现代设施和饮食购物等要素。② 而文化是人文旅游资源的主体和核心组成部分，故本书对西南地区文旅融合中的文化资源陷阱监测性调控进行研究，无疑对促进旅游文化保护有积极的意义，进而促进人文旅游资源的保护和可持续发展。如果没有健康的文化和丰富的人文旅游资源，旅游业发展将会成为无本之木、无源之水。因此，在文旅融合发展中的资源陷阱的红线以内发展旅游业，将会实现文化保护与旅游业发展的双赢。

本书所探讨的文旅融合中的资源陷阱防控问题，可以在文旅融合发展过程中实现保护好文化的原真性、完整性目标。世界旅游组织（UNWTO）认为，旅游目的地在发展过程中不仅要维持文化完整性、保护生态环境，同时要满足人类对经济、社会和审美的要求，其发展不仅要满足当今人类社会的需求，还要保护甚至增进后代人类的利益并为其提供同样的机会。③ 本书能够为文化旅游发展提供丰富多样的人文旅游资源，从而促进旅游业可持续发展。

本书还可以强塑民族旅游地区的品牌，提高民族旅游目的地的知名度和美誉度，扩大民族旅游目的地的影响力和吸引力，从而促进民族旅游业更加健康地、可持续地发展。建立民族地区文旅融合发展中的资源陷阱预警体系，也可以促进民族地区旅游业高质量发展。要通过建立民族旅游资源陷阱的预警体系，促进民族旅游中的供给侧结构性改革，推进民族地区的智慧旅游和大众旅游，推进民族地区的"+旅游"和"旅游+"发展策略，在民族地区提供更多更优质的旅游服务和旅游产品，加强民族地区区域旅游服务和旅游品牌融合，完善带动能力强、综合效益高的民族地区的现代旅游业体系，以此促进民族地区旅游业高质量发展。

---

① 吴必虎：《区域旅游规划原理》，中国旅游出版社2004年版，第153页。
② 郝东文：《临潼打造中国"最优景区"旅游发展战略研究》，硕士学位论文，西安理工大学，2009年。
③ 王庆生、张亚州：《文化旅游目的地可持续发展竞争力评价研究——天津"五大道"案例》，《地域研究与开发》2017年卷36卷第2期，第83—88页。

(三) 促进经济社会和谐发展

民族地区文旅融合中的文化资源陷阱监测性调控研究能够有效地实现文化保护和发展，从而促进经济、社会、文化三位一体和谐发展。我国包括少数民族地区在内的近几十年的高速发展历程，过度重视经济维度的快速发展，忽视甚至牺牲文化和生态环境的现象普遍存在。在西南地区的文旅融合发展过程中，我们注重在旅游资源化预警红线范围内进行合理的文化旅游开发，将会产生旅游业发展带来的多维的经济、社会文化、生态等综合效益。旅游业将会加快少数民族地区脱贫致富和乡村振兴的步伐，增强少数民族地区农村的精神文明建设，促进少数民族地区传统文化的保护和发展等[1]，从而实现促进经济社会和谐发展的目标。

旅游业发展过程中的文化保护与旅游产业开发之间是一对难以调和的矛盾体。民族地区文旅融合中的文化资源陷阱监测性调控研究能够减缓或者消除二者之间的矛盾，实现二者双赢甚至是旅游利益相关者多赢的目标。在文旅融合发展中，在旅游资源陷阱预警红线以内，同时兼顾文化保护和旅游产业开发，在充分保护文化的原真性和完整性前提下进行旅游产业开发，即可实现旅游业促进经济社会和谐发展的目标。

(四) 有助于构建团结进步的民族关系

民族地区发展文化旅游业，无疑对促进民族团结进步事业与构建和谐民族关系有积极的意义。在现代的全域旅游和大旅游的发展视域下，民族地区各种有形、无形的文化几乎都可能开发为旅游产品。民族地区文旅融合中的文化资源陷阱监测性调控研究能够保护好民族文化，尊重各民族的文化，也能够更好地尊重与各民族生产、生活密切相关的物质文化和非物质文化，使民众文化旅游开发得到各民族的认可和支持，有助于构建团结进步的民族关系。

通过民族地区文旅融合中的文化资源陷阱监测性调控研究，我们拥有多元的方式促进民族团结进步。旅游能够缩小经济水平较低的民族地区与发达地区的经济差距。近年来，中国一些其他产业基础较差而旅游资源比较丰富的老、少、边、穷社区（即一些革命老区、少数民族社区、边远

---

[1] 卢世菊：《少数民族地区乡村旅游发展与和谐社会构建研究》，《贵州民族研究》2006年第26卷第2期，第108—113页。

社区、穷困社区），走旅游脱贫、旅游致富之路，就取得了较好的效益。①同时，在文旅融合发展中的资源陷阱的红线以内发展旅游业，能够有效地实现各民族、各族群的人员交流、信息沟通、文化的理解和交融，促进民族地区建立起团结和谐的民族关系。

二 西南地区文旅融合中文化资源陷阱监测性调控的可操作性

在西南地区文旅融合中的文化资源陷阱监测性调控研究中，充分论证综合测度体系和预警体系的可操作性是后续研究的基础性工作，也是实现本书实效性的必要条件。下面将就这两个方面的可操作性进行系统、深入的论述。

（一）综合测度体系的可操作性

首先，西南地区文旅融合中的文化资源陷阱监测性调控的可操作性的内涵：本书在充分研究西南地区文旅融合的过程、现状、成绩、问题、原因等基础上，从支撑性（少数民族文化存量）、投入性（采用率、建设度）和产出性（经济效益、文化复兴度、满意度）等不同角度选取指标，构建少数民族文化资源化综合测度体系。这一体系在理论研究和实践操作中具有极强的可操作性，尤其能够在很大程度上避免民族地区文旅融合中的旅游资源陷阱问题，促进文化保护和旅游开发的协调发展。

其次，西南地区文旅融合中的少数民族文化资源化综合测度的实现方式：通过典型案例的实地调查研究，在对西南地区文旅融合中的少数民族文化资源化进行深入了解、研究之后，选取相关指标建立起相应的科学的指标体系。然后，运用这些指标体系对民族地区文旅融合中的少数民族文化资源化进行综合测度，为后续研究确定资源陷阱的预警红线做好充分准备，以实现有效地防止文旅融合中的资源陷阱为最终目标，促使旅游开发与文化保护的协调、共赢发展。

（二）预警体系的可操作性

第一，西南地区文旅融合中的文化资源陷阱的预警体系的概况。综

---

① 郑本法、郑宇新：《旅游产业的十大功能》，《甘肃社会科学》1998年第2期，第51—55页。

合运用旅游学、管理学、经济学、统计学、高等数学等相关学科的理论知识，构建民族文化资源陷阱预警体系，具体化为预警体系目标和预警体系内容；然后，根据灵活性和全面性等原则，依据逻辑关联和研究进展流程等思路，主要从居民和游客两类旅游利益相关者的角度选取民族文化资源陷阱预警指标；同时，选取不同类型的典型的西南地区文旅融合的资源化案例，并且对这些案例扎实开展实地调查研究，获取所需指标相关的调研数据，搭建预警系统的基本框架，并选择适宜的预警方法，建立相应的预警评价模型，分别进行游客和居民的预警数值模拟并比较二者的模拟结果；确立民族旅游地区文旅融合发展中的文化资源陷阱预警区间。

第二，西南地区文旅融合中的文化资源陷阱的预警体系的可操作性实现路径在宏观上遵循"经验—经典—经验"的基本思路。即遴选每一类民族旅游目的地的典型案例，从实际调研中提取高信度和高效度相关数据，构建预警体系并研究出预警区间，尔后运用预警区间指导文化旅游业在资源化预警红线内健康、可持续地发展。

第二节　西南地区文旅融合中文化资源陷阱监测性调控的主体功能

在西南地区文旅融合发展过程中，涉及众多的利益相关者。对于文化资源化监测性调控体系而言，政府、市场、社区、非政府组织这四类旅游发展的利益相关者与此体系的关系更为密切。下面就这四类旅游利益相关者在文化资源陷阱监测性调控工作中的主体功能分别进行深入阐释。

一　发挥政府在监测性调控中的主导功能

无论中外，政府在旅游业发展中的宏观主导性功能和指导性作用都是普遍存在的。在过去40年里，我国旅游业的政府主导实际上是一种"市场化的政府主导"发展模式。"市场化的政府主导"是突出强调政府主导的过程，主要是围绕着长期的市场化发展目标、采取带有明显的市场化性质的行为和举措，包括带有明显的市场化思维与特征的行政措施。①

（一）主导监测性调控机制的建立

政府主导文旅融合发展中的文化资源陷阱的调控工作，主要包括调控工作的组织领导、综合性管理协调、政策创新等机制的建立、运行与维持。

第一，充分发挥政府在文化旅游发展中的文化资源陷阱调控工作的统筹安排作用，建立相应的工作机制。一是要搭建对文旅融合发展中的文化资源陷阱进行调控的框架体系，建立比较完备的运作系统和责权利体系。二是要加强统筹安排和协调，充分发挥政府调控工作的牵头组织以及统筹协调的功能和作用，对资源陷阱工作要统一规划、统筹部署，制定工作方案和实施意见，指导文旅融合发展中的资源陷阱监测调控工作扎实、深入地开展，以取得良好的实质性成效。三是做好相关保障工作，政府负责对资源陷阱监测调控工作的经费、人员、办公场所与设备等的保障工作，为监测调控工作提供良好的保障服务，促使监测调控工作顺利、高效地开展。

第二，建立健全包括文旅融合中的文化资源陷阱监测性调控在内的旅游业综合管理机制。一是建立包含文化资源陷阱监测调控管理职能的综合性旅游管理机构，目前旅游机构改革是旅游管理体制改革的核心。必须依据有效管理的原则，立足于满足现阶段和未来旅游业发展的实际需要，进行旅游管理机构改革。由部门管理向产业管理和行业监管转变，旅游管理部门须与其他政府管理部门联合。此外，还应该建立政府主导、社区主体、各类利益相关者参与的文化资源陷阱监测调控的多元参与、共同治理的机制。二是强化旅游管理部门的综合协调职能。在我国目前的全域旅游、大众旅游发展的新阶段，以及在未来高科技推动下的太空旅游等新兴旅游业态不断呈现的大背景下，旅游管理机构的职能要逐步实现部门联合，以推动旅游业资源整合、产业融合和产业转型升级。在目前普遍推行的旅游管理委员会、文化与旅游管理部门合并、联席会议等新管理机制下，要实现旅游管理职能部门的扩大机构、扩大规模、扩大职权，与其他

---

① 厉新建、时姗姗、刘国荣：《中国旅游40年：市场化的政府主导》，《旅游学刊》2019年第34卷第2期，第10—13页。

管理部门既合作又分工，从而实现旅游业综合管理目标。三是建立旅游市场的综合监管机制和建立详细的监管清单。旅游管理部门的综合监管机制要覆盖文化旅游等旅游发展的全部内容，要贯穿文旅融合等旅游产业的全产业链，对文化资源陷阱的监测调控等旅游产业管理要由行业管理向职能整合、部门协调、制度保障转变。从纵向和横向梳理各个管理部门的责任清单，其中包括文旅融合中的文化资源陷阱监测性调控这一重要内容。

第三，政府应该对文旅融合中的文化资源陷阱监测性调控进行持续的政策创新，建立定期调研和协商机制，推行与时俱进的政策改进机制。一是可以在现有的文化和旅游发展委员会下，设立文旅融合中的文化资源陷阱监测性调控的关联分支机构或者专门处室，专门负责这项工作的组织实施。二是可以建立文旅融合中的文化资源陷阱监测性调控专家论证制度，对于是否适合文化保护和旅游开发二者兼顾的旅游开发项目，首先经过专家论证这一关，专家论证不过关者则予以否决，不准开工建设。三是更加提高管理部门决策的科学化、透明化程度，为文化资源陷阱监测调控制定、出台更多更好的政策、措施。

（二）主导监测性调控法制的建设

我国的旅游法制建设总体上不太完善。从我国的国家旅游综合改革试验区——桂林的旅游法制体系建构可以看出，我国的旅游法制建设存在缺乏明确导向、立法层次较低、立法分散无系统性且应急性明显、对平等主体之间法律关系的调整不足、对旅游执法主体的权责划分不明等问题。[1] 在我国文旅融合中的文化资源陷阱监测性调控工作中，也存在诸多类似的问题，我们需要从以下几个方面着手，逐步实现资源陷阱监测管理调控等向法治化管理的目标迈进。

首先，加快文旅融合中的文化资源陷阱监测性调控专业化立法，做到有法可依。我国的旅游专业立法严重落后于产业发展的速度，我国目前仅有《旅游法》《旅行社管理条例》等几部旅游类法律法规，而且是近几年才成形、出台。我国目前的旅游开发几乎都与文化有关，而民族地区的旅游开发几乎都不同程度地存在文旅融合的问题。可出台民族地区乃至全国

---

[1] 莫凌侠：《桂林国家旅游综合改革试验区旅游法制体系建构》，《社会科学家》2012 年第 187 卷第 11 期，第 86—89 页。

文旅融合发展的专门性法律法规，或者在其他法律法规中包含民族地区文旅融合中的文化资源陷阱监测调控的相关法律条文，为文化资源陷阱监测调控提供法律依据。

其次，加大文旅融合中的文化资源陷阱监测性调控的执法力度。要完善文化资源陷阱监测性调控的执法机构，并配备专业的执法队伍。文化资源陷阱监测性调控的执法机构要统一职能，其责权和任务须由法律明文规定，严格对执法人员的考录和培训。落实文化资源陷阱监测性调控的执法责任制，严格遵守执法程序并加大行政执法力度，提高文旅融合中的文化保护的违法成本，起到真正的惩戒作用。

最后，提高旅游文化全行业的法制观念。政府要主导文化旅游行业的法制观念的提升，旅游行政管理部门、旅游者、旅游企业、社区居民等旅游利益相关者都要充分认识到法制的重要性，这样才有可能真正做到有法可依、有法必依、执法必严、违法必究。在民族地区文旅融合法制中，旅游行政管理部门的领导者和管理者要有强烈的法律意识，旅游企业要树立强烈的依法经营的法制意识，旅游者要树立强烈的守法意识和依法维权意识，社区居民要树立遵纪守法意识，依法利用法律武器维护自身合法权益。

（三）主导旅游发展战略

政府主导型旅游发展模式的含义，即强调市场的基础性作用，在以市场为基础来配置资源的前提下，由政府组织、发动和协调各种社会主体的力量，加快旅游业增长速度的发展模式。[①] 民族地区文旅融合发展中，也可以发挥政府对于发展战略的主导功能，如由政府制定文化资源陷阱监测性调控战略。

政府在主导文旅融合发展战略的主要内容包括，文旅融合发展中的文化保护和旅游开发规划制定、文旅融合发展中的公共设施配套、文旅融合发展中的品牌营销、文旅融合发展中的文化资源保护、文旅融合发展中的公共事业管理、文旅融合发展中的公共环境提升与优化等战略。这些内容主要具备公共服务性质，应该由政府进行主导发展。

---

① 徐艳晴：《政府主导型旅游发展模式再审视：基于文献分析的视角》，《中国行政管理》2013年第342卷第12期，第39—43页。

政府在文旅融合发展中的资源陷阱监测调控中的公共服务策略包括，由传统的管理型政府向服务型政府转变，加大对文旅融合发展中的文化保护与旅游开发的公共投资力度，实施对文旅融合发展的信息建设、政策引领、服务推动、部门联动执法等策略。

（四）主导对利益相关者关系的协调

处理好历史文化旅游地区建设中不同利益相关者的诉求，是使历史文化旅游地区有形与无形文化遗产得到切实保护与持续发展的基础。有研究者认为，在历史文化旅游地区利益相关者中游客是一个核心主体，要实现历史文化旅游地区在保护基础上的可持续发展，应考虑游客的利益诉求。[1]

要做好文旅融合中的文化资源陷阱监测性调控工作，一个重要的方面是处理好文化旅游开发中各利益相关者之间的关系。具体而言，文旅融合中的利益相关者主要包括如下几个方面：东道主社区内部的利益和文化冲突、社区居民与企业之间的利益和文化冲突、游客与社区居民之间的利益和文化冲突、政府管理部门与社区居民之间的利益和文化冲突、游客与旅游企业之间的利益和文化冲突、政府管理部门与旅游企业之间的利益和文化冲突等类型。导致这些冲突的原因主要分为两类，一是各类利益相关者谋求经济利益最大化导致的冲突，二是文化、习俗等方面的差异导致的冲突。

政府主导文旅融合发展中的文化资源陷阱监测调控中的利益相关者关系协调，一是要从总体上进行战略谋划，确立利益相关者利益协调的指导思想，运用利益相关者的利益协调理论对利益协调做好理论指导。二是政府需要对文旅融合发展中的文化资源陷阱监测调控中的利益相关者关系协调做好顶层设计，这样就会形成一种比较稳定的自我发展的运行机制，其出发点是实现文化保护和旅游产业开发的双赢，顶层设计要抓住文旅融合发展中文化资源陷阱的主要问题和利益相关者之间的主要矛盾进行设计。顶层设计要着眼于全区域、全国乃至全世界的视域范围，着眼于文旅融合的长时期可持续健康发展，从文化深度着手保护其原真性和完整性，从旅游产业的健康度着眼保护其发展，从以上维度设计顶层构架来协调利益相

---

[1] 廖涛、魏兰、郑雨诗：《历史文化旅游地区利益相关者中心度分析——以成都为例》，《城市规划》2016年第3期，第43—46页。

关者之间的关系。三是进行具体协调，这是政府必须做的公共服务工作，也只有政府方能做得最佳。做好基层设计也非常重要，顶层设计和基层设计之间是相互促进和相辅相成的关系。做好文旅融合发展中的文化资源陷阱监测调控中的利益相关者关系协调工作的基层设计，主要包括利益均衡与文化整合这一实现文旅融合发展中的文化资源陷阱监测调控中的利益相关者关系协调的必然路径。建立健全利益相关者利益均衡机制包括优化利益保障机制，加大推进利益主体旅游增权的力度，推进保障旅游利益主体权利的立法工作以实现利益主体的制度增权，推进旅游利益主体的信息增权以保障利益相关者的旅游权利，加大社区居民培训教育力度；建立利益主体协调机制以促进多元利益共存，明确主体利益诉求，建立多重利益协调机制，发挥旅游行业协会等的功能；建立健全利益补偿机制，实现利益主体合作共赢。建立和完善文化整合机制，内涵包括政府重视、社区居民文化自觉、游客对东道主文化的认知和文化尊重、旅游企业对东道主社区文化的尊重与保护。[①]

二 发挥市场在监测性调控中的主体功能

充分发挥市场的交换功能、反馈功能、调节功能、收入分配功能、优胜劣汰功能等多元化的功能。在发挥政府主导功能的同时，也要发挥好市场的这些功能，以便于更好地实现文旅融合中的文化资源陷阱监测性调控目标。

（一）发挥投资者在监测性调控中的市场主体功能

按照市场经济的规律，投资者的投资行为是典型的逐利行为，即投资利润最大化，利润越高则投资者的投资意愿越强，投资实践就会越多，能够获取巨大的经济收益。但是，投资者也不能只重视经济效益，同时也要兼顾文化保护与和谐社会构建即重视社会效益，二者不可偏废。

在文旅融合发展之中，如果文化旅游产业项目的经济效益高、社会效益也高，这就成为旅游项目建设的投资者所乐意投资运营的项目，因为高额回报的经济效益吸引；同时，这也是能够满足文化保护的和谐社会构建

[①] 王兆峰、腾飞：《西部民族地区旅游利益相关者冲突及协调机制研究》，《江西社会科学》2012年第1期，第196—201页。

的项目，能够带来巨大的社会效益。这一类项目能够满足各方的需求，是多赢的项目。

而对于文旅融合发展中的经济效益高、社会效益低的项目，文化旅游产业投资者可能被丰厚的投资回报所吸引，乐于投资兴建此类项目。但是这类项目容易破坏文化的真实性和完整性，对社会带来巨大的负面影响，可能会陷入文化资源陷阱。政府可能会出台相应举措禁止、限制此类文化旅游项目的投资、发展。即使是投资开发，也要经过严密的论证，将对社会文化的负面影响控制在最小范围之内，且要对这些负面影响随时进行动态监测，将这些负面影响掌控在理想的区间。

对于文旅融合发展中的社会文化效益高、经济效益低的项目，文化旅游投资者的积极性较低，甚至都极其不愿意投资此类项目，因为此类项目经济效益回报很低，甚至是亏本买卖。当然，投资方投资此类项目，是具有公益性、公德性投资，具有公共服务或者文化事业性投资。这类项目具有保护文化、发展社会事业的高社会效益，整个社会和民众都需要大力发展此类项目。调和二者之间的举措在于，需要以政府为主体对此类社会文化效益高而经济效益较低的项目进行扶持，例如政府倾斜、财政支持等；另一方面，相关企业需要承担起应有的社会责任，在各类项目总体平衡之后有较大的经济效益的前提下，也可投资部分此类高社会文化效益而低经济效益的项目，高质量完成此类项目也是企业回馈社会的一种适宜的方式。

对于经济效益和社会文化效益都低的文化旅游项目，投资者因为低回报甚至负回报而不会投资，而且此类项目的投资建设会破坏社会文化，造成文旅融合中的文化资源陷阱，故此类项目一般不会投资建设。但是，也不排除个别企业乱投资，或者管理部门非正确决策的情形下对此类项目投资上马。其后果不仅仅是浪费了资金和资源，也会给开发地区的社会文化带来极大的负面影响，甚至是毁灭性的打击。故此类项目，在其他条件都没有发生改变的情况下，一般是杜绝投资建设。

（二）发挥经营者在监测性调控中的市场主体功能

按照旅游企业或者景区等旅游经营实体的所有权和经营权分离的现状和原则，投资者拥有所有权，部分投资者将旅游企业或者实体的经营权让渡给专门的旅游经营者，如专业化的旅游景区或者酒店运营公司。在民族地区文旅融合中的文化资源陷阱监测性调控工作中，经营者可以发挥多元的市场主体功能。

一是旅游经营者要选择合适的旅游开发项目，为旅游企业的发展定好位。常规而言，要锁定本企业的目标客源市场，确定适合本企业的客户群体，扬长避短以满足目标客户群体的需求。而作为一个负责任的旅游企业，除此之外还需要注重项目的社会文化效益，即所选择的旅游开发项目不能过度进行文化旅游开发，不能破坏文化的完整性和原真性，更不能因为文化旅游的开发导致东道主文化同化现象。即社会文化效益与经济效益并重的项目，才是最适合进行开发建设的旅游项目，这样才能有效避免文旅融合中的文化资源陷阱。

二是旅游经营者确定适当的旅游开发模式。由于旅游开发者采用的旅游开发模式不同，它对东道主地区的社会文化的影响和冲击的程度也不同。传统的大众旅游在发挥为普通大众带来旅游享受、迅速增加旅游收入等作用的同时，对东道主的社会文化带来的负面影响和冲击也是显而易见的，故西方旅游业发展较早的国家早已存在反观光客浪潮。相比之下，旅游开发者如果采用一些新颖的旅游开发模式，则对东道主地区社会文化的负面影响最小化甚至没有负面影响。这些新颖的旅游开发模式包括遗产廊道开发模式、深度旅游开发模式等。遗产廊道（heritage corridors）是一个与绿色廊道相对应的概念，是拥有特殊文化资源集合的线性景观。通常带有明显的经济中心、蓬勃发展的旅游、老建筑的适应性再利用、娱乐及环境改善确立适当的营销模式[1]；遗产廊道所连接的每一个旅游企业都独立经营，同时又可以在建设基础设施、标志系统与旅游代理商谈判和定价等方面协商合作，从而保证了不同利益主体的协调[2]；遗产廊道这一条带状的旅游空间为游客活动提供了较大的活动场所和回旋余地，也有利于东道主地区的文化保护，有利于游客与东道主之间建立和谐的人际关系。深度旅游则不同于传统的观光旅游，旅游经营者选择这一旅游产品开发模

---

[1] 王志芳、孙鹏：《遗产廊道———一种较新的遗产保护方法》，《中国园林》2001年第5期，第85—88页。

[2] 刘军萍：《国外乡村旅游管理者与经营者角色定位之启示》，《旅游学刊》2006年第21卷第4期，第8—10页。

式,则是让游客拥有足够多的精力和时间,在某一文化主题旅游产品之中,去深入细致地观察和了解某一文化专题旅游产品或文化专题旅游目的地,让游客对民俗风情、历史文化产生深刻的感受,深度体验艺术风格和自然美景,大胆探索生命的本质和生存的方式。深度旅游属于高质量的高端旅游产品,对游客的文化素质要求较高,游客在单位时间内比普通游客要付出高得多的费用,旅游经营者采用这样的开发方式则有利于东道主地区的文化保护和构建良好的主客关系。

(三) 发挥旅游者在监测性调控中的市场主体功能

旅游者在文旅融合发展中的文化资源陷阱监测性调控工作中,同样可以发挥一定的主体功能。

其一,旅游者与文旅融合中的旅游文化关系的产生与发展。一旦旅游者进入旅游目的地文化场域中,并以一种区别于原有文化场域主体的惯习的方式进行空间实践和权力置换,就开始了广义上和抽象的文化与旅游融合。我们不妨认为,这里的文旅融合其实是一种以旅游业为联结的空间生产与再生产的过程,是当地政府、居民、旅游者、移民、旅游企业、学者、媒体在目的地文化场域空间载体中进行的一种包含有形旅游商品的生产、无形旅游文化氛围环境的生产以及前述各主体间博弈权衡形成的较为稳定的社会关系的生产。当然,这一切都是在文化场域中实现的。[1]

其二,旅游者的审美标准、旅游偏好对民族地区文旅融合中的文化资源产生间接的影响,这种影响包括正面影响和负面影响。游客的审美标准和旅游偏好往往成为其他旅游利益相关者对旅游目的地的文化旅游产品打造的标准。如果游客的文化旅游审美标准和偏好是积极、健康、向上的,且是有利于目的地文化保护前提下的旅游开发,则旅游目的地按照这样的标准开发的旅游产品和营造的旅游目的地,其中的民族文化会得到很好的保护而健康、可持续地发展;反之,如果旅游者的审美标准和旅游偏好是随意的,是未顾及旅游目的地民族文化可持续发展的和非理性化的,则旅游目的地按照这样的标准开发的旅游产品和打造旅游目的地,其在开发旅游的过程中对于民族文化的破坏可能是极其严重的甚至是毁灭性的。所

---

[1] 马勇、童昀:《从区域到场域:文化和旅游关系的再认识》,《旅游学刊》2019年第34卷第4期,第7—9页。

以，从保护民族旅游开发地区的文化出发，旅游者的旅游审美标准和偏好需要健康地建立，需要审慎地表达和传递，乃至整个社会的文化旅游审美标准和偏好也需要正确地引导和良好地形塑。以良好的旅游审美和偏好传递给旅游目的地，然后按照这样的标准和偏好打造出实现民族文化保护和旅游开发双赢的旅游景区。

其三，旅游者在旅游过程中对民族旅游目的地的旅游文化产业影响。旅游者在旅游过程中的积极的言行，对民族旅游目的地产生正面的影响。旅游者在旅游过程中的不当言行，则会对民族旅游目的地的文化产生不同程度的负面影响，也会导致民族地区文旅融合中的文化资源陷阱产生。因此，旅游者在民族旅游目的地旅游时应该保持自身良好的素质，对自己的言行进行高标准严要求，进行负责任的旅游。从管理的角度而言，负责任的旅游是一个管理旅游的方式，管理的目的是发挥旅游对经济、社会和环境的最大效应，同时使目的地的成本最小化。在开普敦宣言中最重要的是对负责任的旅游的特征达成以下共识：（1）减少负面的经济、环境和文化影响；（2）为当地人民产生较大的经济收益，加强东道社区的福利，改善工作条件并为其从事旅游业提供便利；（3）当地居民参与决定他们生活和生存机会的决策；（4）争取使旅游对自然和文化遗产保护起到积极的影响，维护世界多样性；（5）通过与当地居民进行有意义的接触，为游客提供愉快的经历，使其更多地了解当地的经济、文化和环境问题；（6）为残障群体提供介入旅游的方便；（7）对文化具有敏感性，可增进游客和东道社区居民之间的相互尊重，建立地方自豪感和自信心。①

三 发挥基层单位在监测性调控中的参与和实施功能

在城市基层领域，大量社会成员在单位制解体后转而回归社区，社区是在某一个领域内互相关联的人群所形成的大集体及其活动区域，是基层居民自治的组织。目的地社区是旅游的空间场所，也是东道主地区居民的生活区域，二者在空间上具有重叠性。由此可见，社区对旅游业的影响是深刻而巨大的，基层行政组织和社区社会组织在此背景下应运而生并逐步

---

① 张帆：《"负责任旅游"及其相关概念辨析》，《旅游论坛》2015年第5卷第3期，第1—6页。

发展，如果没有一个成熟、和谐的相关基层组织作为载体，旅游业将不复存在。故而基层单位对文旅融合中的文化资源陷阱及其监测性调控的影响极其深远，这要求利用好基层行政组织和社区社会组织的相关职能，加强专业性和权威性，积极参与并合理应对社区旅游事务管理。

（一）发挥基层行政组织的参与及协调职能

城市和乡村的基层行政组织都有可能涉及旅游业，相较而言乡村社区的旅游资源更多且涉及面更广。这些基层行政组织主要包括乡镇村、街道居委会等基础行政组织，它们在文旅融合发展中对文化资源陷阱的监测调控主要包括如下两个方面职能。

一是基层行政组织直接参与经营、管理旅游业，此时基层行政组织带有"运动员"的性质。基层行政组织需要壮大集体经济，在某些情况下直接参与经营、管理旅游业。例如乡村基层行政组织通过土地出租、门票、摊位租赁、歌舞展演、经营餐饮住宿、种植水果蔬菜等方式，发展和壮大集体经济。这一过程中，基层行政组织直接与旅游者、旅游投资者、社区居民、旅游经营者、上级政府管理部门等旅游利益相关者打交道。发展旅游与壮大基层行政组织的集体经济之间应该是相互促进、相得益彰的关系，发展和壮大基层行政组织的集体经济的目的最终还是发展公益事业，还利于民。这一过程涉及度的把握，既要发展壮大集体经济，又不要过度与其他组织和民众争利。在此，基层行政组织具有经济实体性质，直接控制或者直接经营经济实体。同时，基层行政组织以此身份参与各方博弈，这一过程可以发挥好文化保护的功能。

二是基层行政组织协调好文旅融合发展中利益相关者之间的关系。此时的基层行政组织主要扮演"裁判员"的角色。在文旅融合发展的过程中，产生了不同的利益主体之间极其复杂的相互关系，社区居民、政府、公司、游客之间存在利益冲突，社区居民内部也存在利益冲突。这些利益关系都有可能影响到文旅融合中的文化资源保护问题，如果处理不当则会导致文化资源陷阱。基层行政组织需要提高站位，从保护好文化和发展好旅游产业的双赢目标出发，协调好社区居民与企业等社区以外的利益相关者之间的关系，也要协调好社区居民之间的关系。

（二）利用社区社会组织的权威效用

在欧美国家，政府部门在旅游行业协会的建立中发挥了重要作用，但是在建立之后，行业协会的地位是完全独立的，协会大都是依据公司法设立的非营利法人，实行自愿入会制，是自主自律的组织。协会的职能主要是为会员服务，维护会员的合法权益，保障会员企业正常生产经营。[①] 我国的旅游类社区社会组织与其他国家的这类组织既有相似之处又有区别。我国民族地区旅游目的地的社区社会组织面临文旅融合中的文化资源陷阱问题，能够发挥重要的预防、协调、保护等作用。

一是民族旅游目的地的社区社会组织，可调节社区内外的矛盾，以促进民族地区的文化保护和文化旅游业健康发展。当民族旅游目的地社区内部发生矛盾冲突时，社区社会组织可发挥协调功能，平衡内部利益关系，增强民族社区的凝聚力，增加民族团结，从而调动起社区居民保护和发展民族文化的参与度与积极性。同时，社区社会组织也可利用自身联系广泛的优势，积极争取政策扶持、公益基金、国际援助等外部资源，以促进本民族地区的文化保护、旅游产业发展、社会和谐进步等民族发展事业。

二是民族旅游目的地的社区社会组织催生民族文化保护发展的内生动力。民族地区的社区社会组织以民族文化为核心纽带和凝聚物，在传承发展民族民间文化的过程中，能够增强民族的自信心和认同感。同时，民族地区的社区社会组织所推动的民族文化保护和发展活动，也有利于提升本民族文化的社会地位和国际地位，因为越是民族的就越是世界的。这些充满民族文化正能量的活动，能够在民族地区文旅融合发展中发挥促进民族文化保护和旅游产业健康发展的双重功能。

三是民族旅游目的地的社区社会组织是推动民族文化对外宣传交流的重要力量，能够推动民族文化的保护、繁荣和开发。民族地区的社区社会组织具有充分挖掘和掌握本民族文化资料的有利地位，在宣传能力、宣传渠道、宣传资料等方面具有先天的优势。当地社区社会组织能够逐步建立、丰富本民族文化的话语体系，在对外的民族文化交往、交流中展示本民族文化的特色，发展壮大本民族文化的话语权，扩展本民族文化的资本力量，在保持和传承本民族文化的核心内核的前提下，在文旅融合发展的大潮中实现民族文化资本向经济资本的转化。

---

① 宋子千、宋建瑜：《市场化进程中的旅游行业协会——记全国先进民间组织北京市旅游行业协会》，《旅游学刊》2005年第20卷第6期，第89—91页。

（三）激励社区精英的引领作用

民族地区的旅游社区精英可以有多种分类方法，比如按照体制归属可以分为体制内和体制外精英，按照性质可以分为经济、政治、文化、社会等精英。不同的民族社区旅游精英对于文旅融合中的文化资源保护与旅游开发的功能及作用机理的认识，既有共性又有个性特征。

第一，民族旅游地区的社区经济精英对于该地区的旅游经济发展发挥了积极的带动作用。民族旅游地区的经济精英在经济、文化、道德等方面履行一定的社会责任，为社区的普通居民带来了旅游经济收益。民族旅游地区的社区经济精英通过发挥示范效应带动社区普通居民致富，具体举措包括完善民族旅游社区的基础设施，尽力践行生态环保的可持续旅游发展理念，推动社区旅游收益的公平分配。这些民族旅游经济精英既有利己的动机，也有利他的动机，二者呈正相关的关系。故而，我们在民族旅游地区的社区中要培养和扶持旅游经济精英，使他们最大化地发挥旅游经济带动效应。例如，阳朔的民族旅游社区精英"月亮妈妈"徐秀珍就是一个成功的典型案例，她从一位普通妇女成长为一位世界名人，从一位普通导游到成功创建"月亮妈妈"这一享誉中外的导游品牌，她的成功也激励和带动了其他导游及旅游从业者通过文化旅游发家致富。"月亮妈妈"的成长成熟过程中，政府、企业、游客等民族旅游利益相关者都给予了帮助和扶持。

第二，民族旅游地区的社区文化精英对于民族文化的保护及其旅游产业化开发都起到了积极的推动作用。当旅游产业化开发战略及其实践活动进入民族社区，传统的民族文化场域与旅游融合即生成一个全新的民族旅游场域，民族文化精英作为民族文化的重要持有者和发展的重要推动者，在民族文化场域向旅游场域转化和发展过程中实现了民族文化的再生产和民族文化资本向经济资本的转化。民族文化精英由于具有各方面的优势地位，因而在这一历程中获得了较多的资本收益。民族社区文化精英是民族文化保护和旅游开发的重要力量，可以引导民族社区民众对民族文化保护的文化自觉。这一过程中，也产生了民族文化精英之间、民族文化精英与民族社区其他民众之间、民族文化精英与本民族以外的旅游利益相关者之间的错综复杂的关系，可能会诱发旅游开发过程中的资源陷阱问题。可充分利用民族文化精英对民族文化的挚爱、先知先觉、前沿把握等特点，以及民族文化精英精明能干、善于处理人际关系等特点，发挥民族文化精英对可能产生的资源陷阱等问题的协调功能。

第三，民族地区的社区政治精英可以在民族地区的文旅融合发展过程中，对文化资源陷阱问题进行多方面干预和协调。民族旅游社区的政治精英多为体制内的基层干部，可动用多样化的资源和方式对文旅融合发展中的资源陷阱问题进行处理，如利用政策、村规民约等进行约束和管理，以防止文化资源陷阱问题的出现，促使文旅融合发展中的民族文化得以保护并健康可持续地传承发展。许多体制内的政治精英也是经济精英，是民族社区旅游发展中的致富能手，拥有较强的经济实力，他们在经济上也可以带动少数民族的普通民众脱贫致富，同时还可以利用他们所拥有的经济力量，影响和协调文旅融合发展中的旅游资源开发和文化保护的关系，促使二者协调、双赢的发展。

（四）动员社区民众实施主体功能

社区民众在民族地区文旅融合发展中，能够发挥多样化的主体功能。他们既是民族文化的持有者和组成部分，也是民族文化产业化的开发者，他们兼具客体和主体的角色，在不同的角色中显现出不同的功能。

一是少数民族社区的居民本身是民族文化的持有者和组成部分，是文化旅游的开发对象，这种特殊的身份有利于他们处理文旅融合发展中的资源陷阱问题。民族地区文旅融合发展中的民族核心文化的创造者和持有者，这是他们在文化旅游开发中的主体功能的主要体现之处。民族社区居民在民族旅游开发中的"自观"视阈，有利于他们敏感地觉察到本民族文化在旅游开发过程中的资源陷阱问题，以及在文化自觉的驱使下阻止资源陷阱出现或者解决资源陷阱问题，此即社区民众在文旅融合发展中处理资源陷阱的主体功能的优越性和重要方式。

二是少数民族社区民众是民族旅游产品开发者和经营者，他们的开发主体身份有助于他们相对客观地处理文旅融合发展的资源陷阱问题和旅游产业发展问题。其中，文化适应力强的当地居民比文化适应力弱的当地居民拥有更高的口碑营销愿望；既愿意维持自身原有的文化又愿意认同和接受其他新文化的整合型当地民众比其他类型的民众，会对当地民族旅游业的发展起到更大的促进作用。① 在民族旅游发展过程中,以东道主居民为主的当地社区应充分发挥其文化恢复力,融合宗教信仰,制定既符合传统文化与自然景观又适应现代旅游发展规律的村规民约,将传统生计方式整合进现代旅游生计体系中,从而更加有效地抵抗生计方式转型带来的文化和心理不适问题。②

四　推动 NGO 积极参与和监督

在我国 NGO 介入民族地区文旅融合发展中的文化资源化监测调控的过程中,与 NGO 介入少数民族的流动人口管理类似的存在组织能力不足、管理功效不明显、志愿失灵等问题,既需要政府提供法律和政策、信息、监管等宽松的外部环境,也需要 NGO 在更新观念、获取资源与提高竞争力等方面加强自身建设。其目的在于,NGO 真正地在民族地区文旅融合发展中的文化资源化监测调控的过程中发挥弥补"市场失灵"和"政府失灵"的作用③,实现 NGO 推动民族地区文旅融合发展中的文化资源保护与旅游资源有效开发的双赢局面。

(一) 由 NGO 制衡政府和企业等相对强势的利益相关者

包括民族地区在内的我国旅游业,在中华人民共和国成立初至改革开放之前是计划经济的事业性发展模式,改革开放之后的旅游产业也是以政府的强力主导和推动下建立和发展起来的。目前在民族地区文旅融合发展中,政府正在逐步转变职能,即由主导型和全能型政府向服务型政府转变。正如有的研究者所指出的,在我国目前的企业主导型、社区主导型、村民自发发展型等类型的民族旅游发展模式下,政府直接或者间接的身影随处可见,因为政府在文旅融合发展中的职能转变需要一段必要的时间和逐渐磨合的过程。而目前,政府在文旅融合发展中的职能正处于转变过程之中,有时也表现出管得过多、过宽等弊端。非政府组织在民族地区的文

---

① 余艳玲:《居民文化适应对旅游意愿影响——基于 Berry 文化适应策略模型分析》,《社会科学家》2019 年第 264 卷第 4 期,第 97—103 页。
② 刘相军、孙九霞:《民族旅游社区居民生计方式转型与传统文化适应:基于个人建构理论视角》,《旅游学刊》2019 年第 34 卷第 2 期,第 16—28 页。
③ 蔡宇安:《全面社会化视阈中 NGO 介入少数民族流动人口管理探讨》,《湖北民族学院学报》(哲学社会科学版) 2018 年第 36 卷第 5 期,第 18—25 页。

旅融合发展中的资源陷阱的监测调控中，可以在一定程度上弥补政府失灵，辅助政府进行民族文化保护及其产业化开发，如组织专门的资金、人力对民族文化进行保护和传承；可以在民族旅游发展中承担一定的微观经济管理职能，促进旅游经济发展；拓宽民族旅游的就业渠道，增加少数民族民众的就业机会。

民族地区的旅游企业是通过价值规律进行着资源配置，但是由于这些旅游企业以追求利润最大化为主要目标，内在的逐利性使得这些企业常常忽视社区居民利益，进而产生不公平现象。民族旅游地区的非政府组织不以牟利为动机，不被市场规律左右，以追求文旅融合的社会效益为宗旨，是民族旅游地区社区公共服务的主要提供者，它们能够最大限度地实现社会公正，兼顾民族文化保护和旅游产业开发①，对旅游企业的错误、失误行为进行修正和弥补。

（二）由 NGO 跟踪和监督监测性调控运行过程

非政府组织对于民族地区文旅融合发展中的资源陷阱问题的跟踪、监督，可以根据跟踪、监督工作的性质和不同阶段进行分类。如根据跟踪、监督的不同阶段，可以划分为事前、事中和事后跟踪、监督。

非政府组织对民族地区文旅融合发展事前跟踪、监督。非政府组织可以参与解决民族地区文旅融合发展中与文化资源陷阱问题相关的计划制定、政策出台、规划方案确定、文化资源赋存状况、文化资源保护与开发的现状与面临的问题等事前系列情况及困难。这源于政府公共权力下放，能够改变我国公权力过分集中的现状，可以在一定程度上推动政府职能转变。

非政府组织对民族地区文旅融合发展事中跟踪、监督。事中跟踪、监督的内容包括文化资源在旅游开发中的现状及保护情况、旅游产业发展状况、政府与社区居民等旅游利益相关者的文化保护措施到位情况、旅游利益相关者的旅游收益情况、相关计划和规划的落地情况、政策和措施的执行情况和出现相关问题的处理情况等文旅融合中的文化资源保护相关的问题和情况。事中跟踪、监督可以促进文旅融合发展中的文化保护和旅游产

---

① 杨洪刚：《我国非政府组织发挥社会功能的制约因素与路径选择》，《学术探索》2014 年第 2 期，第 10—14 页。

业开发沿着预定轨道健康、可持续地发展,促使公权力更加合理地运行,对现有体制的不足具有一定的弥补功能。

非政府组织对民族地区文旅融合发展事后跟踪、监督。非政府组织通过收集文旅融合发展的相关信息,对文旅融合发展中的文化保护及旅游产业开发进行绩效评估,全面掌握文化保护与旅游业发展状况,总结其中的经验,发现其中的问题,包括各个程序中的问题以及各利益相关者的问题,并提出相应的、可行的解决措施。通过非政府组织对文旅融合发展进行事后跟踪和监督,可以更加深入地监督公权力的运行,能够克服滥权、不作为等少数不良现象,提高评估质量,促进文旅融合发展中的文化保护和旅游产业开发质量的提高。非政府组织对文旅融合发展的实时跟踪和监督,可以解决信息不对称的现状,降低监督成本,使监督更加公正客观。

(三) 由 NGO 扶助社区等相对弱势的利益相关者

民族旅游地区的非政府组织能对弱势的利益相关者起到扶助作用,如旅游就业培训、扶助残疾人康复、旅游学校教育等方面的工作。

我国民族旅游地区也存在不少社会弱势群体,他们游离于主流体制之外,他们的利益表达能力相对低下,非政府组织在这些社会弱势群体利益表达的过程中起到了比较重要作用,非政府组织作为民族旅游地区弱势群体利益的代言人具有利益的代表性和表达的组织性。通过培育与发展民族旅游地区的非政府组织,能够提高这些地区社会弱势群体利益表达的积极性与实效性,缓和甚至化解民族旅游社区的各种社会矛盾,促进民族旅游地区的文化保护及其产业化开发,从而增进民族旅游地区社会的和谐发展。[1]

研究者也提出在民族旅游地区可发挥非政府组织的职能,协助政府解决这些地区的弱势群体问题:多渠道加大对民族旅游地区的非政府组织的资金支持;出台民族旅游地区非政府组织捐赠的免税政策;成立相应机构,协调非政府组织的各种资源,规范管理,加强和完善非政府组织的职能;放宽非政府组织登记制度,使有心致力于民族旅游地区的爱心公益事业者有一个好的平台,规范捐赠行为,使民间善款真正用于服务对象;加

---

[1] 杨炼:《论非政府组织与社会弱势群体的利益表达》,《湖北社会科学》2008 年第 10 期,第 30—33 页。

强国内外非政府组织的合作与交流，加大媒体对非政府组织帮助民族地区弱势群体、解决民族地区社会问题的宣传力度，扩大其在全国的影响力。①

（四）由 NGO 为政府提供服务和咨询

NGO 的一个重要功能是为政府提供各种服务项目和咨询。尤其我国的 NGO 更多的是在政府允许的范围内开展各种活动，和政府开展多方面的合作，与政府之间的张力较小而发展目标具有极大的一致性。在民族地区文旅融合发展中，NGO 在文化保护与旅游产业开发方面也能够为政府提供多样化的服务和咨询。

NGO 在民族地区文旅融合发展中，扮演了政府与其他旅游利益相关者之间的桥梁的角色。NGO 在民族旅游发展中，向上嵌入政府，向下嵌入社区②，传递信息和沟通意愿，而且 NGO 作为政府与市场之外的第三方，在处理民族旅游地区各类利益相关者之间的关系时，更加具有超然的地位，便于化解矛盾、消除分歧，顺利实现民族文化保护与民族旅游产业发展的目标。

NGO 为政府提供和倡导一些先进的理念。NGO 与国内外的学术、企业等各界联系紧密且反应迅速，掌握一些最前沿的资讯和理念，能够随时、及时地向政府提供并积极倡导、践行这些先进的理念。如 NGO 可以为民族地区的文旅融合发展提供负责任的生态旅游、慢旅游、深度旅游、文化休闲旅游等比较前沿的旅游理念，严格按照这些理念进行民族地区的文旅融合开发，则可以更好地实现文化保护与旅游产业开发的双赢。

NGO 在民族地区的文旅融合发展中，能够为政府解决诸多困难和问题，筹集众多的资源。NGO 筹集资源具有多渠道、多样化、快速度等特征，能够及时筹集到资金、物资、市场、人脉等资源，助力民族地区的文化保护和旅游产业发展，为政府分忧解难，为民族地区的民众带来旅游收益。尤其是那些政府没有及时顾及的、不便于出面处理的问题，交由

---

① 赵宇：《论非政府组织与社会弱势群体》，《中国流通经济》2005 年第 9 期，第 27—30 页。

② 杨莹、孙九霞：《乡村旅游发展中非政府组织与地方的关系：一个双重嵌入的分析框架》，《中南民族大学学报》（人文社会科学版）2018 年第 38 卷第 6 期，第 123—127 页。

NGO 来协调处理会收到更好的效果。

第三节　西南地区文旅融合中文化资源陷阱监测性调控的组织实施

组织实施民族地区文旅融合中的文化资源陷阱监测性调控工作，需要在各类典型的民族旅游地区设置文化资源陷阱的监测点，并设计好系统、科学的监测调控内容及其指标体系，并且通过长期调查收集相关数据后进行数据处理。这一阶段是民族地区文旅融合中的文化资源陷阱监测性调控工作的具体实施阶段，将为后续理论研究和开展实践工作提供数据支撑和经验指导，因而这一阶段具有重要的意义。

一　西南地区文旅融合中文化资源陷阱的监测点设置

在民族地区设置文旅融合中的文化资源陷阱的监测点，需要全面、综合考虑空间维度的均衡性，也要充分考虑民族旅游点的代表性和特色性，还需要配备高素质的专职监测人员和先进、优良的监测设施设备，才能为整个监测工作提供优良的保障条件，使监测结果更加具有科学性。

（一）空间点位设置的均衡性

设置民族地区文旅融合中的文化资源陷阱的监测点，首先需要综合考量的是监测点的空间位置如何均衡地布局。在一定的民族旅游空间区域内，可采用网格法和景观多样性指数法等方法，布设民族地区文旅融合中的文化资源陷阱的监测点，采用分层抽样法选取标准样地作为监测点，从确定的备选民族地区文旅融合中的文化资源陷阱的监测空间点位中抽取出若干具备代表性的民族旅游目的地，作为民族地区文旅融合中的文化资源陷阱的监测点。

本书设置的监测点，包括西南地区文旅融合发展的典型地区，如彭水县蚩尤九黎城、郁山古镇、罗家坨苗寨、黔江区阿蓬江镇、务川县的龙潭古村落、道真县的傩城、遵义市播州区平正仡佬族乡红星村、黄平县旧州古镇、兴义市鲁屯古镇、安顺市旧州古镇、姚安县光禄古镇、大理古城、丽江古城、宁蒗县洛水村。

（二）民族文化旅游点位的代表性

民族文化旅游是指以某一地区的民族文化为基础，通过某种方式或从某种角度对民族文化形式及内涵加以产品化体现，构成为旅游者提供旅游经历的一种吸引物。[①] 民族文化旅游点是指从特征角度出发，可以将具有代表性的不同类型的旅游点落实到具体的空间位置。

首先，代表性民族的代表性文化旅游发展案例。西南地区是我国世居少数民族数量最多的地区，仅云南省就有 20 多个世居少数民族。西南地区规模较大、民族文化影响深远、分布较广的世居少数民族，包括藏族、壮族、苗族、土家族、羌族、白族、彝族、傣族、纳西族、侗族、仡佬族、哈尼族、水族、布依族、布朗族、傈僳族、怒族、德昂族、珞巴族、基诺族、门巴族、普米族、佤族、阿昌族、拉祜族等少数民族。可从中选取民族文化旅游发展较好的少数民族旅游案例，或者民族文化特色鲜明、具备较大旅游产业发展潜力的少数民族案例进行研究。

其次，选择不同性质的民族文化旅游目的地作为研究的案例。可以根据旅游目的地功能类型，分别选择观光、休闲、度假等不同类型的案例作为研究对象；还可以根据民族文化旅游目的地的旅游内容的性质，选择衣食住行、婚丧、节日、禁忌等单独内容或者兼有多项内容性质的旅游目的地作为研究案例。

最后，选择不同发展阶段的民族文化旅游目的地作为研究案例。巴特勒（Butler）认为、旅游目的地的生命周期可以划分为探索、参与、发展、巩固、停滞、复苏（或衰弱）六个不同的阶段。民族文化旅游目的地一般也要经过这六个发展阶段，可以选择不同发展阶段的民族文化旅游目的地作为研究案例。这样，在对不同民族、性质、发展阶段的民族文化旅游目的地案例进行充分调查研究的基础上，归纳、提炼出的研究结论更加具有理论上的科学性和实践的指导意义。

（三）专兼职监测人员的配备

对于民族地区的文化旅游业发展，应该配备专职和兼职相结合的文旅融合中的文化资源陷阱监测人员，发挥各自的长处，弥补各自的不足之

[①] 吴必虎、余青：《中国民族文化旅游开发研究综述》，《民族研究》2000 年第 4 期，第 85—95 页。

处，以达到更佳的监测调控效果。

管理部门内部设立专门的监测机构，配备专职的人员定期进行专门监测。设置专门的监测机构和配备专门监测人员，要求做到专职监测的分工明确、职责清楚，及时巡视、监测，固定监测人员，提高监测质量。但是这种监测工作的成本较高，因此还应该做好内部机构和人员之间的分工与协调工作，否则就会影响到工作的效率。

兼职监测人员由所在单位或者社区领导，在专职监测机构或人员的指导下开展日常监测工作。兼职监测人员需要系统学习监测制度和操作规程，定期参加监测业务技能培训和思想素质提升学习。兼职监测人员还要积极宣传、普及民族文化保护的知识；对于在文旅融合发展中出现的破坏民族文化的行为，要进行登记、填表、汇报，还可根据情况进行劝阻等立即保护的工作；兼职监测人员可以列席、参加相关的会议等。在本书的研究过程中，10位旅游专业专家和8位旅游专业的研究生，可以列为兼职监测人员，也为文旅融合发展中的文化资源陷阱监测工作做出实实在在的贡献。

（四）监测设施和设备的完善与配备

对于文旅融合发展中的文化资源陷阱的监测性调控，可划分为不可移动的文物古迹的监测，以及活态的非物质文化遗产的监测两个大类。

对于文物古迹，需要保护的内容包括：保护其原址；日常保养；尽量减少干预；使用符合要求的保护技术；保护实物历史信息与原状；保护文物环境和保护考古发掘的实物遗存等。而对于实现这些文物古迹的监测，应该配备和完善监测的设施设备。可以运用传统的目测、拉线位移计等工具和方法，进行观察和测量；还可以配备和完善测斜仪、全站仪等先进仪器实时监测文物古迹的空间变形和倾斜度变化情况；此外，可以研发基于GIS等技术的新兴的空间信息技术，配合视频监测等方法，对文物古迹进行实时监测，并且与人工的巡查监测相结合。

对于非物质文化遗产等活态民族文化的监测，可以并用定性与定量的方法进行监测。对于民族语言、民族音乐、民族舞蹈、民族信仰等非物质类的文化事项，可以采取监测人员观察、访谈等定性方法，然后主观判断进行监测；也可以采取调查问卷等形式进行定量研究后的判断进行监测。民族地区文旅融合发展中的非物质类的民族文化的监测，其人文性质比较重，定性判断的程度比较大，难以运用相关科学技术仪器进行定量的、实时的跟踪监测。

二 西南地区文旅融合中文化资源陷阱的监测内容设计

西南地区文旅融合中的文化资源陷阱的监测内容包括民族文化的存量、民族旅游投入、民族旅游产出和文化资源陷阱预警体系等。上述内容是监测的主体内容，此外还有相关的次要内容可以进行补偿监测。

（一）少数民族文化存量监测

少数民族文化资源存量是指少数民族文化的赋存现状。少数民族文化处于不断的动态发展变化之中，但是其核心文化的把握和监测意义重大，而且是可以实现的。少数民族文化的存量也可以划分为物质文化和非物质文化两个大类，物质文化的存量监测相对比较容易实现，而非物质文化的监测在技术上则存在一定的难度，但也可以实现。

少数民族文化的存量监测可进行定性监测，包括物质类少数民族文化的类型、发展状况等定性评价监测。也可以通过问卷调查的方式，对少数民族文化存量进行监测与定量评估，可根据旅游目的地居民的"主位"视角的问卷调查进行监测，也可以根据游客、企业、政府部门等"客位"角度进行问卷调查和监测。

本书中，民族地区文旅融合发展中的文化资源陷阱监测中的少数民族文化存量监测指标包括居民角度的民族文化资源陷阱预警指标体系中的子目标转化利用 B_3，即包括文化资源转化利用途径 B_{31} 和文化资源转化利用程度 B_{32}；还包括游客角度的民族文化资源陷阱预警指标体系的子目标转化利用 B_3，即文化资源转化利用方式 B_{31} 和文化资源转化利用程度 B_{32}。

（二）少数民族旅游投入性监测

旅游投入的概念比较模糊，一般选取旅行社、旅游交通和星级酒店这三大旅游支柱产业来作为旅游投入指标。[1] 而旅游业相关的各界对于旅游投资界定较为清晰，旅游投资则是指在符合国家相关政策法规前提下，在一定的时期内，旅游业各相关的投资主体根据旅游经济发展需要，将资金

---

[1] 王伟、刘敏、郝炜：《山西省旅游收入与旅游投入关系研究》，《经济研究参考》2017年第69期，第78—84页。

投入到旅游项目中，以获取预期收益为目的的行为与过程。相较而言，旅游投入包含了旅游投资，还包括资金投入以外的人力、物力以及一些无形的投入。

少数民族旅游投入监测，主要是监测投入少数民族旅游业的人力、物力、财力的总量以及所投入的人力、物力、财力的比例关系；还需要监测投入少数民族旅游开发、文化保护的总量及人力、物力和财力的比例；还包括投入主体、投入渠道、投入后对于民族地区的文化保护和旅游产业发展产生的影响等问题。

本书中，民族地区文旅融合发展中的文化资源陷阱监测中的少数民族旅游投入监测指标包括游客角度的民族文化资源陷阱预警指标体系的子目标游客信心 B_4，即是否愿意投资当地的民族文化资源转化 B_{41}。

（三）少数民族旅游产出性监测

旅游业产出问题是学界和业界比较关注的问题。已有研究成果表明，文化旅游产业的资源利用及资源配置达到合理状态，其综合效率为最佳。出现规模收益递减则说明资源有效利用不足、出现资源浪费或资源配置无效。当产出不足时，表明资源利用效率不高，需要加强文化旅游业内涵式发展。当投入冗余时，则说明资源投入得过多，出现了重复建设的情况。文化旅游业的发展不仅仅依靠投入，而更重要的是依靠提高资源利用的效率。[1]

关于民族旅游地区的旅游产出问题，研究者以新疆为例，研究发现了新疆旅游产业呈现出前向关联度弱、后向关联度强、感应度弱和影响力强的特征，这说明了新疆旅游产业发展程度对于整个新疆国民经济的支撑力较弱，而对于其他产业及国民经济推动力强。[2]

少数民族旅游产业产出监测包括三个方面的具体内容，一是经济效益方面的产出监测，包括比较容易监测的直接经济收入；而间接经济收入监测则比较困难，一般采用旅游乘数的方法进行推算，一般的旅游收入乘数

---

[1] 徐文燕、周玲：《基于 DEA 方法的文化旅游资源开发利用效率评价研究——以 2010 年江苏文化旅游业投入产出数据为例》，《哈尔滨商业大学学报》（社会科学版）2013 年第 130 卷第 3 期，第 96—104 页。

[2] 张福春、吴建国：《民族地区旅游产业关联研究——基于新疆 2007 年投入产出表的测算》，《商业时代》2012 年第 31 期，第 142—143 页。

为 5，具体的地区或者产业亚类的旅游乘数需要进行具体的分析和测算。二是社会文化产出效益的监测，这也是本书的核心关注点。少数民族旅游产出监测内容，从总体上可以划分为三个方面：经济产出、社会文化产出和生态产出。需要监测产出的总量和产出的比例，也需要监测其产出的结果是否理性，尤其对产出的社会文化、生态效益更为关注。

本书中，民族地区文旅融合发展中的文化资源陷阱监测中的少数民族旅游产出监测指标包括居民角度的民族文化资源陷阱预警指标体系的子目标居民感知 B_2（内含三个亚指标即游客的语言是否文明 B_{21}、游客的行为是否文明 B_{22}、与游客的交流是否愉快 B_{23}）；游客角度的民族文化资源陷阱预警指标体系子目标价格 B_1（内含六个亚目标即景点门票价格 B_{11}、住宿价格 B_{12}、交通价格 B_{13}、饮食价格 B_{14}、手工艺品价格 B_{15}、纪念品价格 B_{16}）；游客角度的民族文化资源陷阱预警指标体系子目标游客态度 B_2（内含四个亚目标即对景区服务是否满意 B_{21}、对住宿服务是否满意 B_{22}、对交通服务是否满意 B_{23}、对饮食服务是否满意 B_{24}）。

（四）文化资源陷阱预警体系监测

在民族地区文旅融合中的文化资源陷阱监测性调控工作中，主要的文化保护目标是保持和保护民族文化的原真性和完整性。物质材料和非物质文化信息的历史真实是构成文化遗产"原真性"的两个方面。[1] 国际文化遗产界有一种观点认为，原真性概念中蕴涵着完整性含义，国际遗产界还存在着原真性和完整性认识趋同的趋势。[2] 具体而言，原真性和完整性可细化为诸多的亚类指标。在本书中，民族地区民族文化资源陷阱的预警体系的目标之一是最大限度地保护民族文化资源的完整性和真实性，而这也是预警体系的核心目标。

在本书中，民族旅游中的文旅融合在宏观上的监测预警指标体系包括监测预警指标、监测预警体系框架、监测预警方法与评价模型、民族旅游案例点所处预警阶段等内容。在具体选择民族旅游中的资源陷阱监测预警

---

[1] 孔维刚、张平：《原真性视阈下的我国少数民族非物质文化遗产保护模式与博弈分析》，《兰州大学学报》2017 年第 206 卷第 4 期，第 170—174 页。

[2] 张成渝：《国内外世界遗产原真性与完整性研究综述》，《东南文化》2010 年第 216 卷第 4 期，第 30—37 页。

第六章　西南地区文旅融合中文化资源陷阱监测性调控对策　　225

的指标时，要坚持代表性、全面性、可操作性和灵活性等基本原则。民族地区文旅融合发展中的文化资源陷阱监测中的文化资源陷阱预警体系监测指标包括居民角度的民族文化资源陷阱预警指标体系指标，子目标开发影响 B_1（内含两个更小的亚指标即作息时间是否改变 B_{11} 和资源转化中受益如何 B_{12}）；居民角度的民族文化资源陷阱预警指标体系指标子目标原真性 B_4，（内含两个亚指标即传统民族文化的保持程度 B_{41} 和民族文化表演仪式的变化程度 B_{42}）。

三　西南地区文旅融合中文化资源陷阱的监测数据处理

在民族地区文旅融合中的文化资源陷阱的监测数据处理工作中，涉及几个必需的步骤，即坚持数据的科学化采集、数据的安全保存、数据的科学处理、分析与研究和数据处理结果的正式公布等。这几个环节的工作量大，工作涉及面广，以定量研究为主，是整个研究过程中非常重要的一环，对于研究工作的成败和科学性具有决定性的影响。

（一）专业人士对数据的科学化采集

为了获得居民民族文化资源的相关数据，由旅游研究专家和旅游专业研究生近 20 人组成的调研团队，先后 4 次深入重庆、贵州、云南、四川等西南典型的少数民族旅游地区，对文旅融合发展中的文化资源陷阱问题进行了调查问卷、深度访谈等研究。

研究团队分批次走访了重庆、云南、贵州各个具有代表性的古镇的居民。其中，重庆调研了郁山古镇和鞍子苗寨。贵州主要走访了傩城、思渠古镇、洛龙古镇、道真县、龙潭古寨、红心村、黄平旧州古镇、鲁屯古镇以及安顺旧州古镇等。云南主要调查走访了光禄古镇、泸沽湖、丽江古城以及大理古城等。最终，重庆回收有效问卷 48 份，贵州回收有效问卷 276 份，云南回收有效问卷 208 份，共回收 532 份有效问卷。

为了获得游客民族文化资源的相关数据，调研团队走访了与获得居民相关数据一样的调研地点。最终，重庆回收有效问卷 51 份，贵州回收有效问卷 89 份，云南回收有效问卷 515 份，共回收 655 份有效问卷。

（二）相关数据的安全保存

对于西南地区文旅融合中的文化资源陷阱问题的调查问卷的安全保存问题，其意义十分重大。

调查问卷、访谈资料及其数字化转化后的数据安全，首先是要关注的是防止丢失，其次关注的是防止泄露。为了保障这些重要数据不丢失，多个备份的副本包括保存于个人电脑的硬盘、云端或移动存储，可采用自动备份、手工备份或者同步软件。为了保证相关研究数据不被泄漏，相关数据采用带自动加密功能备份产品进行保存。

存储的介质包括磁盘、光盘、网络存储等。存储地点可以是本地、异地、网络备份。上述各种存储介质和存储地点各有优劣。总体而言，调研数据资料以磁盘和光盘备份为主，以网络的备份为辅。以本地的备份为主，而以异地的备份为辅，而网络备份的利用方式也可以酌情考虑。同时，还要对数据定期读取，尤其光盘应该至少每年读取一次。而磁盘则要注意数据的接口是否能够被主流设备所支持。

（三）利用专业设备和方法对数据进行科学分析和验证

警度一般分为无警、轻警、中警、重警和巨警五个等级。根据获得的问卷数据和上一部分建立的预警评价模型，从居民角度出发，对民族文化资源开发利用预警等级进行数值模拟。从指标的具体表现问题上来看，这些指标都为定性指标，模糊综合评价法的专长就是处理定性指标，因而此种方法更适用。模糊综合评价法，具体包括六个步骤：第一，确定模糊评价指标集。第二，确定模糊评价等级集。第三，确定指标的模糊隶属矩阵。第四，按层次确定各指标的权重。第五，确定模糊综合评价集。第六，确定评价结果。

根据从游客处获得的问卷数据和与居民相同的预警评价模型，从游客角度出发，对民族文化资源开发利用预警等级进行数值模拟。民族文化资源陷阱预警数值模拟研究下的内容，所建立的预警模型不再区分居民和游客。后期进行案例分析时，再运用模型、数据分别分析居民和游客民族文化资源陷阱预警情况。本书预警指标均为定性指标，不太适合用数学方法进行处理。除此之外，收集数据采用的是问卷调查法，结合起来看，主观赋权法更适用。在此确定权重的方法拟采用专家评分法，但为了避免此方法的缺点，本书以专家评分法得到各个调研地点每个指标的权重，最终以各调研地点指标权重的平均值作为此指标的最终权重。

（四）检测数据处理结果的正式公布

所调查研究的民族旅游目的地具体处在哪个警度，需要根据最大隶属度原则进行判断。最大隶属度原则是模糊数学中的基本原则之一,指的是在整个模糊集中,可以选择集合中的最大值作为模型的"最优值"。换句话说,如果综合评价集中的第三个值最大,那么中警为这个调研地点所处的警度。

对于民族地区居民调查研究结果如下:模糊综合评价集是评价等级的隶属度。从对居民的研究结果可知,其最大值为 0.356。因此根据最大隶属度原则,西南地区民族文化资源陷阱处于轻警状态。这个结果跟调研团队走访的民族地区的实际情况相符。除了大理和丽江之外,其他区域基本都处于开发的初级阶段,且居民对未来当地民族文化资源的大力开发相当认可。然而,因为 0.353 跟 0.356 相差并不大,不能简单地认为西南地区民族文化资源处于轻警状态。从第九个指标来看,大部分居民认为,与原始仪式相比,现在的表演仪式已经变化太大,失去了民族地区的特色,对民族文化资源开发产生了不利影响。因此,为了避免落入民族文化资源开发的陷阱,应该在一定程度上保持地方表演特色,保持表演的原真性。

模糊综合评价集是评价等级的隶属度。从对民族地区的游客研究结果可知,其最大值为 0.399。因此根据最大隶属度原则,西南地区民族文化资源陷阱处于中警状态,这跟实际情况也相符。因为团队在调研过程中发现有超过一半的游客认为当地民族文化资源转化之后丢失了原真性,这说明大部分游客认为,当地开发过度,失去了民族地区的特色,对民族文化资源的转化利用产生了不利影响。因此,为了避免落入民族文化资源开发的陷阱,应该在一定程度上保持民族文化资源的原真性。

从居民的角度来看,西南地区民族文化资源开发处于轻警状态,而从游客角度来看,其处于中警状态。究其原因,大概是因为当地居民希望从开发中获得相关利益,所以居民倾向于开发;而游客大多数希望保持当地的民族特色,排斥过度开发。除此之外,由前文的分析可以看出,居民的模糊综合评价集中轻警和中警的值相差并不大,仅为 0.003。所以,从某种程度上可以认为居民角度的民族文化资源开发也处于中警状态。因此,当地政府在致力开发、充分利用当地文化资源的同时,也需要保持文化资源的原汁原味性,最大限度地保留当地的民族特色。

第四节　西南地区文旅融合中文化资源陷阱监测性调控的保障措施

为了保证民族地区文旅融合中的文化资源陷阱监测性调控工作顺利开展，我们需要建立和完善相关法律、制度体系，建立健全相关的文化资源陷阱的预警体系与体制机制，还需要建立一整套相应的文化生态环境、理论体系和实践模式。

一　健全防止文化资源陷阱的法律与法规

对于民族地区文旅融合发展中的文化资源陷阱问题，国家可以通过建立系列法律、制度、预警机制、文化生态环境的保护等措施，通过系统的法治化环境建设来预防和解决文化资源化问题。

（一）健全旅游开发中的民族文化保护法规

一是确立少数民族文化权利的主体。一般而言，少数民族的文化权利经常因为缺乏具体的明确的执行主体而被虚化、悬置。某一个少数民族的文化权利被全体少数民族民众或者某一个机构完全有目的、有意识地行使的情况很少。少数民族的文化权利通常是被这个少数民族的部分群体、部分地区所行使，例如某一村寨、某一个城市社区的少数民族民众来作为少数民族文化权利的主体。因此，除了运用法规确定少数民族整体的文化权利主体之外，还应该以法律的形式确立少数民族各亚群体的文化主体地位和文化主体权益。

二是对于少数民族地区旅游开发中的文化权通过法律形式予以确认。目前，我国关于少数民族文化权利的法律法规比较少，现有法规是关于少数民族经济权利保障方面，而对于文化权利方面的法规比较缺乏。所以，我们应该加强少数民族文化权利保护方面的立法工作，增加相关法律的数量，增强法律保护的强度，建立更加全面、科学、系统的少数民族文化权利保护法律规范。

三是运用具体的法律制度将少数民族文化权利内容细化、实化。从我国现有的关于少数民族文化权利的法律规范来看，其对于少数民族文化权利的保障内容不具体，显得比较模糊，仅仅在民族区域自治法和宪法中有一些宣示性规定。经济权利与文化权利紧密关联，经济权利保障是文化权利保障的基础，文化权利具有财产属性，在某些条件下文化权利可以直接转化为经济权利，例如少数民族旅游开发中的文化资本转化为经济资本就是一个很好的诠释。同时，还应该注重少数民族文化权利实现的经济利益，在少数民族文化权的所有拥有者之间进行公平分配，以体现公正性，同时激发少数民族民众对于保护和传承少数民族文化的积极性和主动性。[1]

（二）健全民族文化旅游开发法规

关于民族文化旅游开发的法规，可以大致划分为两个类型，即普通的旅游类法规关于民族文化旅游开发的内容、专门性法规的关于民族旅游开发的内容。

一是丰富通用的旅游类法规中关于民族文化旅游开发的相关内容。这些法规既对民族文化旅游开发做了相关规定和规范，也促进了民族文化旅游开发和民族地区旅游产业发展。我国目前的旅游类普通法规主要有《旅游法》《旅行社条例》《旅游安全管理办法》《大陆居民赴台湾地区旅游管理办法》《导游管理办法》《旅游行政许可办法》等。如《旅游法》关于民族文化旅游开发的相关内容包括"旅游者的人格尊严、民族风俗习惯和宗教信仰应当得到尊重""扶持少数民族地区、革命老区、边远地区和贫困地区旅游业发展"。《旅游法》关于包括民族地区在内的旅游开发的内容是"旅游发展规划应当包括旅游业发展的总体要求和发展目标……以及旅游产品开发……县级及以上的地方人民政府均可以编制重点的旅游资源开发利用专项规划，对于特定区域内旅游项目、设施及服务功能配套需提出专门要求……鼓励跨区域的旅游线路设计与产品开发，积极促进旅游同农业、工业、文化、商业、体育、卫生、科教等相关领域的融合。"[2] 这些规则内容既可以指导汉族地区的文化旅游开发，也可以指导少数民族地区旅游开发，对确立民族文化旅游开发在国家整个旅游发展框架之中的地位和功能，具有纲领性的指导价值。

---

[1] 张钧：《文化权法律保护研究——少数民族地区旅游开发中的文化权保护》，《思想战线》2005 年第 31 卷第 4 期，第 29—33 页。

[2] 《中华人民共和国旅游法》（2018 修正）。

二是制定针对民族文化旅游开发的专门性法规。我国的许多民族文化旅游发展地区的地方政府制定了相应的民族文化旅游开发法规，这类法规对于进一步推动民族地区文化旅游业健康可持续发展、规范民族地区的旅游市场、旅游经营模式和旅游产业管理体制、保障旅游经营者和旅游者的合法权益、提升民族文化旅游品牌等方面均具有巨大的推动作用和保障功能。例如，《云南省大理白族自治州旅游条例》共有3000多字38条，制定了自治州旅游发展的方针和原则，对规划、投资、合作、工作机制做了明确规定，对于自治州、市（县）旅游行政管理部门的职责做了具体而清晰的界定，对其他政府管理部门明确了其对于旅游工作的协同配合职责，规定了旅游行业协会的职责和政府对于旅游业的奖惩制度，明确了旅游专项资金的使用和旅游规划的重点，鼓励开发民族特色旅游产品和多渠道宣传营销，加强部门协同，规范旅游交通和实施旅游惠民措施。此外，该条例还对民族文化旅游经营规范、民族文化旅游服务与管理、法律责任等问题做了比较具体的规定。大理州的这一法规，对于促进大理州的民族文化旅游产业规范、健康、积极发展起到了极大的推动作用。

（三）防止旅游开发中出现民族文化资源陷阱的法规

少数民族文化权包括让予、使用等积极权能，以及制止被滥用、盗用等抵抗侵害的消极权能。少数民族的文化权利是其基本权利之一，文化权首先表现文化自决权。

一是利用法律保护民族文化利益相关者的权利。文化权利包括使用和让渡权利。这种使用权不仅包括本民族的使用权，而且还包括让予许可权即使用权、许可使用等方式实现本民族的文化权利。这是应对民族文化资源陷阱的正面保护措施，在文旅融合发展中积极开发利用民族文化，占领了民族文化开发主体的正面积极的部分，留给产生文化资源化陷阱的旅游开发的份额就小，是防止民族旅游开发中的文化资源陷阱的间接性的主要方式。对这种民族文化旅游开发的积极行为，要通过法律的形式予以肯定、保护，具体包括保护文化旅游开发主体、客体、文化拥有者、开发过程等利益相关者的权利。

二是通过法律的形式保护少数民族的文化免于遭受滥用、盗用等不法侵害。当少数民族的文化在旅游开发中被贬低、歪曲、过度商业化、庸俗化、文化价值观蜕变等，或者遭受滥用、盗用等不法侵害时，本民族的民众有权进行制止，可以通过寻求法律、行政方式进行文化权利保护。[①] 应该加大少数民族文化权利保护方面的立法，对于上述关于文旅融合中的少数民族禁止性活动进行法律约束，以预防、阻止或者挽救文旅融合发展中的文化资源陷阱问题。例如，丽江的纳西古乐的"嫡庶之争"，其实质是少数民族文化的真实性问题，究竟这一民族音乐的核心内核是什么，在将纳西古乐开发为旅游产品时可能存在滥用、误读等文化资源陷阱问题，迫切需要建立法律规范解决相关问题、规范开发行为、保护民族文化资源。

三是建立健全少数民族民众在民族文化旅游开发中的收益法律规制。在少数民族文化旅游大力开发的背景下，需要对民族文化旅游开发的利益分享制度进行法律规制。应当根据不同民族文化旅游开发的模式，分门别类地采取法律直接规定、法律规定和村民自治相结合、现代公司模式、合同协商等机制，并且充分地利用民族区域自治的立法，以合理地分配民族文化旅游开发所带来的收益。[②]

二　建立和健全预防文化资源陷阱的系列制度

西南地区文旅融合中的文化资源陷阱监测性调控工作中，需要建立和健全系列防范资源陷阱的制度，包括政府管理部门的政策体系、行业的自律体系、社区的乡规民约等内容。

（一）政府应建立健全防止旅游开发中民族文化资源陷阱的政策体系

一是政府应该建立健全民族旅游开发过程中的文化产权制度。目前我国的民族旅游开发过程中存在民族文化保护传承与旅游开发利用等多重矛盾，需要加强民族文化传承保护和开发利用的协调共进，创新与完善民族文化产权制度，构建民族文化保护和开发的命运共同体，高质量地推动民族文化保护和旅游开发的策略优化。政府部门需要统筹协调，政府的各职能部门还应该把握有为与无为的关系，同时政府还要积极促进少数地区群众的文化产权意识的觉醒，并且号召全社会来支持少数民族文化产权。政

[①] 张钧：《文化权法律保护研究——少数民族地区旅游开发中的文化权保护》，《思想战线》2005年第31卷第4期，第29—33页。

[②] 文永辉：《少数民族"非遗"开发中利益分享制度的法律规制——基于贵州的田野调查》，《浙江师范大学学报》（社会科学版）2013年第38卷第2期，第22—31页。

府还应该在招商引资来发展民族文化旅游项目、积极维护少数民族群众利益，以及民族文化传承和保护、监督及发展等方面大有作为，在少数民族群众向旅游开发商争取正当利益的时候，政府要积极有为。政府要充分发挥公共服务职能，尽可能为少数民族群众办实事。[①]

二是政府应针对开发地区的旅游开发困境从多方面保障少数民族群众的文化权益。我国少数民族地区的旅游扶贫等旅游产业开发过程中，少数民族群众在文化资源收益权、文化参与权、文化尊重权、文化创造权、文化话语权的保护方面仍面临一定困难。政府管理部门应从挖掘少数民族优秀文化传统、制定科学的民族旅游开发政策、建立文化权益协作保障机制等方面入手，多措并举地保护好民族文化，实现少数民族民众的文化权益。[②]

（二）建立抑制旅游开发中民族文化资源陷阱的行业自律制度

民族文化旅游开发中的文化保护的行业自律是我国的一个薄弱环节，在民族旅游开发中的文化保护功能有限，因此需要加大我国民族旅游开发中的文化保护行业自律体系建设，发挥好行业协会在民族文化旅游开发中的文化保护作用。

一是增加民族地区的文化旅游中的民族文化保护行业协会的数量。我国的国家级旅游类行业协会基本建立，各个省级旅游行业协会也纷纷建立，地方性的旅游行业协会也数量众多。但是，我国的旅游行业协会总体上数量偏少，尤其是专业性、中小型的民族旅游地区的民族文化保护行业协会较少，应该鼓励建立更多的民族文化保护行业协会，在促进民族文化旅游发展的同时，切实保护好民族文化。这类民族文化保护的行业协会、民间的组织成长的积极性很高，需要政府加强引导和提供更加宽松的成长环境。

二是加强民族地区的文化旅游中的民族文化保护行业协会制度建设。我国的旅游类行业协会，都具有官方性质，而民间性质普遍弱化。此处所

---

① 李忠斌、李军、文晓国：《基于产权视角下的民族文化旅游可持续发展研究》，《中南民族大学学报》（人文社会科学版）2016年第36卷第5期，第69—73页。

② 卢世菊：《旅游扶贫中少数民族文化权益保护研究》，《学习与实践》2019年第3期，第20—26页。

指的制度建设是指加强民族旅游协会的自身建设。要按照党中央、国务院的要求，厘清社会、市场与政府间的关系，积极稳妥推进民族旅游各行业协会和行政机关脱钩①，要坚持市场化、社会化的改革方向，坚持非营利性、法治化，坚持服务发展和释放活力，坚持试点先行和分步稳妥推进这一行业协会改革基本原则，厘清行政机关和民族旅游行业协会间的职能边界，加强对民族旅游类行业协会的综合监管和党建工作，促进各类民族旅游行业协会真正成为依法设立、服务为本、自主办会、行为自律、治理规范的社会组织。②要使民族旅游类行业协会回归市场化性质，使民众旅游类行业协会面貌更加清晰，内部的治理更加和谐，发展更有活力，作用更加突出，真正实现民族旅游类行业协会自治管理与健康发展。完善民族旅游类行业协会的内部治理，是实现行业协会可持续发展的关键环节。要健全民族旅游类行业协会的民主监督机制，切实提升民族旅游类行业协会的制度管理水平。要进一步推进民族旅游类行业协会的品牌建设，要结合民族旅游行业的特色系统规划好主业，大力发展核心业务，以民族旅游这一核心业务的品牌化实现行业协会服务能力和形象的品牌化。

三是扩展民族地区的文化旅游中的民族文化保护行业协会功能和作用。要进一步提高民族旅游类行业协会综合服务于自我发展的能力，并继续高质量做好民族旅游行业的基础服务，拓展其服务领域，在战略规划、观念转变、标准制定、科技导向、国际合作、谋划建设、政策执行等方面发挥好民族旅游类行业协会的引领和服务功能。民族旅游行业协会制定相关的条令，并保证服务质量。需要加大民族旅游行业的自律，做到诚信服务，在住宿、餐饮、娱乐等方面做出严格服务规定，以规范我国的民族旅游市场。也要加强民族旅游经营者的培训与宣传，以弥补政府职能的不足，不断提高民族旅游经营者整体素质。

（三）制定保护和传承民族文化的乡规民约

乡规民约是指在某一特定乡村地域范围内，按照当地的风土民情、社会经济和文化习惯，由一定组织、人群共同商议制定的共同遵守的自我管

---

① 薛欣月：《我国滑水运动推广的策略研究》，硕士学位论文，首都体育学院，2018年。
② 于今、蒋国长：《深化社会治理体制改革构建社会命运共同体和社会治理共同体》，《公安学刊》（浙江警察学院学报）2020年第2期，第5—11页。

理服务、自我约束的共同规则或约定。乡规民约的主要特征包括：具有群众自治和国家强制的双重属性、人民性、委任性、实践优越性（操作性强、灵活性强、自觉性强、普及率高）等。①

一是立足于本土制定乡规民约，确立民族地区文旅融合发展中的文化保护的基本规范。在民族旅游地区，乡规民约比正式制度拥有更多自身的优势，在民族文化保护中发挥了重要作用。让民族地区社区居民参与乡规民约制定过程之中，对民族地区文化保护相关的习俗、禁忌和宗教仪式等予以制度化保障，形成乡规民约，并使之成为社区管理规范的重要组成部分。乡规民约既通过约定俗成的规范调整成员间的行为规范，又保证了当地居民基本的利益分配、文化传承、生态环境保护等。此外，村民以乡规民约为社区管理依据，共同履行管理职责和义务，这又增加了其规范性，促进了社会资本的形成和发展。②

二是充分利用乡规民约在民族地区文旅融合发展中的民族文化保护的广泛性和针对性。乡规民约是民间法的重要组成部分，能够发挥民间法的功能，乡规民约源于民间社会且符合民间社会的实际，它具有针对性、适应性和实用性，其适用范围远远大于国家法的管辖范围。乡规民约能够柔和规范人们的民族旅游开发和文化保护行为，调整民族旅游社区社会生活秩序，对于民族旅游地区的文化保护起到重要作用。乡规民约对于民族旅游地区的文化保护作用体现在以下几个方面：自觉约束、公开告示、规范引导和道德谴责等。

三是制定具体的操作模式以保证乡规民约对民族地区文旅融合发展中的民族文化起到切实保护作用。首先，制定保护原则。这里的保护原则主要包括完整性、原真性、社区参与等主要原则。其次是乡规民约对于民族旅游地区的民族文化保护的内容，具体包括东道主民族的物质文化和非物质文化遗产，如衣、食、住、婚丧、宗教礼仪、节日习俗等。再次，保护的具体要求，主要包括民族性、文化性、历史性、科学性、非营利性等。

---

① 刘建平、李双清：《论乡规民约与乡村红色文化遗产的保护》，《湘潭大学学报》（哲学社会科学版）2009年第33卷第6期，第89—93页。

② 尚前浪、陈刚：《社会资本视角下民族地方乡规民约与旅游社区治理——基于泸沽湖落水村的案例分析》，《贵州社会科学》2016年第8期，第44—49页。

最后，具体的保护举措，包括提高对民族文化的保护意识，规范民族文化的保护范围和保护内容，加大对民族文化的保护力度，增强民族文化的保护成效，从人财物和基础设施等方面完善民族文化的保护措施，尤其注重建立预警机制，在乡规民约中建立预警机制、长效机制和远景规划，严格禁止短期不良行为，预防自然灾害、突发事件及环境的破坏。[①]

三 完善文旅融合中文化资源陷阱的预警机制

在西南地区文旅融合中的文化资源陷阱监测性调控工作中，需要重点关注以下几个方面的工作，即建立准确检测机制、健全及时预警机制、建设检测预警的多方联动机制、构建检测预警、文化资源保护的奖惩机制等。

（一）建立准确监测文化资源陷阱的机制

结合国内外关于预警研究的前沿理论和实践经验，本书采用了一系列的民族旅游中文化资源陷阱的准确检测机制。首先，从民族旅游地区的空间分布角度设置科学、合理的空间检测点位。其次，从民族旅游地区的典型民族文化的角度，选取具有代表性的民族文化作为研究对象，从代表性民族、代表性民族文化、不同民族的旅游发展阶段等维度选取检测研究的案例。再次，建立专职与兼职监测人员相结合的广泛的监测队伍建设机制，兼顾专职检测人员的高水平专业素质和兼职检测人员的广泛性。最后，配备和完善检测设施和设备，为获得科学、实用的监测数据提供优良的保障条件。

同时，还需要设计科学、合理的民族文化旅游中的文化资源陷阱检测的内容体系。具体而言，包括民族旅游地区的旅游文化资源存量检测、民族旅游发展中的投入检测与产出检测、民族地区文旅融合发展中的文化资源陷阱示警体系监测等内容。

（二）健全文化资源陷阱的及时预警机制

对于建立健全西南地区文旅融合中的文化资源陷阱即时预警机制，主要注重几个重要的步骤。相关检测数据的科学采集，这是建立健全科学预

[①] 刘建平、李双清：《论乡规民约与乡村红色文化遗产的保护》，《湘潭大学学报》（哲学社会科学版）2009 年第 33 卷第 6 期，第 89—93 页。

警机制的基础和关键，因为资料数据是科学研究的基础环节。然后，运用科学的手段和方法，对所收集到的资料和数据进行安全保存，在当下的数字化高科技时代，数据精确记录和完整保存难度较大，意义也很大。之后运用先进的工具和科学的方法对所收集的数据进行科学分析和研究论证。最后，根据所设置的民族地区文旅融合发展中的文化资源陷阱预警系统的五个警级（无警、轻警、中警、重警和巨警），确定所研究的民族旅游地区的文化资源陷阱所处的预警等级，及时、准确地向社会公布预警区间即警级，从而引起民族旅游开发的利益相关者的关注，以便于及时采取有力措施应对需要处理的警情，消除警报。

（三）建设文化资源陷阱预警的多方联动机制

对于西南地区文旅融合中的文化资源陷阱监测性调控工作，需要建立健全政府、企业、社区居民等民族旅游利益相关者共同参与的检测预警多方联动机制，包括重点区域超前监控、民族旅游开发过程监控、区域的数据共享、预报与预警、信息发布、应急联动等六个子系统。

超前监控的组织实施。对于民族文化特色鲜明的民族旅游地区、民族旅游发展较好的地区、民族旅游商业化严重的地区、民族旅游游客超载严重的地区等民族旅游重点地区进行超前监控。需要政府管理部门、旅游企业、社区居民、游客、志愿者等民族旅游利益相关者具有这种超前意识，随时密切关注重点民族旅游地区的文化资源陷阱问题，实施超前监控，随时关注和汇报重点民族旅游地区的文化资源陷阱进展及恶化程度。

民族旅游地区的旅游开发及其文化资源保护的过程控制。这里的过程控制特指预警联动机制中的处置环节。可以划分为正常情况和紧急情况两种类型。正常情况下，民族旅游地区的文化资源陷阱的专兼职检测人员定点、定时观察和检测文化资源转化的动态情况，定时向指定的管理和研究机构汇报检测数据；管理和研究机构做好相关资料数据的保存和保护工作，并对数据和资料进行分析、处理和研究，向民族旅游利益相关者及外界公布分析和研究的结果，尤其重点公布超警戒数据的警情。在紧急情况下，民族旅游地区的文化资源遭受剧烈的、迅速的破坏，例如世界文化遗产被拆除，在此种情况下需要建立信息传递和直达的机制与渠道，以便于最高的管理层和决策层能够第一时间知晓信息并做出应对决策，在最短的时间内得以最快地消除警情，保护好民族文化资源。

建立和健全西南地区文旅融合中的文化资源陷阱监测数据的区域共享机制。要建立和完善民族文化资源陷阱监测的重点民族旅游城市和景区，完善联动监测的内容如民族文化的真实性、完整性等指标。根据统一的数据交换方式和传输格式，各联动监测旅游城市和景区可以随时共享数据。区域数据共享系统除了传输数据的功能外，还可以开发利用数据审核、实时监控、数据日报、数据空间分布定位等功能。

建立和健全西南地区文旅融合中的文化资源陷阱监测预报与预警系统。建立民族文化资源陷阱的集成预报子系统，同时建立数据自动读取和根据标准进行报警的自动报警子系统。各相关者可建立联合会商系统和会商制度，建立在线讨论与线下会商相结合的会商制度，进行民族文化资源开发与保护现状预报与资源陷阱预警会商。

建立和健全西南地区文旅融合中的文化资源陷阱监测的信息发布子系统。信息发布子系统类型分为日报、专报和预报等，其发布途径主要包括邮件、网站、短信、微信、微博等。根据管理者和专家会商的结果提前进行民族文化资源陷阱预报，具体由管理部门审核后发布预警信息，然后各民族旅游利益相关者采取相应的应急联动举措。

建立和完善西南地区文旅融合中的文化资源陷阱监测的应急联动子系统。本书将西南地区文旅融合中的文化资源陷阱监测预警的警级分为无警、轻警、中警、重警和巨警五个级别，不同的预警级别分别对应采取不同的应急举措与实施范围。民族文化资源陷阱应急联动子系统能记录与整理应急联动中的系列预警信息、采取措施与应急结果等，并建立和完善应急联动数据库。它还具有查询和管理应急联动人员、机构等职能。

建立基于居民的预警。结果如前所述，此处从略。

基于游客的预警。结果如前所述，此处从略。

基于居民与基于游客的预警结果比较。结果如前所述，此处从略。

(四) 设立文化资源陷阱监测预警及资源保护工作的奖惩机制

西南地区文旅融合中的文化资源陷阱监测预警及资源保护工作的奖惩机制的总体原则是奖勤罚懒、奖功罚过的原则，以奖为主以罚为辅、重奖轻罚的原则。

对于在民族地区文旅融合中的文化资源陷阱监测预警及资源保护工作

中成绩突出者，予以奖励，奖励要注重实效而不流于形式。奖励主要包括予以物质奖励，如发放实物、奖金等；给予精神奖励，如颁发奖状、奖章、通令嘉奖、授予荣誉称号等；给予物质奖励与精神奖励相结合等奖励方式，如加薪、晋职晋级等。其目的是表彰在民族文化资源保护与旅游开发工作中做出优异成绩者，鼓励有功的相关人员。同时，这些表彰和奖励也能够起到积极的示范作用，树立良好的民族文化保护与旅游开发的氛围，激励后进者，促使这项工作更好地开展。

对于民族地区文旅融合发展中的文化资源陷阱监测预警及资源保护工作的惩罚机制而言，坚持的基本原则是公正公平，建立违法必究、有错必纠的惩罚机制。惩罚一般分为刑事惩罚、行政惩罚和一般性惩罚。这些惩罚方式需要与民族文化资源陷阱检测及保护工作开展的过程、任务执行情况、任务绩效挂钩，以督促、鞭策此项工作在民族地区更好地开展，取得民族旅游繁荣发展与民族文化保护的双赢效益。

四 建立完备的文化生态环境、理论体系和实践模式

在西南地区文旅融合中的文化资源陷阱监测性调控工作中，建立完备的文化生态环境能够为民族文化的旅游产业开发与民族文化保护提供良好的生存环境，而在原真性的大背景下也可以实现民族文化表达形式的多样化，在研究过程中可以提炼更多的民族旅游中的文化资源陷阱防控理论，总结出更多的可操作性实践模式。

（一）建设促进文旅融合中文化可持续发展的文化生态环境

文化生态环境是民族旅游开发和民族文化资源再生产赖以存在的基础，二者是共存、共荣的关系，如果没有良好的文化生态环境，则民族旅游开发和民族文化资源的生存就会成为"无源之水、无本之木"。文旅融合中的文化可持续发展中的文化生态环境建设主要涉及以下几个方面。

一是社区参与、利益兼顾。民族旅游地区的社区居民既是旅游利益相关者，也是民族旅游开发的主体；同时，他们也是民族旅游开发的对象，即民族旅游开发的客体，他们是民族文化的承载体，也是民族文化的重要组成部分。作为民族旅游开发主体的社区居民参与旅游开发和文化保护，使他们充分享有话语权，充分、公平地享有民族旅游开发的红利，增加他们保护和发展民族文化的主动性、积极性。做民族旅游开发客体的社区居民,是民族文化尤其是活态存续的非物质文化遗产的承载体和持有者,与非物质文化遗产融为一体,社区参与则有利于发动社区居民更好地热爱、传承和保护民族文化,使民众文化更好地适应新兴的文化生态环境,实现民族文化的发展和超越。

二是限制民族旅游地区的承载容量来保护文化生态环境。民族旅游目的地的环境容量分为空间容量、生态容量、基于社会文化的心理容量,通过制定及实施环境容量限制标准的办法来保护民族文化生态环境。我们要把民族旅游开发及利用的强度、游客数量控制在自然和社会生态环境容量范围之内。在保持自然生态环境和民族文化社会环境可持续发展的前提下,满足游客对于民族旅游的安全、卫生、舒适、方便、美观等旅游需求。

三是建立民族旅游利益相关者利益协调机制。民族文化资源是民族地区发展旅游产业的基础条件,也是民族旅游社区可持续发展的重要条件。需要保护好民族文化资源与经济发展的关系,也要处理好民族旅游利益相关者之间的关系。民族旅游社区的旅游利益相关者之间的矛盾和冲突,是产生民族旅游生态环境问题的深层次原因之一。因此,建立公平公正基础上的民族旅游社区利益相关者的利益共享机制,使各利益相关者之间互相协调、互相监督、互相约束,以实现民族旅游地区的生态效益、经济效益、社会文化效益的多赢局面。

四是建立民族文化生态保护和发展的创新机制。创新是民族进步的灵魂,唯有创新才有新的突破和收获,唯有创新才能取得新的更大的成绩。民族文化生态环境及其中的民族文化,始终处于不断运动、变迁之中,全球化、城镇化、现代化是民族文化的宏观生存环境。在民族旅游开发过程中,既要保护传统的民族文化事项及其核心价值体系,也要对民族传统文化的内容或者形式做适当的、必要的改革创新,以适应新的宏观的社会环境,以促使民族文化不断向前发展,保持民族文化的发展活力。

(二)探讨原真性标准下文旅融合中的文化表达形式多样性

《威尼斯宪章》主张"将文化遗产真实地、完整地传下去是我们的责任",这是对保护文化遗产原真性的最佳诠释。申报各种世界文化遗产项目,除了应符合登录标准以外,还要在材料、设计、环境和工艺四方面检验其原真性要求。[1]

我国于2005年批准加入《保护和促进文化表现形式多样性公约》。文化多样性主要是指民族文化多样性，指各群体和社会借以表现其文化的多种不同形式"多样性体现为人类各民族和各社会文化特征和文化表现形式的独特性和多元性"。这些表现形式在他们内部及其间传承，"文化多样性不仅体现在人类文化遗产通过丰富多彩的文化表现形式来表达、弘扬和传承的多种方式，也体现在借助各种方式和技术进行的艺术创造、生产、传播、销售和消费的多种方式"。

在原真性标准下的文旅融合中的文化表达形式多样性，主要是指在原真性的标准约束之下，民族旅游开发方式的多样化。[2] 一个大类就是传统民族旅游开发方式，包括文化景观观光旅游产品、民族旅游地区的休闲度假旅游产品、民族地区文化探秘等专项旅游产品等。另外一个大类就是新兴的民族旅游产品开发，包括小规模的可替代性的深度旅游产品、民族文化体验旅游产品如民宿旅游、民族地区慢旅游产品、民族地区全域旅游产品等。随着科技日新月异地发展，新兴的民族旅游产品即文旅融合发展中的新兴的文化表达形式还会不断推陈出新。

（三）研究促进文旅融合中的文化资源陷阱的预警理论

民族地区文旅融合中的资源陷阱主要是指民族文化的同化，以及民族文化的阐释权隐秘地掌握在西方人手中。国内目前关于民族旅游预警、旅游预警研究主要关注：对于民族旅游开发可能给民族文化带来的负面影响，从定性研究的角度探讨了可能出现的预警情况及应对措施[3]，提出了民族村寨旅游开发预警的五个原则[4]，构建古村落旅游中的文化遗产保护预警体系。[5] 对于旅游安全研究，构建了中国旅游安全的业务、容量、环

---

[1] 李修福：《历史文化名城原真性探讨——以南京夫子庙秦淮风光带为例》，《红河学院学报》2010年第6期，第63—69页。

[2] 转引自宋俊华《非遗何以共享：基于藏品票实践的思考》，《文化遗产》2020年第3期。

[3] 肖坤冰：《民族旅游预开发区的文化保护预警研究——以四川汶川县阿尔村的羌族传统文化保护为例》，《北方民族大学学报》（哲学社会科学版）2012年第3期，第74—80页。

[4] 张中奎：《预警原则：民族村寨旅游预开发的实证研究》，《财经理论与实践》2015年第36卷第3期，第136—139页。

[5] 邱正英：《旅游文化遗产保护预警体系构建》，《商业时代》2013年第13期，第117—118页。

境污染、突发事件四大预警模块，设计出不同级别的预警机制①；构建了旅游安全预警指标体系，设计了运行机制并进行了应用研究②③④；初步构建了基于智慧旅游的区域旅游预警系统。⑤

我国目前关于旅游预警研究主要关注自然生态环境容量预警、游客数量预警、旅游经济运行预警、大型突发旅游事件预警、旅游突发事件中的网络舆情预警、旅游灾害天气预警，而对于民族旅游尤其是民族旅游中的文化资源陷阱预警关注较少；现有研究的实证研究较多，而原创性理论研究较少，相关研究总体处于初始阶段。

在我国未来的包括民族旅游在内的旅游预警研究中，需开创性建立一些前沿理论体系，同时要注重研究结论的实际指导意义。将最新的科学技术融入民族旅游开发和民族文化保护的预警研究中，如物联网技术、AI技术、大数据方法、移动互联网技术、云计算方法、宇航新技术等，同时注重定量研究的精确化和科学化。

（四）总结提炼出不同地域、发展阶段、发展形式的文旅融合中文化原真性发展的实践模式

在民族地区的文旅融合发展过程中，存在文化资源陷阱的可能性。如何预防和克服文化资源陷阱问题，有多种多样的方式和模式。而对于民族文化旅游开发的原真性模式，是一种正面的发展民族文化旅游的方式，它们占据了正面的积极的市场，也就直接克服了民族旅游开发中的文化资源陷阱问题。

从我国已经和未来可能创新的民族旅游中的文化资源保护与旅游开发中，总结提炼出文化原真性的实践模式。这些可行的模式包括生态博物馆

---

① 谢朝武：《我国旅游安全预警体系的构建研究》，《中国安全科学学报》2010年第20卷第8期，第170—176页。

② 梁留科、周二黑、王惠玲：《旅游系统预警机制与构建研究》，《地域研究与开发》2006年第25卷第25期，第126—130页。

③ 霍松涛：《旅游预警系统的初步研究》，《资源开发与市场》2008年第24卷第5期，第413—416页。

④ 祝喜、王静、吴郭泉：《旅游安全预警指标构建及应用研究》，《技术经济与管理研究》2010年第3期，第133—136页。

⑤ 王玉玲、翁畅平、汪惠萍：《智慧旅游视域的区域旅游预警系统研究——以"外滩踩踏事件"为背景》，《资源开发与市场》2015年第31卷第7期，第890—892页。

模式、节庆模式、民族（民俗）文化村模式（原地展示型和异地模拟型）、历史文化街区模式、实景演出模式、民宿旅游模式、原生态文化保护圈（区）等。

本章小结

本章主要探讨了如何对西南地区文旅融合中的文化资源陷阱进行监测性调控的对策。具体而言，从四个方面进行了详细的研究。

西南地区文旅融合中的文化资源陷阱监测性调控具有多维的理论价值和现实意义，这将极大地促进民族文化保护、旅游产业可持续发展、经济社会和谐发展与和谐民族关系的构建。西南地区文旅融合中的文化资源陷阱监测性调控的可操作性，包括综合测度体系的可操作性和预警体系的可操作性。综合测度体系的可操作性是指本书在充分研究西南地区文旅融合的过程、现状、成绩、问题、原因等基础上，从支撑性（少数民族文化存量）、投入性（采用率、建设度）和产出性（经济效益、文化复兴度、满意度）等不同角度选取指标，构建少数民族文化资源化综合测度体系；通过典型案例的实地调查研究，在对西南地区文旅融合中的少数民族文化资源化进行深入了解、研究之后，选取相关指标建立起相应的科学的指标体系。预警体系的可操作性包括西南地区文旅融合中的文化资源陷阱的预警体系的概况，以及西南地区文旅融合中的文化资源陷阱的预警体系的可操作性实现路径，这一预警体系的可操作性的实现路径在宏观上遵循"经验—经典—经验"的基本思路。

要积极发挥西南地区文旅融合中的文化资源陷阱监测性调控的主体功能。政府在监测性调控中的主导功能包括主导监测调控体制机制的建立、监测调控法制建设、旅游发展战略和利益相关者关系的协调。市场在监测性调控中的主体功能包括发挥投资者在监测性调控中的市场主体功能、经营者在监测性调控中的市场主体功能和旅游者在监测性调控中的市场主体功能。社区在监测性调控中的功能包括基层行政组织的组织协调功能、社区民间组织的权威效用、社区精英的引领作用和社区民众的主体功能。NGO组织积极参与和监督功能包括制衡政府、企业等相对强势的利益相关者，跟踪、监督监测性调控运行过程，扶助社区等相对弱势的利益相关

第六章 西南地区文旅融合中文化资源陷阱监测性调控对策 243

者以及为政府提供服务和咨询。

西南地区文旅融合中的文化资源陷阱监测性调控的组织实施包括监测点设置、监测内容设计和监测数据处理。监测点设置要注重监测点空间位置的设置要均衡，选取有代表性的民族文化旅游点位，配备专兼职监测人员，完善监测设施和设备。监测内容设计包括监测少数民族文化存量，监测少数民族旅游投入，监测少数民族旅游产出，监测文化资源陷阱示警体系。监测数据处理包括专业人士科学化采集数据，安全保存相关数据，运用专业设备、方法对数据进行科学分析与验证，正式公布检测数据的处理结果。

对于民族地区居民调查研究结果如下：模糊综合评价集是评价等级的隶属度。从对居民的研究结果可知，其最大值为 0.356，因此根据最大隶属度原则，西南地区民族文化资源陷阱处于轻警状态。从对民族地区的游客研究结果可知，其最大值为 0.399，因此根据最大隶属度原则，西南地区民族文化资源陷阱处于中警状态。上述结果均与实际情况相符。

西南地区文旅融合中的文化资源陷阱监测性调控的保障措施包括健全防止文化资源陷阱的民族文化保护、民族旅游开发、防止民族旅游开发中的民族文化资源陷阱等方面的法律法规。建立和健全预防资源陷阱的系列制度，具体而言是建立健全防止旅游开发中的民族文化资源陷阱的政策体系，建立抑制旅游开发中的民族文化资源陷阱的行业自律，自觉保护和传承民族文化的乡规民约。建设不同维度的文旅融合中的文化资源陷阱预警体系与机制，具体内容包括建立准确检测机制，健全及时预警机制，建设检测预警的多方联动机制，构建检测预警、文化资源保护的奖惩机制。建立完备的文化生态环境、理论体系和实践模式，具体包括建设促进文旅融合中的文化可持续发展的文化生态环境，探讨原真性标准下的文旅融合中的文化表达形式多样性，研究促进文旅融合中的文化资源陷阱的预警理论，总结提炼出不同地域、发展阶段、发展形式的文旅融合中的文化原真性发展的实践模式。

参考文献

中文文献：

把多勋：《改革开放 40 年：中国文化旅游融合发展的价值与趋势》，《甘肃社会科学》2018 年第 5 期。

把多勋、王潇晗：《市场逻辑视野下的文化传承与发展》，《中国社会科学报》2019 年 1 月 25 日。

鲍蕊：《喜洲古镇旅游开发的问题与对策》，《绵阳师范学院学报》2009 年第 28 卷第 12 期。

毕剑：《基于空间视角的我国旅游演艺发展研究》，博士学位论文，辽宁师范大学，2016 年。

毕丽芳：《"一带一路"背景下民族文化旅游资源开发模式研究——以大理、丽江为例》，《资源开发与市场》2017 年第 33 卷第 4 期。

毕丽芳、薛华菊、王薇：《大理、丽江民族文化旅游资源开发路径研究》，《山西农业大学学报》（社会科学版）2017 年第 16 卷第 6 期。

毕曼：《少数民族文化产业转化的矛盾张力研究——以恩施土家族"女儿会"文化为研究中心》，《湖北大学学报》（哲学社会科学版）2018 年第 3 期。

毕曼、万利：《"场"的生成：少数民族文化的产业转化研究》，《东北师大学报》（哲学社会科学版）2018 年第 6 期。

毕旭玲：《流动的日常生活——"新民俗"、"泛民俗"和"伪民俗"的关系及其循环过程》，《学术月刊》2011 年第 43 卷第 6 期。

蔡宇安：《全面社会化视阈中 NGO 介入少数民族流动人口管理探讨》，《湖北民族学院学报》（哲学社会科学版）2018 年第 36 卷第 5 期。

曹大明、黄柏权、葛政委：《宜昌车溪少数民族特色村寨的"特色"建构及其社会变迁研究》，《黑龙江民族丛刊》2011年第5期。

曹端波、刘希磊：《民族村寨旅游开发存在的问题与发展模式的转型》，《经济问题探索》2008年第10期。

曹晋彰：《演艺产业链的构建研究》，硕士学位论文，山东大学，2012年。

曹翔、郭立萍：《中国旅游业发展导致了资源诅咒效应吗?》，《旅游学刊》2017年第32卷第5期。

陈红玲、陈文捷：《基于新增长理论的广西民族文化产业与旅游产业融合发展研究》，《广西社会科学》2013年第4期。

陈文苑：《云南省少数民族传统手工艺发展现状调查研究》，《重庆三峡学院学报》2019年第1期。

陈向明：《质的研究方法与社会科学研究》，教育科学出版社2000年版。

陈燕：《论民族文化旅游开发的生态博物馆模式》，《云南民族大学学报》（哲学社会科学版）2009年第26卷第2期。

陈宇：《湘西少数民族地区乡村旅游资源分类及评价》，《中国农业资源与区划》2019年第40卷第2期。

陈媛：《论文化自觉与民族旅游的可持续发展》，《知与行》2016年第12期。

陈志钢：《江南水乡历史城镇保护与发展》，东南大学出版社2001年版。

程恩富：《文化经济学通论》，上海财经大学出版社1999年版。

戴有山：《谨防文化"塔西佗陷阱"》，《华夏时报》2018年1月22日。

丁丽：《河南省农业信息化水平测度及省际比较》，硕士学位论文，河南农业大学，2010年。

董桂玲：《动漫业和旅游业产业融合的动力机制研究》，《经济研究导刊》2009年第32期。

杜芳娟、陈晓亮、朱竑：《民族文化重构实践中的身份与地方认同——仡佬族祭祖活动案例》，《地理科学》2011年第31卷第12期。

段超：《对西部大开发中民族文化资源和文化生态保护问题的再思考》，《中南民族学院学报》2001年第6期。

段超、洪毅、孙炜：《少数民族古村镇保护与发展的文化场域建构》，《中南民族大学学报》（人文社会科学版）2016年第36卷第6期。

范道桂：《非物质文化遗产保护的理论与实践》，《民族艺术研究》2007年第6期。

范可：《"再地方化"象征资本——一个闽南回族社区近年来的若干建筑表现》，《开放时代》2005年第2期。

方法林：《江苏旅游"资源诅咒"现象实证研究》，《北京第二外国语学院学报》2012年第19卷第5期。

方清云：《民族文化重构方式与文化本真性保持——以景宁畲族自治县的畲族文化重构为例》，《西南民族大学学报》（人文社会科学版）2013年第34卷第2期。

傅才武、岳楠：《论中国传统文化创新性发展的实现路径——以当代文化资本理论为视角》，《同济大学学报》（社会科学版）2018年第29卷第1期。

甘安顺：《发挥广西民族文化资源优势的思考》，《桂海论丛》2002年第6期。

葛绪锋、邓永进：《伦理学视野下民族旅游开发中的文化商品化研究》，《资源开发与市场》2015年第31卷第12期。

桂榕：《重建"旅游—生活空间"：文化旅游背景下民族文化遗产可持续保护利用研究》，《思想战线》2015年第41卷第1期。

郭桂香：《守护与激活，永远在路上》，《中国文物报》2016年11月30日。

郭洪钧：《中国民族文化创意产业可持续发展及旅游演艺品牌"赢"销战略解构》，《旅游规划与设计》2013年第3期。

郭玉坤：《文化产业与旅游产业融合发展研究——以乌蒙山片区为例》，《四川行政学院学报》2016年第1期。

郝东文：《临潼打造中国"最优景区"旅游发展战略研究》，硕士学位论文，西安理工大学，2009年。

何建民：《我国旅游产业融合发展的形式、动因、路径、障碍及机制》，《旅游学刊》2011年第26卷第4期。

何梅青：《民族旅游村寨传统文化利用—保护预警的比较研究——以青海小庄村和拉斯通村为例》，《湖北民族学院学报》（哲学社会科学版）2017年第35卷第6期。

侯玉霞、赵映雪、吴忠军：《文旅融合背景下"坐妹"旅游演艺舞台真实性解析》，《贵州民族研究》2020年第1期。

胡惠林、李康化：《文化经济学》，书海出版社2006年版。

胡冀珍：《云南典型少数民族村落生态旅游可持续发展研究》，中国林业科学研究院，2013年。

胡兆量：《文化资源价值的三个特性》，《北京联合大学学报》（人文社会科学版）2004年第3期。

黄俊杰、肖锋：《中国式寻才：潜规划当道，伪精英辈出》，《银行家》2008年第6期。

黄秋霞：《文旅融合模式及实现途径》，《当代旅游》2020年第18卷第17期。

黄炜、孟霏、朱志敏等：《旅游演艺产业内生发展动力的实证研究——以张家界为例》，《旅游学刊》2018年第6期。

霍松涛：《旅游预警系统的初步研究》，《资源开发与市场》2008年第24卷第5期。

贾银忠：《中国少数民族文化产业发展概论》，民族出版社2012年版。

塞莉：《少数民族文化资源产业化的路径探析——以"格萨尔"史诗产业化发展为例》，《西南民族大学学报》（人文社会科学版）2018年第7期。

蒋才芳、姜佳驹：《武陵山片区民族文化旅游创意产业集群研究》，《中外企业家》2016年第1期。

蒋磊：《"再地方化"与"诗性资本"——论消费时代的特产》，《文化研究》2016年第1期。

蒋渝：《重庆农旅融合发展的问题及对策》，《重庆行政》（公共论坛）2017年第18卷第5期。

江玉珍：《浅谈西藏文化产业发展的战略意义与发展路径》，《遗产与保护研究》2017年第2卷第7期。

康青林：《民族文化和旅游开发的互动分析》，《安徽文学》（下半月）2008年第2期。

孔维刚、张平：《原真性视阈下的我国少数民族非物质文化遗产保护模式与博弈分析》，《兰州大学学报》2017年第206卷第4期。

冷泠：《历史文化村镇外部空间保护预警方法研究》，硕士学位论文，重庆大学，2011年。

李超、张兵：《"丽江模式"缺陷的探讨》，《昆明理工大学学报》（社会科学版）2010年第10卷第5期。

李超：《丽江古城旅游的可持续发展研究》，硕士学位论文，昆明理工大学，2011年。

李刚：《云南旅游演艺市场研究》，《大理学院学报》2013年第12卷第5期。

李广宏、葛君：《民族地区旅游演艺创新发展》，《湖北第二师范学院学报》2017年第4期。

李红杰：《尊重民族文化多样性与维护自然生态平衡的辩证关系》，《中南民族大学学报》（人文社会科学版）2003年第23卷第2期。

李红专、陈路：《现代西方工具理性的扩张及其反思》，《天津社会科学》2005年第1期。

李菁：《少数民族社区农户参与旅游发展问题的研究》，硕士学位论文，云南师范大学，2006年。

李松：《少数民族文化产业化开发的战略性思考》，《人民论坛》2013年第8期。

李文龙：《"一带一路"背景下内蒙古文化产业全球化发展策略研究》，《财经理论研究》2017年第4期。

李晓东、周洪双：《四川：文旅融合优势独特大有可为》，《光明日报》2019年6月16日第3版。

厉新建、时姗姗、刘国荣：《中国旅游40年：市场化的政府主导》，《旅游学刊》2019年第34卷第2期。

李修福：《历史文化名城原真性探讨——以南京夫子庙秦淮风光带为例》，《红河学院学报》2010年第6期。

李业、李荣洁：《品牌资产及其功能》，《华南理工大学学报》（社会科学版）1999年第1期。

李应军：《民俗旅游开发中的文化商品化与文化真实性问题探讨》，《文史博览》2006年第20期。

李幼常：《国内旅游演艺研究》，四川师范大学，2007年。

李元元：《市场何为：一项青藏高原民族文化产业化的个案研究》，《中国山地民族研究集刊》2016年第2期。

李兆睿：《"沉浸式"旅游演艺如何深化发展》，《中国文化报》2019年12月28日第7版。

李忠斌、李军、文晓国：《基于产权视角下的民族文化旅游可持续发展研究》，《中南民族大学学报》（人文社会科学版）2016年第36卷第5期。

李资源：《改革开放40年我国少数民族文化开放的理论与实践》，《中南民族大学学报》（人文社会科学版）2019年第39卷第1期。

梁峰、郭炳南：《文、旅、商融合发展的内在机制与路径研究》，《技术经济与管理研究》2016年第8期。

梁留科、周二黑、王惠玲：《旅游系统预警机制与构建研究》，《地域研究与开发》2006年第25卷第25期。

梁文达：《论非物质文化遗产传承与少数民族地区文化软实力提升》，《贵州民族研究》2016年第37卷第1期。

廖朝圣：《且兰古国 旧州新韵》，《当代贵州》2014年第14期。

廖成林、王渝：《供应链协调：我国古城镇旅游供给侧改革的新视角》，《经济体制改革》2017年第2期。

廖涛、魏兰、郑雨诗：《历史文化旅游地区利益相关者中心度分析——以成都为例》，《城市规划》2016年第3期。

林玉香：《我国旅游产业与文化产业融合发展研究》，硕士学位论文，沈阳师范大学，2014年。

刘安全、黄大勇：《文旅融合发展中的资源共享与产业边界》，《长江师范学院学报》2019年第6期。

刘安全、余继平、黎新世：《少数民族旅游文化的空间开发：武陵山个案》，《重庆社会科学》2013年第3期。

刘晗：《再造传统：全球化的发生与焦虑》，《光明日报》2014年8月15日第12版。

刘晖：《"摩梭人文化保护区"质疑——论少数民族文化旅游资源的保护与开发》，《旅游学刊》2001年第5期。

刘家明：《国内外海岛旅游开发研究》，《华中师范大学学报》（自然科学版）2000年第34卷第3期。

刘建平、李双清：《论乡规民约与乡村红色文化遗产的保护》，《湘潭大学学报》（哲学社会科学版）2009年第33卷第6期。

刘军萍：《国外乡村旅游管理者与经营者角色定位之启示》，《旅游学刊》2006年第21卷第4期。

刘绍卫：《民族文化意识和民族文化资源的跨文化思考》，《楚雄师范学院学报》2002年第4期。

刘韫：《困境与选择：民族村寨旅游的社区参与研究》，《青海社会科学》2008年第2期。

刘现伟：《政府干预、机制重构与资源型城市困境摆脱》，《改革》2011年第3期。

刘相军、孙九霞：《民族旅游社区居民生计方式转型与传统文化适应：基于个人建构理论视角》，《旅游学刊》2019年第34卷第2期。

刘晓倩：《少数民族社区参与旅游开发研究——以师宗县五龙壮族乡为例》，硕士学位论文，云南师范大学，2010年。

刘彦：《"生鬼""熟化"：清水江苗寨社会的"他性"及其限度》，《原生态民族文化学刊》2018年第1期。

刘洋波：《仡佬族高台舞狮的文化人类学解析》，《贵州民族研究》2014年第35卷第4期。

刘志强：《西部民族地区旅游业发展评价研究》，硕士学位论文，内蒙古大学，2013年。

刘志扬、更登磋：《民族旅游及其麦当劳化：白马藏族村寨旅游的个案研究》，《文化遗产》2012年第4期。

鲁明月：《产业融合背景下的文化旅游产业发展研究：以湘西州为例》，硕士学位论文，中南民族大学，2013年。

卢世菊：《少数民族地区乡村旅游发展与和谐社会构建研究》，《贵州民族研究》2006年第26卷第2期。

卢世菊：《旅游扶贫中少数民族文化权益保护研究》，《学习与实践》2019年第3期。

吕萍：《简析吉林乌拉陈汉军萨满"烧官香"仪式》，《满族研究》2014年第1期。

吕萍：《满族萨满祭祀与酒文化》，《长春日报》2017 年 8 月 1 日。

罗新星：《被建构的原住民空间：中心化和边缘化的悖论——解读湘西凤凰旅游传播过程中原住民空间的文化意义生产》，《湖南社会科学》2013 年第 1 期。

罗兹柏、杨国胜：《中国旅游地理》，南开大学出版社 2005 年版。

马广海：《文化人类学》，山东大学出版社 2003 年版。

马桂芳：《"一带一路"战略视野下的西北少数民族文化优势思考》，《西藏大学学报》（社会科学版）2016 年第 31 卷第 4 期。

马健：《产业融合理论研究评述》，《经济学动态》2002 年第 5 期。

麻三山：《民族文化村旅游开发热：威胁与保护》，《湖南工程学院学报》2009 年第 1 期。

马勇、童昀：《从区域到场域：文化和旅游关系的再认识》，《旅游学刊》2019 年第 34 卷第 4 期。

毛越华：《论少数民族文化资本的运作》，《贵州民族研究》2009 年第 29 卷第 4 期。

孟茂倩：《文化产业与旅游产业融合发展探析》，《中州学刊》2017 年第 11 期。

孟祥雨：《新常态下绿色小城镇人居环境探析——以贵州省旧州古镇为例》，《城市管理与科技》2016 年第 18 卷第 5 期。

米子川：《文化资源的时间价值评价》，《开发研究》2004 年第 5 期。

莫凌侠：《桂林国家旅游综合改革试验区旅游法制体系建构》，《社会科学家》2012 年第 187 卷第 11 期。

厉无畏：《产业融合与产业创新》，《上海管理科学》2002 年第 4 期。

聂新伟、依绍华：《民族地区发展旅游业面临的利弊分析》，《中国科技投资》2011 年第 10 期。

潘知常：《"塔西佗陷阱"四题》，《徐州工程学院学报》（社会科学版）2019 年第 34 卷第 2 期。

彭兆荣：《现代旅游中家园遗产的生态链——广西秀水村旅游开发潜伏的危机》，《广西民族大学学报》（哲学社会科学版）2007 年第 1 期。

彭兆荣：《旅游人类学》，民族出版社 2004 年版。

邱正英：《旅游文化遗产保护预警体系构建》，《商业时代》2013 年第

13 期。

饶勇：《旅游扶贫、社区参与和习俗惯例的变迁——博弈论视角下的可持续扶贫模式研究》，《社会科学家》2008 年第 3 期。

饶勇：《旅游开发背景下的精英劳动力迁入与本地社区边缘化——以海南三亚为例》，《旅游学刊》2013 年第 1 期。

荣浩、王纯阳：《国家文化软实力视阈下民族文化旅游业协同发展探析》，《贵州民族研究》2015 年第 36 卷第 9 期。

阮仪三、邵甬：《江南水乡古镇的特色与保护》，《同济大学学报》（人文社会科学版）1996 年第 1 期。

阮仪三、杨开：《遗珠拾粹——贵州安顺旧州古镇》，《城市规划》2009 年第 3 期。

单纬东、李慧、刘伟强：《产权权益安排与民族文化旅游资源所有者满意程度研究——以连南瑶族自治县三排瑶寨景区为例》，《信阳师范学院学报》（自然科学版）2012 年第 25 卷第 4 期。

尚前浪、陈刚：《社会资本视角下民族地方乡规民约与旅游社区治理——基于泸沽湖落水村的案例分析》，《贵州社会科学》2016 年第 8 期。

申维辰：《评价文化：文化资源评价与文化产业评价研究》，山西教育出版社 2004 年版。

史继忠：《黄平旧州古建筑群》，《当代贵州》2007 年第 11 期。

施文丽：《云南民族民间工艺的分类及其初步研究》，硕士学位论文，昆明理工大学，2005 年。

石义华、赖永海：《工具理性与价值理性关系的断裂与整合》，《徐州师范大学学报》（哲学社会科学版）2002 年第 28 卷第 4 期。

石中英：《"狼来了"道德故事原型的价值逻辑及其重构》，《教育研究》2009 年第 9 期。

宋慧娟、曹兴华：《四川民族地区旅游文化产业融合发展研究》，《成都工业学院学报》2017 年第 20 卷第 1 期。

宋琳、刘洪强：《小贷公司信贷风险评估与预警研究——基于模糊数学方法的视角》，《公司金融研究》2015 年第 3 期。

宋永永、杨丽娜：《宁夏文化资源综合评价研究》，《太原大学学报》2014 年第 15 卷第 2 期。

宋振春、纪晓君、吕璐颖等：《文化旅游创新体系的结构与性质研究》，《旅游学刊》2012 年第 2 期。

宋子千、宋建瑜：《市场化进程中的旅游行业协会——记全国先进民间组织北京市旅游行业协会》，《旅游学刊》2005 年第 20 卷第 6 期。

苏卉：《文化旅游产业的融合发展及政府规制改革研究》，《资源开发与市场》2012 年第 28 卷第 11 期。

粟郁、侯飞：《基于休闲产业的城市资源指标体系构建与评价》，《生态经济》2017 年第 33 卷第 10 期。

苏舟：《文化资源产业化开发潜力的定量评价》，《资源开发与市场》2011 年第 9 期。

孙九霞：《旅游发展与边疆的去边缘化》，《中南民族大学学报》（人文社会科学版）2011 年第 31 卷第 2 期。

陶少华：《论全域旅游发展的拓展路径与动力机制——基于重庆石柱土家族自治县的实证研究》，《云南民族大学学报》（哲学社会科学版）2019 年第 1 期。

田敏、邓小艳：《近十年国内民族村寨旅游开发与民族文化保护和传承研究述评》，《中南民族大学学报》（人文社会科学版）2012 年第 32 卷第 6 期。

万兆彬：《黔东南州民族文化资源与旅游资源整合开发研究》，《中国农业资源与区划》2017 年第 38 卷第 9 期。

万芝伶：《缙云山自然保护区生态旅游服务质量提升路径研究》，硕士学位论文，西南大学，2017 年。

王炳、李睿：《论资源型地区"资源陷阱现象"的内在矛盾机制》，《价格月刊》2012 年第 6 期。

王德刚：《旅游化生存与产业化发展——农业文化遗产保护与利用模式研究》，《山东大学学报》（哲学社会科学版）2013 年第 2 期。

王德刚、田芸：《旅游化生存：非物质文化遗产的现代生存模式》，《北京第二外国语学院学报》2010 年第 1 期。

王戈：《文化多样性与我国民族民间文化的保护》，《中南民族大学学报》（人文社会科学版）2003 年第 3 期。

王宁：《旅游、现代性与"好恶交织"——旅游社会学的理论探索》，《社会学研究》1999年第6期。

王宁、刘丹萍、马凌等编著：《旅游社会学》，南开大学出版社2008年版。

王琴、黄大勇：《贵州民族地区文旅融合发展研究——以黔北道真仡佬族苗族自治县为例》，《贵州商学院学报》2019年第32卷第1期。

王庆生、张亚州：《文化旅游目的地可持续发展竞争力评价研究——天津"五大道"案例》，《地域研究与开发》2017年第36卷第2期。

王汝辉：《巴泽尔产权模型在少数民族村寨开发中的应用研究——以四川理县桃坪羌寨为例》，《旅游学刊》1996年第5期。

王生鹏、钟晓煮：《全域旅游背景下民族文化重构与保护——以北川羌族自治县为例》，《西北民族大学学报》（哲学社会科学版）2018年第4期。

王淑娟、张丽兵：《中国民族文化产业化模式的整合与创新》，《学术交流》2014年第8期。

王伟、刘敏、郝炜：《山西省旅游收入与旅游投入关系研究》，《经济研究参考》2017年第69期。

王玉玲、翁畅平、汪惠萍：《智慧旅游视域的区域旅游预警系统研究以"外滩踩踏事件"为背景》，《资源开发与市场》2015年第31卷第7期。

王兆峰、腾飞：《西部民族地区旅游利益相关者冲突及协调机制研究》，《江西社会科学》2012年第1期。

王正毅：《世界体系与国家兴衰》，北京大学出版社2006年版。

王志芳、孙鹏：《遗产廊道——一种较新的遗产保护方法》，《中国园林》2001年第5期。

王志标：《传统文化资源产业化的路径分析》，《河南大学学报》（社会科学版）2012年第52卷第2期。

王志标、黄大勇：《民族文化资源化陷阱的表现、症结及应对策略——以大研古城和喜洲古镇为例》，《云南民族大学学报》（哲学社会科学版）2019年第36卷第5期。

王志标、杨盼盼：《滇黔渝民族文化资源化陷阱预警研究》，《云南农业大学学报》（社会科学版）2021年第15卷第1期。

韦复生、刘宏盈：《民族文化创新与区域旅游发展研究》，人民出版社 2016 年版。

魏敏：《旅游资源依赖型城市形成与发展模式研究》，《财贸研究》2010 年第 31 卷第 3 期。

温家辉：《旅游演艺的叙事特点——以〈千古情〉系列为例》，《黑龙江社会科学》2019 年第 1 期。

文永辉：《少数民族"非遗"开发中利益分享制度的法律规制——基于贵州的田野调查》，《浙江师范大学学报》（社会科学版）2013 年第 38 卷第 2 期。

吴必虎：《区域旅游规划原理》，中国旅游出版社 2004 年版。

吴必虎、余青：《中国民族文化旅游开发研究综述》，《民族研究》2000 年第 4 期。

吴芳梅：《融合与突破：龙潭古寨文化旅游创意产业发展研究》，《云南民族大学学报》（哲学社会科学版）2017 年第 34 卷第 4 期。

吴海伦：《基于实践视角的民族文化旅游创意产业发展研究——以湖北省武陵山少数民族经济社会发展试验区为例》，《中南民族大学学报》（人文社会科学版）2016 年第 36 卷第 1 期。

夏锦文：《现代化陷阱：类型识别及中国应对》，《现代经济探讨》2018 年第 6 期。

向延振：《把丰富的民族文化资源转化成为旅游产业优势——以张家界市土家族文化的开发利用为例》，《湖南社会科学》2002 年第 2 期。

肖聪：《新预算法下地方政府债务风险预警指标体系的构建研究》，硕士学位论文，江西财经大学，2017 年。

肖坤冰：《民族旅游预开发区的文化保护预警研究——以四川汶川县阿尔村的羌族传统文化保护为例》，《北方民族大学学报》（哲学社会科学版）2012 年第 3 期。

肖青、李淼：《民族文化经典的"再地方化"——"阿诗玛"回归乡土的个案》，《新闻与传播研究》2017 年第 24 卷第 5 期。

肖星主编：《中国旅游资源概论》，清华大学出版社 2006 年版。

谢朝武：《我国旅游安全预警体系的构建研究》，《中国安全科学学报》2010 年第 20 卷第 8 期。

谢春山、王贺婵：《旅游开发中民族文化商品化问题探析》，《中原文化研究》2014年第4期。

谢小芹：《乡村旅游开发与边疆的"去边缘化"——以黔中屯堡社区为例》，《中共宁波市委党校学报》2013年第35卷第4期。

谢小芹：《制造景观——基于黔东南州少数民族乡村旅游实践的叙事》，博士学位论文，中国农业大学，2015年。

邢启顺：《西南山区新型城镇化民族文化产业模式分析》，《贵州社会科学》2016年第8期。

熊正贤：《文旅融合的特征分析与实践路径研究——以重庆涪陵为例》，《长江师范学院学报》2017年第33卷第6期。

熊正贤：《富民、减贫与挤出：武陵山区18个乡村旅游样本的调查研究》，《云南民族大学学报》（哲学社会科学版）2018年第5期。

徐赣丽：《民俗旅游的表演化倾向及其影响》，《民俗研究》2006年第3期。

徐娟：《推进内蒙古民族文化与旅游产业融合发展》，《实践》（思想理论版）2016年第3期。

徐文燕、周玲：《基于DEA方法的文化旅游资源开发利用效率评价研究——以2010年江苏文化旅游业投入产出数据为例》，《哈尔滨商业大学学报》（社会科学版）2013年第3期。

徐艳晴：《政府主导型旅游发展模式再审视：基于文献分析的视角》，《中国行政管理》2013年第12期。

薛欣月：《我国滑水运动推广的策略研究》，首都体育学院，2018年。

闫丽娟、何瑞：《"丝绸之路经济带"战略下西部民族地区文化产业发展研究——以甘青人口较少民族为例》，《贵州民族研究》2016年第9期。

晏雄：《民族文化产业集群形成条件的多维度分析——以云南丽江为例》，《西南民族大学学报》（人文社会科学版）2014年第35卷第10期。

晏雄：《全球化与地方化：世界文化遗产与丽江民族文化产业集群发展研究》，《西南民族大学学报》（人文社会科学版）2019年第40卷第2期。

杨阿莉主编：《旅游资源学》，北京大学出版社2016年版。

仰海峰：《法兰克福学派工具理性批判的三大主题》，《南京大学学报》

（哲学·人文科学·社会科学版）2009年第4期。

杨洪刚：《我国非政府组织发挥社会功能的制约因素与路径选择》，《学术探索》2014年第2期。

杨娇：《旅游产业与文化创意产业融合发展的研究》，硕士学位论文，浙江工商大学，2008年。

杨炼：《论非政府组织与社会弱势群体的利益表达》，《湖北社会科学》2008年第10期。

杨丽娟：《"寻根祭祖"游的人类学解读：中国传统魂魄观的仪式化》，《旅游学刊》2007年第11期。

杨凌云：《论地域文化的直观再现与旅游品质的提升》，硕士学位论文，四川师范大学，2016年。

杨明聪：《重庆酉阳：七张名片打造世界著名生态文化旅游城市》，《全球商业经典》2014年第7期。

杨胜华：《繁荣民族文化事业 助推旅游产业发展——加快推进渝东南民族文化与旅游产业深度融合发展的调研与思考》，《科学咨询》（科技·管理）2015年第6期。

杨晓：《基于SWOT分析的喜洲古镇民俗旅游发展对策研究》，《中国市场》2018年第11期。

杨小明、张洪波、邓明艳：《区域旅游演艺产品可持续发展研究——以云南丽江为例》，《云南社会科学》2016年第5期。

杨莹、孙九霞：《乡村旅游发展中非政府组织与地方的关系：一个双重嵌入的分析框架》，《中南民族大学学报》（人文社会科学版）2018年第38卷第6期。

姚伟钧、任晓飞：《中国文化资源禀赋的多维构成与开发思路》，《江西社会科学》2009年第6期。

于今、蒋国长：《深化社会治理体制改革构建社会命运共同体和社会治理共同体》，《公安学刊——浙江警察学院学报》2020年第2期。

余艳玲：《居民文化适应对旅游意愿影响——基于Berry文化适应策略模型分析》，《社会科学家》2019年第4期。

苑广阔：《"偶遇"变"艳遇"民俗岂能一味商业化》，《中国商报》2014年7月15日第1版。

袁泽清：《论少数民族文化旅游资源集体产权的法律保护》，《贵州民族研究》2014年第35卷第1期。

张斌、马斌、张剑渝：《创意产业理论研究综述》，《经济学动态》2012年第10期。

张炳文、冉文伟：《中国传统食文化资源评价体系的构建研究》，《济南大学学报》（社会科学版）2018年第28卷第4期。

张朝枝、孙晓静、卢玉平：《"文化是旅游的灵魂"：误解与反思——武夷山案例研究》，《旅游科学》2010年第24卷第1期。

张成渝：《国内外世界遗产原真性与完整性研究综述》，《东南文化》2010年第4期。

张帆：《"负责任旅游"及其相关概念辨析》，《旅游论坛》2015年第5卷第3期。

张福春、吴建国：《民族地区旅游产业关联研究——基于新疆2007年投入产出表的测算》，《商业时代》2012年第31期。

张海燕、李岚林：《基于和谐社会建设的西南民族地区旅游产业利益相关者利益冲突与协调研究》，《贵州民族研究》2011年第32卷第6期。

张钧：《文化权法律保护研究——少数民族地区旅游开发中的文化权保护》，《思想战线》2005年第31卷第4期。

张曼婕：《黔南州民族文化创意旅游产业的发展模式研究》，《湖北经济学院学报》（人文社会科学版）2014年第11卷第2期。

张世雯、钟一博：《钻石模型视角下的西藏文化旅游产业发展分析研究》，《阿坝师范学院学报》2020年第37卷第2期。

张晓：《关于西江苗寨文化传承保护和旅游开发的思考——兼论文化保护与旅游开发的关系》，《贵州民族研究》2007年第3期。

张晓萍、李芳、王尧、林晶瑾：《从经济资本到文化资本和社会资本——对民族旅游文化商品化的再认识》，《旅游研究》2009年第1期。

张晓萍、李鑫：《旅游产业开发与旅游化生存——以大理白族绕三灵节日开发为例》，《经济问题探索》2009年第12期。

张琰飞、朱海英：《西南地区文化演艺与旅游流耦合协调度实证研究》，《经济地理》2014年第34卷第7期。

张瑛：《对云南民族歌舞旅游资源开发的研究》，《西北民族学院学报》

（哲学社会科学版）2002 年第 3 期。

张玉敏、吴婷：《鼓浪屿世界文化遗产监测预警体系建设与实践》，《中国文化遗产》2018 年第 1 期。

张中奎：《民族旅游预开发地区文化保护预警研究的价值》，《贵州大学学报》（社会科学版）2014 年第 32 年第 1 期。

张中奎：《预警原则：民族村寨旅游预开发的实证研究》，《财经理论与实践》2015 年第 36 年第 3 期。

赵斌、谢峰：《完善构建黔东北民族文化产业体系》，《中外企业家》2016 年第 32 期。

赵欢：《云南原生态民族文化产业发展研究》，硕士学位论文，中央民族大学，2017 年。

赵群：《中国特色民族节庆旅游资源开发的意义——以贵州西江苗寨"牯藏节"为例》，《旅游纵览（下半月）》2020 年第 2 期。

赵世钊：《旧州屯堡古镇文化体验旅游发展的路径》，《贵州民族研究》2017 年第 38 卷第 5 期。

赵晓红、晏雄：《西部少数民族文化资源富集地区文化产业集群异质性及发展路径》，《云南民族大学学报》（哲学社会科学版）2016 年第 33 卷第 3 期。

赵新生、李雪飞：《民族贫困地区如何发展特色文化产业》，《人民论坛》2018 年第 31 期。

赵心宪：《区域文化产业的模式选择及其体制限制——渝东南民族文化品牌开发的理论思考之三》，《经济研究导刊》2009 年第 16 期。

赵旭东：《从社会转型到文化转型——当代中国社会的特征及其转化》，《中山大学学报》（社会科学版）2013 年第 53 卷第 3 期。

赵宇：《论非政府组织与社会弱势群体》，《中国流通经济》2005 年第 9 期。

郑本法、郑宇新：《旅游产业的十大功能》，《甘肃社会科学》1998 年第 2 期。

郑长德：《中国西部民族地区的经济发展》，科学出版社 2009 年版。

郑海鸥：《民族文化产业如何"扭亏为盈"打造"藏羌彝文化产业走廊"》，《人民日报》2015 年 9 月 25 日。

郑茜:《单数的文化？复数的文化？2014年中国少数民族文化现象年度回顾》,《中国民族报》2014年12月26日。

郑茜:《向世界输出中国价值》,《中国民族报》2014年8月8日第5版。

郑茜:《2015：少数民族文化的全球化故事——中国少数民族文化现象年度评析》,《中国民族报》2016年1月4日。

郑夏莹:《马克思主义资本理论与布迪厄文化资本理论综述与比较》,《福建质量管理》2017年第12期。

中国银保监会银行风险早期预警综合系统课题组:《单体银行风险预警体系的构建》,《金融研究》2009年第3期。

职雪菲:《云南省文化产业与旅游产业融合发展研究》,硕士学位论文,云南民族大学,2017年。

周大鸣:《树立文化多元理念,避免民族旅游中的同质化倾向》,《旅游学刊》2012年第11期。

周坚:《新旧文化碰撞下的小城镇外部空间设计研究——以贵州黄平旧州镇为例》,《昆明理工大学学报》（社会科学版）2009年第9卷第12期。

周菁:《仡佬族食俗"三幺台"价值探讨》,《贵州民族研究》2015年第36卷第5期。

周星:《旅游产业给少数民族社会带来了什么?》,《云南民族大学学报》（哲学社会科学版）2004年第21卷第5期。

周兴维:《走出"资源诅咒"的陷阱——读郑长德〈中国西部民族地区的经济发展〉感言》,《西南民族大学学报》（人文社会科学版）2009年第30卷第12期。

诸葛艺婷、崔凤军:《我国旅游演出产品精品化策略探讨》,《社会科学家》2005年第5期。

朱鹤、刘家明、桑子文等:《民族文化资源的类型特征及成因分析——以格萨尔（果洛）文化生态保护实验区为例》,《地理学报》2017年第72卷第6期。

朱立新:《中国古代的旅游演艺》,《社科纵横》2009年第12期。

朱瑞博:《价值模块整合与产业融合》,《中国工业经济》2003年第8期。

祝喜、王静、吴郭泉:《旅游安全预警指标构建及应用研究》,《技术经济与管理研究》2010年第3期。

左冰:《旅游能打破资源诅咒吗?——基于中国31个省(市、区)的比较研究》,《商业经济与管理》2013年第33卷第5期。

左冰、保继刚:《从"社区参与"走向"社区增权"——西方"旅游增权"理论研究述评》,《旅游学刊》2008年第4期。

左晓斯:《可持续乡村旅游研究——基于社会建构论的视角》,社会科学文献出版社2010年版。

[德]马克斯·韦伯:《新教伦理与资本主义精神》,马奇炎、陈婧译,北京大学出版社2012年版。

[古希腊]伊索:《伊索寓言》,汪兴平译注,商务印书馆1959年版。

[美]迈克尔·波特:《竞争优势》,陈小悦译,华夏出版社2005年版。

[美]史密斯:《东道主与游客——旅游人类学研究》,张晓萍、何昌邑等译,云南大学出版社2007年版。

[美]阎云翔:《私人生活的变革——一个中国村庄里的爱情、家庭与亲密关系(1949—1999)》,龚晓夏译,上海书店出版社2006年版。

[美]伊曼纽尔·沃勒斯坦:《现代世界体系(第一卷):16世纪的资本主义农业与欧洲世界经济体的起源》,吕丹译,高等教育出版社1998年版。

[英]安东尼·吉登斯:《社会学》(第五版),李康译,北京大学出版社2009年版。

英文文献:

Akama, J. S., Western Environmental Values and Nature-based Tourism in Kenya. *Tourism Management*, 1996, 17 (8).

Alfonso, G., Salvatore, T., "Does Technological Convergence Imply Convergence in Markets? Evidence from the Electronics Industry", *Research Policy*, 1998.

Auty, R., *Sustaining Development in Mineral Economies: The Resource Curse Thesis*. Routledge, London, 1993.

Boorstin, D., *The Images: A Guide to Pseudo-Events in America*. New York: Atheneum, 1964.

Bruner, E. M., Transformation of Self in Tourism. *Annals of Tourism Research*, 1990, 18 (2).

Britton, S. G., The Political Economy of Tourism in the Third World. *Annals of Tourism Research*, 1982, 9 (3).

Cox, M., G. Arnold, S. Villamayor Tomas. A Review of Design Principles for Community-based Natural Resource Management. *Ecology and Society*, 2010, 15 (4).

Curran, C., Leker J. Patent Indicators for Monitoring Convergence-examples from NFF and ICT. *Technological Forecasting & Social Change*, 2011, 78 (2).

Calf Horrendous. Maket and Plan. In Amitai Etaioni and Eva Etziono-Halevy (dds.). *Social Change: Sources, Patterns, and Consequences*, New York: Basic Books, 1973, 2nd ed.

Cox, M., G. Arnold, S. Villamayor Tomas. A Review of Design Principles for Community-based Natural Resource Management. *Ecology and Society*, 2010, 15 (4).

Cohen. Authenticity and Commodification in Tourism. *Annals of Tourism Research*, 1988, (5).

Calf Horrendous. Maket and Plan. In Amitai Etaioni and Eva Etziono-Halevy (dds.). *Social Change: Sources, Patterns, and Consequences*, New York: Basic Books, 1973, 2nd ed.

Chao, C. C., Hazari, B. R., Sgro, P. M., Tourism, Globalization, Social Externalities, and Domestic Welfare. *Research in International Business and Finance*, 2004, 18 (2).

Corden, W. M., Booming Sector and Dutch Disease Economics: Survey and Consolidation. *Oxford Economic Papers*, 1984, 36, (3).

Deng, T. T., Ma, M. L., Cao, J. H., Tourism Resource Development and Long-term Economic Growth: A Resource Curse Hypothesis Approach. *Tourism Economics*, 2014, 20 (5).

Esman, M. R., Tourism Asethnic Preservation: The Cajuns of Louisiana. *Annals of Tourism Research*, 1984, 11 (3).

Fai, F., Tunzelmann, V. N., Industry-Specific Competencies and Converging Technological System: Evidence from Patents. *Structural Change and Economic Dynamics*, 2001, 12 (2).

Feifer, M., *Going Places*. London: Macmillan, 1985.

Gramsci, A., *Selections from the Prison Notebooks*. London: Lawrence and Wishart, 1971.

Greenstein, S., and Khanna, T., "What Does Industry Mean?" in Yofee ed., *Competing in the Age of Digital Convergence*. President and Fellows of Harvard Press, 1997.

Gylfason, T., Natural Resources, Education, and Economic Development. *European Economic Review*, 2001, 45.

Hacklin, F., How Incremental Innovation Becomes Disruptive: The Case of Technology Convergence [EB/OL]. [2013 - 03 - 05]. http://ieeexplore.ieee.org/stamp/stamp.jsp?arnumber=01407070.

Lasswell Harold D. *Politics: Who Gets What, When, How*, Cleveland, New York 1936.

Lei, D. T., Industry Evolution and Competence Development: The Imperatives of Technological Convergence. *Technology Management*, 2000, 19 (7/8).

MacCannell, D., Staged Authenticity: Arrangement of Social Space in Tourist Settings. *American Journal of Sociology*, 1973, 79 (3).

Macbeth, J., Dissonance and Paradox in Tourism Planning. *ANZALS Research Series*, 1994, 18 (3).

Matthews, H. G., Radicals and Third World Tourism. *Annals of Tourism Research*, 1977, 5 (1).

Mitchell, C. J. A., de Waal S. B. Revisiting the Model of Creative Destruction: St. Jacobs, Ontario, A Decade Later. *Journal of Rural Studies*, 2009, 25 (1).

Murshed, S. M., Civil War, Conflict and Underdevelopment. *Journal of Peace Research*, 2002, 39.

Nizer George. *The McDonaldization of Society*. New York Edition, California:

Pin Forge Press, 2000.

Nunez, T., A Tourism Tradition and Acculturation: Weekendism in a Mexican Village. *Ethnology*, 1963, 12 (3).

Nowak, J. J., Sahli, M., Sgro, P. M., Tourism, Trade and Domestic Welfare. *Pacific Economic Review*, 2003, 8 (3).

Park, R., Human Migration and the Marginal Man. *American Journal of Sociology*, 1928, 33 (7).

Pitchford, S. R., Ethnic Tourism and Nationalism in Wales. *Annals of tourism research*, 1995, 22 (1).

Reed, M. G., Power Relations and Community Based Tourism Planning. *Annals of Tourism Research*, 1997, 24 (5).

Rickly-Boyd, J. M., Through the Magic of Authenticity Reproduction: Tourists Perceptions of Authenticity in A Pioneer Village. *Journal of Heritage Tourism*, 2012, 7 (2).

Sachs, Jeffrey, D. and Andrew M. Warner. Sources of Slow Growth in African Economics. *Journal of African Economics*, 1997, 6 (3); Natural Resources and Economics Grow More Slowly?. *Journal of Economics Review*, 2001, (45).

Tony Bennett, Popular Culture and the "Turn to Gramsci", in John Storey. *Cultural Theory and Popular Culture: A Reader*. Hertfordshire: Prentice Hall, 1998.

Turner, L. J. Ash. *The Golden Hordes: International Tourism and the Pleasure Periphery*. New York: St. Martins press, 1976.

Verspagen, B., Fagerberg J. Technology-gaps, Innovation-diffusion and Transformation: An Evolutionary Interpretation. *Research Policy*, 2002, 31 (8/9).

Zeppel, H., Selling the Dreamtime: Aboriginal Culture in Australian Tourism. *Tourism, Leisure, Sport: Critical Perspectives*. Sydney, 1998.